부자의
심리학

당신은 얼마만큼의 돈을 다룰 수 있습니까?

부자의
심리학

세라 뉴컴 지음 · **김정아** 옮김

LOADED Money, Psychology, and How to Get Ahead without
Leaving Your Values Behind

카시오페아
Cassiopeia

조이에게,

네 꿈을 절대 스스로 가로막지 말기를.

책을 쓰기까지 헌신과 지지를 보내주신 분들께 고마움을 전합니다. 당신들이 없었다면 이 책은 세상에 나오지 못했을 거예요.

먼저, 영감과 도전 정신을 북돋고 가설에 끊임없이 의문을 품으라고 가르치신 놀랍도록 훌륭한 제임스 그럽먼, 조지 크라이너, 마리오 티슬, 섀넌 매코이, 캐럴라인 노블렛, 빌 홀트먼, 린다 실카 교수님. 교수님들의 가르침과 지원 덕분에 이 책을 쓸 수 있었습니다.

여러 단계를 거치며 원고가 나올 때마다 힘껏 지지하고 지원해준 동료 롭 핑커턴, 스티브 웬델, 앰나 캐나운, 머브 악바스, 에릭 존슨, 메리 다이어, 매리언 사이버슨, 라이언 피커링, 캐럴라인 콜린스, 페드램 라마타바티, 다이앤 배티, 러네이 벤츠, 칼링 스펠혹, 마이클 페팃. 여러분의 인내와 창의적인 의견, 격려, 응원 덕분에 책이 한결 나아졌어요.

내 생각을 믿고 기록적인 시간 안에 훌륭한 결과물이 나오도록 도와준 와일리출판사 직원들 제임스 벨처, 마이클 헨턴, 메그 프리본, 수전 세라, 그리고 특히 가장 먼저 이 책의 가치를 알아주고 책을 쓰는 내내 다독여준 툴라 바탄치프. 모두 고마워요.

사랑하는 가족 크리스, 에이미, 제시, 제이크, 그리고 가족만큼이나 가까운 친구 제이슨 밀스, 로빈과 짐 해밀턴, 조와 그레이엄 모어헤드, 조너선 매컬럼, 크리스틴 브라운, 스타샤 드라이어, 미셸 존슨. 여러분이 보여준 사랑과 우정이 없었다면 책은 꿈도 꾸지 못했을 거예요.

마지막으로, 지금까지 내게 가르치고 상담하는 기쁨을 안겨준 모든 분께 감사드립니다. 여러분의 이야기와 힘겨운 싸움을 함께 나눠줘 고마워요. 누가 뭐래도 내가 여러분께 알려드린 것보다 여러분께 배운 것이 훨씬 더 많답니다.

내게 맞는 돈 관리법을 찾는 길

돈을 사랑하는 사람이 읽을 책은 세상에 차고 넘친다. 아무 서점이
나 들어가 보라. 부자처럼 생각하는 법, 돈 굴리는 법, 월스트리트
의 코를 납작하게 만드는 법을 알려주겠다는 재테크 서적이 입구
에서부터 계속 눈에 띌 것이다. 어마어마한 부와 호화로운 삶에 목
마른 이들, 돈에서 기회와 행복과 자유를 떠올리는 이들에게는 그
런 책이 마음에 와닿을 것이다. 하지만 그렇지 않은 사람들을 위한
책은 어디에 있을까? 돈에서 스트레스, 불평등, 장벽, 탐욕부터 떠
올리는 이들을 위한 책은 어디에 있을까? 금융 세계의 어두운 면
을 인정하는 책은 어디에 있을까?

바로 여기 있다.

나는 2005년에 재무심리학이라는 세계에 처음 발을 디뎠다. 갓

수학 학사 학위를 땄는데도 내 재무 살림이 왜 엉망인지를 여전히 이해하기 어려웠기 때문이다. 최우등으로 학위를 마쳤으니, 아무리 생각해도 내가 겪는 돈 문제는 재무 수치와 아무 상관이 없었다. 게다가 나는 재무 수치를 정말 좋아한다. 그때도 이율이나 재무상태표를 막힘없이 술술 이해했다. 그런데 왜 내 돈은 제대로 이해하지 못했을까? 아무리 발버둥 쳐도 풍족하다는 생각이 전혀 들지 않는 까닭은 무엇이었을까?

나는 돈에 그만 짓눌리고 싶었다. 전문가들의 돈 관리법을 배우는 것이 가장 적절한 해법 같았다. 그래서 이듬해인 2006년 가을, 벤틀리대학교 대학원에서 개인 재무 설계를 배우기 시작했다. 바로 이 시기에 장차 내 재무 살림과 진로를 바꿔놓을 스승을 만났다. 전환점은 제임스 그럽먼James Grubman 박사의 '재무 설계와 심리학' 강좌였다. 강좌의 목표는 새내기 재무 설계사인 우리에게 고객 대처 능력을 가르치는 것이었다. 어느 날 고객이 사무실로 찾아와 올해는 5,000만 달러밖에 못 벌었으니 완전히 망했다고 땅이 꺼지게 한숨을 내쉰다고 생각해보라. 당신이라면 어떻게 대처하겠는가? 속으로 복에 겨운 소리 그만하라고 빈정거리겠는가? 아니면 한참 동안 귀 기울인 뒤, 이 젊은 사업가가 아버지의 업적에 짓눌린 탓에 아무리 큰 성공을 거둬도 자격지심을 느낀다는 걸 이해하겠는가?

그럽먼 박사가 알려준 귀하디귀한 가르침은 이것이다. 한 개인과 돈의 관계는 재무 수치와는 거의 상관이 없다. 우리와 돈의 관계를 좌우하는 것은 재무 수치에서 어떤 이야기를 곱씹느냐다. 우리는 자랄 때 익힌 돈에 대한 개념과 돈과 관련된 경험을 바탕으로 저마다 어떤 이야기를 믿는데, 바로 그 이야기가 우리가 어떤 사람인지, 무엇을 할 수 있고 무엇을 할 수 없는지를 말해준다. 돈과 우리의 관계가 바로 이 이야기에서 비롯하므로, 건전한 돈 관리의 뿌리도 바로 여기에 있다. 돈 관리는 이야기에서 출발한다.

내가 돈과 어떤 관계를 맺었는지 살펴봤더니, 내 이야기에는 화와 억울함이 가득했다. 돈에 짓눌린다는 것은 생존에 짓눌린다는 뜻이다. 나는 20대 중반이 될 때까지 거의 하루도 빠짐없이 돈에 짓눌리며 살았다. 기억이 남아 있는 어린 시절부터 돈은 줄곧 내게 불안과 불화의 원인이었다. 부모님은 우리 네 남매를 먹여 살리려고 돈이 되는 일이라면 가리지 않고 다 하셨다. 그 덕분에 주변의 집들과 달리 우리는 한 번도 배를 곯아본 적이 없으니, 그 점은 정말 다행이었다. 그래도 저소득층 가정을 떠나지 않기 마련인 긴장, 불안, 무기력이 언제나 집 안을 감돌았다.

세상이 어떤 곳인지, 세상에서 내가 차지하는 위치가 어디인지 알 만큼 크고 나니 내 삶의 자락마다 가난이 먹구름처럼 드리워져 있는 것 같았다. 기회는 매번 내 곁을 스쳐 지나갔고, 꿈은 뒤로 밀리고 또 밀렸다. 이유는 돈이 없어서였다. 중산층 또래들 수준에 맞춰 옷을 차려입거나 취미를 즐기거나 놀러 다닐 돈이 없으니 친구를 사귀지 못했다. 갓 어른이 됐을 무렵, 나는 지칠 대로 지쳐버렸다. 나는 가난했다. 늘 가난하게 살았고, 앞으로도 영원히 가난할 것 같았다. 이름이 내 정체성이듯, 가난도 내 정체성이었다.

어릴 때 가난을 경험한 성인은 흔히 그 반작용으로 돈을 최대한 많이 모으는 데 온 힘을 쏟는다. 그런 내 모습을 떠올리니 끔찍했다. 그러다 보니 돈이 없는 것도 억울했지만, 돈 자체에 분노하기도 했다. 집안 문화도 그랬고, 내가 존경해 마지않았던 사람 대다수가 부에 반대했다. 목청 높여 그렇게 말한 사람은 없었지만, 내가 주변 사람들에게서 받아들인 메시지는 명확했다.

'사람을 소중히 하든가, 돈을 소중히 하든가 둘 중 하나다.'

이 신념을 논리적으로 확장하면 이렇다.

'돈을 많이 버는 데 몰두하는 사람은 주위 사람을 아끼지 않고 탐욕에 끌려다닌다.'

이 메시지는 어느 쪽에 설지 결정하라는 요구였고, 나는 나와 같은 처지인 사람 편에 섰다. 그렇게 돈에 등을 돌렸다.

이제 가족, 친구, 이웃이 돈 때문에 겪은 이야기를 얼마쯤 알고 나니, 이들이 왜 돈에 반대하는 관점을 받아들였는지가 보인다. 또 내가 어린 마음에 그 메시지를 어떻게 뒤틀어 세상을 냉소적으로 바라보는 메시지로 왜곡했는지도 보인다. 나는 정의와 평등을 소중히 여긴다. 그런데 돈이 사람들을 무자비하게 갈라놓고 착취하는 수단으로 쓰이는 것을 두 눈으로 봤다. 자율과 창의성을 높이 사지만, 돈이 없으면 숨이 턱턱 막히도록 기운이 빠지니 돈이 있어야 한다는 것도 경험으로 깨쳤다(월급은 쥐꼬리만큼 받으면서 오래 일해야 하는 일자리는 창의성과 혁신을 일깨우는 이상적 환경을 만들지 못한다).

이 핵심 신념이 어찌 형성됐든, 내게 미친 영향은 무시무시했다. 돈을 하찮게 여기고 금융 세계를 무시한 탓에, 나는 내 전문 기술과 재능의 가치가 나날이 높아가는데도 늘 돈을 적게 받는 길을 골랐다. 내 재무 살림이 나아지지 못하도록 내 손으로 내 발목을 잡았다. 돈에는 나를 타락하게 하는 힘이 있다고 믿은 탓이었다.

재무 설계를 공부하려고 유명 사립 경영대학원에 가기로 했을 때, 식구들에게 말을 꺼내기가 두려웠다. 식구들이 어떻게 생각할지 알았기 때문이다. 그들이 보기에 나는 사악한 쪽으로 넘어간 것이다. 하지만 금융 지식 없이 10년 동안 내 힘으로 먹고사는 과정에서 나는 중요한 교훈을 하나 배웠다. 돈에 신경 쓰지 않으면, 돈이 삶을 지배한다. 돈을 알려고 하지 않은 탓에, 직업을 선택할 때 돈을 고려하지 않은 탓에, 나는 일상에서 기회와 자율을 거의 누리지 못했다. 돈을 회피한 탓에, 궁핍과 돈 걱정이 끝없이 되풀이되는 길을 선택했다.

나는 내 재무 살림을 관리하기로 마음먹었다. 하지만 나를 바꾼 것은 책에서 얻은 지식이나 자산 계획 기법이 아니었다. 나를 바꾼 것은 심리학이었다. 내 돈 체험담을 살펴보니, 나는 불공정과 불평등을 돈 자체와 구별하지 못했다. 간단히 말해, 돈을 잔뜩 움켜쥔 사람이 돈 때문에 내리는 선택을 저 혼자서는 아무 힘도 못 쓰는 무생물 탓으로 돌렸다. 적개심을 분출할 대상이 필요했지만, 엉뚱한 곳에 화풀이를 했다. 잘못을 깨달은 뒤로 나는 돈 자체가 아니라, 착취와 타락을 낳고 영속시키는 인간의 나약함과 사회 체제에 더 생산적으로 불만을 쏟아냈다. 그러자 돈의 본모습이 보였다. 돈은 도구일 따름이었다.

그 자체만 놓고 보면 돈은 선악이 없는, 가능성으로 가득한 수단이다. 좋게도 쓸 수 있고 나쁘게도 쓸 수 있는데, 누군가가 돈을 어떻게 쓰느냐는 오롯이 그 사람이 선택할 문제다. 돈의 진짜 모습이 무엇이고 가짜 모습이 무엇인지 깨닫고 나니, 어릴 때부터 버릇이 되어 끈질기게 나를 괴롭히던 제 발목 잡기를 고칠 수 있었다. 마침내 나는 내 가치관을 포기하지 않으면서도 값지기 그지없는 삶을 자유롭게 꾸릴 수 있었다.

당신도 앞으로 진귀한 경험을 맛볼 것이다.

재무심리학이라는 세계를 탐구한 뒤로, 나는 똑똑하고 재능 있는 사람들이 도대체 왜 자신의 재무 목표를 스스로 가로막는지 더 깊이 파악하고자 이 흥미롭기 그지없는 논제를 속속들이 파헤쳤다. 회계·재무·경제학·소비자심리학·사회심리학·인지심리학을 공부했고, 또 다양한 심리 요인이 어떻게 건강한 돈 관리를 돕거나 가로막는지를 연구했다. 더 나아가 돈 때문에 무수한 고비와 결핍을 겪은 개인, 부부, 소규모 자영업자, 학생, 부모, 전문직 종사자, 교사들을 상담하고 가르쳤다. 그들이 들려준 사례에는 저마다 재무 수치와 짝을 이루는 이야기가 있었다. 그런 이야기 하나하나는 그 이야기를 빚어낸 사람만큼이나 서로 다르지만, 주로 무의식에 숨어 재무적 의사 결정에 막강한 영향을 미친다는 점에서는 모두 마찬가지였다. 내가 지금까지 알아낸 바로는, 돈 때문에 겪은 이야기를 먼저 다뤄야 재무 수치가 더 쉽게 바뀌고 변화가 계속 이어질 가능성이 크다.

이 책은 크게 두 가지 주제, 즉 추상적 주제와 구체적 주제로 나 뉜다. 추상적 주제를 다루는 1장과 2장에서는 문화 및 사회현상으로 볼 때 우리 삶에서 돈이 차지하는 의미와 위치를 포괄적으로 살펴본다. 목적은 당신이 곱씹는 돈 체험담의 뿌리가 무엇인지 가볍게 살펴보고, 돈과 건강하지 못한 관계를 맺게 하는 왜곡된 사고방식을 모두 찾아내는 것이다. 곧장 새 재무 설계를 수립하는 단계로 건너뛰고 싶겠지만, 내 생각에는 현재 당신이 고수하는 신념을 먼저 살펴본 뒤 성공의 발목을 잡는 신념에 맞서는 것이야말로 진정 돈에 얽매이지 않는 중요한 첫걸음이다.

구체적 주제를 다루는 3장에서는 돈을 다루는 새 틀을 제시하려 한다. 내가 '풍족한 예산'이라고 이름 붙인 예산 체계에는 기존 예산 수립법에 없거나 어긋나는 심리학 원리가 몇 가지 담겨 있다. 이 돈 관리법은 현재 가진 돈에 크게 만족하면서도 오랫동안 꾸준히 적용할 수 있는 계획을 세워 재무 생활을 바꿀 길을 알려준다. 그런데 '풍족한 예산'이라는 개념은 심리학을 포함하므로 당신의 신념이 무엇인지, 돈과 관련한 선택에서 그 신념이 어떻게 드러나는지 충분히 알아본 뒤 활용해야 효과가 크다. 물론 배경이 되는 심리학에 흥미를 느끼지 않는다면 이 부분을 건너뛰고 곧장 부록으로 넘어가 과제를 해보는 것도 좋겠지만, 빠짐없이 차근차근 읽어나간다면 더 뜻깊은 경험을 얻을 것이다.

책에 여러 사람의 이야기를 소개했는데, 모든 이야기를 실제 들었던 그대로 적시는 않았나. 어떤 사례는 많은 사람이 공유하는 신념과 경험을 묘사할 의도로만 적었고, 어떤 사례는 몇 사람의 이야기를 체험담 하나로 뭉뚱그렸다. 모든 사례에 나오는 이름은 관련 인물의 사생활을 보호하고자 가명을 썼다. 그래도 누군가의 이야기를 다루는 대목에서 큰따옴표가 나온다면, 그 사람의 말을 그대로 옮겼다고 믿어도 좋다.

마지막으로 중요하게 할 말이 있다. 사람은 노력 없이 바뀌지 않는다. 누구에게나 자기만의 돈 체험담이 있다. 그 이야기에서 당신의 핵심 신념을 찾아낼 수 있는 사람은 당신뿐이다. 자기 성찰에는 지름길이 없다. 어떤 의미심장한 순간이 돈을 보는 당신의 사고방식을 결정했는지 콕 집어낼 수 있는 검사는 없다. 돈 때문에 겪는 어려움을 한 방에 해결해줄 도깨비방망이도 없다. 변화에는 노력이 따라야 한다. 그러니 겨우 이 책 한 권으로 당신이 바뀌지는 않을 것이다. 그런 일은 불가능하다.

앞으로 이어질 내용은 당신을 발견과 이해라는 길로 이끌어 당신의 재무 살림에 더 큰 평안과 만족을 안길 것이다. 다만, 마음속에서 무엇을 끄집어내느냐에 따라 앞으로 당신의 경험이 달라질 것이다.

세라 뉴컴

차례

1 장 ······ 우리는 왜 돈을 밀어낼까

2 장 ······ 돈과 심리학

3 장 ⸱⸱⸱⸱⸱⸱⸱⸱⸱⸱⸱⸱⸱⸱⸱⸱⸱⸱⸱⸱⸱⸱⸱⸱⸱⸱⸱⸱⸱⸱⸱ **당신이 주체가 되는 돈 관리 계획**

우리는 왜
돈을 밀어낼까

내 손에는 돈이 한시도 머물지 않는다.
그렇게 됐다간 돈이 내 욕망에 불을 지를 것이다.
나는 돈이 심장을 파고들까 두려워 되도록 빨리 손에서 털어낸다.

존 웨슬리(John Wesley)(감리교 창시자)[1]

돈이라면 누구나
할 이야기가 있다

Money Messages

눈앞의 상대와 대화를 그만하고 싶은가? 친구를 잃고 싶은가? 사람들과 멀어지고 싶은가? 그렇게 하기는 정말 쉽다. 얼마나 버느냐고 물어보기만 하면 된다.

가장 껄끄러운 대화 주제를 고르라고 하면 사람들은 종교나 정치, 건강, 세금 문제보다 심지어 죽음보다도 돈을 더 먼저 꼽는다. 2014년 금융사 웰스파고Wells Fargo가 발표한 설문조사 결과에 따르면, 응답자 거의 절반이 가장 난처한 대화 주제로 '돈'을 꼽았다.[2] 놀라운 일은 아니다. 알다시피, 자립과 개인의 성공을 높이 사는 현대 서방 사회에서는 소득을 입 밖에 내자마자 평가가 뒤따르기 마련 아닌가. 돈을 보는 관점이 그 사람의 전체 가치관과 깊이 연결된다는 것을, 돈이 얼마나 있어야 충분한지 또는 지나치게 많은

지를 다투는 의견 차이로 친구 사이가 빠르게 틀어질 수 있다는 것을 우리가 직감으로 알아채는 듯하다.

흔히 생각하는 바와 달리, 부자도 가난한 사람만큼이나 돈 이야기를 하지 않는다. 재무심리학과 돈 관리를 주제로 단체 강연을 하면, 부잣집 아이들은 저소득층 아이들보다 어른이 될 때 돈을 다룰 준비를 훨씬 탄탄하게 마치니 불공평하다며 한숨을 내쉬는 사람이 꽤 많다. 흔히 부자 부모가 가난한 부모보다 아이들에게 돈 관리를 더 잘 가르친다고 여긴다. 그러나 오해다. 《부자 아빠 가난한 아빠》(민음인) 같은 인기 서적이 이런 그릇된 생각을 이용하지만, 전혀 사실이 아니다. 유명 칼럼니스트 론 리버Ron Lieber가 부자 부모를 조사한 결과를 2015년 6월 〈뉴욕 타임스〉에 보도해 널리 퍼진 이 신화가 틀렸음을 밝혔다.[3] 실상을 보니, 조사 대상 중 자녀가 성인이 됐을 때 자신의 소득이나 순자산을 알려줬거나 알려주겠다는 부모는 겨우 17%뿐이었다. 이유를 물었더니 32%가 "애들이 알 바 아니어서"라고만 답했다. 돈 문제를 자녀와 툭 터놓고 이야기한다는 말로는 들리지 않는다.

부자들이 정말로 자녀들과 돈 이야기를 더 깊이 나눌 줄 안다면 '셔츠 바람으로 시작해 3대 만에 도로 셔츠 바람으로'라는 유명한 현상이 실제로 그토록 자주 일어나지는 않을 것이다. 우리가 아는 한, 저 오랜 옛날부터 부는 돌고 돌았다. 한 세대가 맨손으로 부를 일구면 다음 세대는 쓰고, 그다음 세대에 이르면 다시 맨손에서 시작한다. 이런 현상은 미국만 겪는 것도, 새로 생겨난 것도 아니다.

그래서인지 대부분 문화권에 비슷한 표현이 존재한다. 이탈리아에는 '마구간에서 별로 갔다가 다시 마구간으로', 일본에는 '3대째가 집안을 망친다', 중국에는 '부는 3대를 못 간다'라는 말이 있다. 이렇듯 한 집안이 쌓은 부가 3세대 안에 사라지는 경향은 문화권과 시대를 가리지 않고 쭉 이어졌다. 물론 갖은 노력 끝에 여러 세대에 걸쳐 부를 지킨 집안도 있지만, 흔히 생각하는 것과 달리 먼 옛날부터 오늘날까지 대물림된 재산은 매우 적다. 부자 부모가 정말로 자녀에게 돈 관리를 더 잘 가르친다면 과연 이런 경향이 계속 이어졌을까? 실상은 잘살든 못살든 대다수가 돈 이야기를 입에 올리지 않는다는 것이다.

아무도 돈 이야기를 하지 않는다면, 우리는 돈을 어떻게 배울까? 대체로 우리는 돈을 그리 많이 배우지 못한다. 이를 보여주는 증거가 '금융 이해도 5대 질문Big Five Financial Literacy Questions'이다. 미국의 저명한 금융 이해도 전문가 애너마리아 루사르디Annamaria Lusardi가 만든 이 검사는 금리, 인플레이션, 위험도와 같은 금융 개념을 아주 단순한 다섯 개의 질문을 던져 확인한다. 질문이 달랑 다섯 개인 검사지만, 미국 재무부가 미국인 전체를 대변할 만한 이들에게 질문지를 제시했을 때 문제를 다 맞힌 응답자는 고작 15%였다. 당신이라면 더 잘 맞힐 것 같은가? 부록 1에 5대 질문과 더불어 간략한 해설을 실어두었으니 한번 시도해보라. 참고로, 기본 중에서도 기본인 개념만 물어본 3대 질문 검사에서도 정답률은 형편없이 낮았다.

우리가 너나없이 금융 지식이 모자란 까닭은 아마 돈 문제를 툭 터놓고 이야기하기를 꺼려서이거나, 아니면 반대로 잘 모른다는 사실이 들통날까 봐 돈 이야기를 꺼내지 않으려 해서일 것이다. 어느 쪽이든 문제는 그대로 남는다. 체면을 중시하는 사회에서는 사람들이 돈 이야기를 입에 올리지 않는다.

그런데 정말 우리가 돈 이야기를 전혀 하지 않을까?

우리는 끊임없이
돈 메시지를 내보낸다

Money Messages

돈과 계층을 입에 올리는 것이 금기일지는 몰라도, 실상 우리는 늘 돈과 계층을 이야기한다. 정확히는 말이 아니라, 입 밖에 내지 않는 온갖 사소한 사회적 신호를 통해서다. 어디에 사는지, 어떤 옷을 입는지, 자신이나 자녀가 어떤 학교에 다녔거나 다니는지, 어떤 차를 모는지, 어디에서 물건을 사는지, 어떤 어휘를 쓰는지, 어떤 단체나 명분을 지지하는지, 얼마나 베푸는지가 모두 사회경제의 사다리에서 자신이 어디쯤 서 있는지 알리는 메시지를 내보낸다.

아이들은 이런 돈 메시지를 재빨리 알아채 자기만의 체험담에 집어넣는다. 부유한 메릴랜드주 중산층 도시 중에서도 잘사는 축에 드는 곳에서 자란 한 남성은 계층 때문에 겪은 일을 이렇게 이야기했다.

초등학교 시절 통학 버스를 타며 겪었던 일이 기억에 생생합니다. 또래 아이들에 끼여 친구로 인정받고 싶다는 마음에 항상 긴장과 불안에 시달렸거든요. 나는 자그마한 트레일러에서 자랐습니다. 같은 거리에는 큰 집에 사는 부잣집 아이들이 수두룩했고요. 수영장이 딸린 집, 유명 브랜드 의류, 날렵하고 비싼 비포장도로용 오토바이를 일상적으로 보다 보니 그 어린 나이에도 언젠가는 부자가 되어야겠다는 마음이 들더군요. 가내 인쇄업을 운영하는 부모님이 밤낮으로 일하셔서 벌이가 꽤 됐기에 어느 모로 봐도 우리 집은 가난하지 않았습니다. 늘 모자람 없이 풍족했어요. 크리스마스마다 선물이 넘쳐났고요. 그러니 우리 집에 무엇이 모자라느냐는 다른 데서 정해진 겁니다.

기억해보면 트레일러에 사는 걸 다른 애들이 알까 봐, 또 반 친구들에게 그런 말이 돌까 봐 어린 마음에 두려웠습니다. 우리 트레일러에서 15미터 떨어진 곳이 할아버지 집이었어요. 오래되고 아담한 농가였지요. 그래서 버스에서 누가 물으면 할아버지네 집이 우리 집인 척했습니다. 언젠가는 비밀을 들킬 것 같아 버스를 탈 때마다 간을 졸였습니다.

이 어린 소년은 트레일러에서 산다는 사실을 남에게 들켰다가는 따돌림을 당할 것이라는 무언의 돈 메시지에 하루하루를 마음 졸이며 살았다. 이 이야기에서 가장 안타까운 사실은 어디에 사는지를 들킬까 봐 두려워한 탓에 학교 친구들을 집으로 초대하지도 않았다는 것이다. 이 남성은 벌써 이때부터 돈 메시지에 따라 행동했고, 자신이 믿은 돈 체험담에 휘둘려 거짓말을 하고 사람을 사귀는 데 한계를 그었다.

　돈 메시지는 사회 곳곳에 스며 있다. 노래, 영화, 문학 작품에도 돈 메시지가 들어 있다. 아주 어릴 때는 이런 메시지가 무일푼이었다가 부자가 된 사람들의 이야기나 동화의 형태로 우리 마음 깊숙이 자리 잡는다. 학창 시절에는 어떤 상표를 걸치는지, 어떤 집에 사는지 같은 평가로 돈 메시지를 느낀다. 어른이 되어 연인을 만나고, 사람들과 어울리고, 종교 활동을 하면 돈 메시지가 한층 더 힘을 얻는다. 돈 메시지는 이렇게 어디에나 있다. 어떤 것은 알아채기 어렵고, 어떤 것은 알아채기 쉽다. 어떤 것은 긍정적이고, 어떤 것은 부정적이다. 하지만 어느 쪽이든 우리가 어떤 경험을 할지, 돈을 어떻게 대할지에 영향을 미친다.

　그러니 돈과 건강한 관계를 맺고 싶다면, 무엇보다 지금까지 당신이 어떤 돈 메시지를 접했는지 명확히 파악하고, 그 가운데 어떤 메시지를 마음에 새겼는지, 오늘날 그 메시지가 어떤 역할을 하는지 이해해야 한다.

세 가지
돈 메시지

Money Messages

지크문트 프로이트Sigmund Freud는 인간이 마음속으로 돈과 배설물을 한 묶음으로 여긴다고 믿었다. 역시 프로이트답다. 무슨 말이 이어질지 예상이 된다. 프로이트의 해석이 별나다고 느끼는 사람도 있겠지만, 돈을 무언가에 빗대는 문화나 잠재의식이 우리에게 있다는 생각은 조금도 낯설지 않다. 경제학자들이야 돈을 가리켜 '가치 저장고'나 '교환 수단'이라고 설명하겠지만, 경제학자 말고는 돈을 이처럼 무미건조하게 설명하는 사람은 없을 것이다.

이런 딱딱한 묘사와 동떨어지게도, 대다수 문화에서는 돈을 신성한 것 아니면 더러운 것, 둘 중 하나로 묘사한다. 즉 우리가 마주치는 대부분 돈 메시지는 돈을 선 또는 악으로 여기는 의미를 담고 있다. 그러므로 우리가 어떤 메시지를 믿어왔는지, 그런 메시지가 도덕적으로 어떤 의미를 품는지 찬찬히 살피면, 우리가 돈을 다룰 때 보이는 행동을 한결 쉽게 이해할 수 있다. 마음 깊이 새긴 메시지 속에 어떤 도덕적 의미가 숨어 있는지 깨닫는다면 왜 많은 이가 돈을 사랑하면서도 증오하는지, 그리고 '필요악'으로 여기게 됐는지도 설명할 수 있다.

돈 메시지는 문화권마다 내려온 이야기, 속담, 우화, 뼈 있는 격언 곳곳에 들어 있다. 이런 이야기는 크게 세 범주로 나뉜다. 첫째는 속담이나 격언 형태로 귀에 못이 박히게 듣는 금언이다. 나는 이런 이야기가 삶에 필요한 조언으로 위장했으나 사실은 돈을 말하는 메시지라고 생각한다.

> 돈은 나무에 절로 열리는 열매가 아니다.
> 돈이 세상을 굴러가게 한다.
> 돈은 모든 악의 뿌리다.
> 돈으로는 사랑을 사지 못한다.
> 한 푼 아끼는 것이 한 푼 버는 것이다.
> 돈이 늘면 골칫거리도 는다.

돈 메시지 가운데서도 가장 명확하고 가장 눈에 잘 띄는 것들이다. 이에 못지않은 말을 어머니나 아버지, 할아버지나 할머니, 선생님이나 주변 어른들에게 몇 개쯤은 들어봤을 것이다. 어리석거나 하찮게 들릴지 몰라도, 그런 짧고 뼈 있는 말귀들이 핵심 신념을 형성하는 데 강한 영향을 미친다.

예컨대 '돈은 나무에 절로 열리는 열매가 아니다'를 좋게 해석하면 사람들에게 돈을 소중히 여겨 허투루 쓰지 말라고 장려하는 뜻이다. 하지만 달리 보면 돈은 흔치 않다는 메시지를 강하게 내비친다. 따라서 돈의 참된 가치를 깨달으라는 경고가 아니라 돈은 드물어 손에 넣기 어렵다는 뜻으로 받아들여질 수 있다. 돈은 벌기 어렵다고 믿는 아이가 자라면 일을 어떻게 대할 것 같은가? 스스로 밥벌이를 할 수 있다고 확신할까? 돈을 제힘으로 얻을 수 있는 대상으로 볼까, 아니면 손에 넣으려고 발버둥 쳐야 할 대상으로 볼까?

'돈은 모든 악의 뿌리다'도 전형적인 돈 메시지다. 사실 이 구절은 성경을 잘못 인용한 것으로 유명한 예다.《킹 제임스 성경》에 따르면 이 구절의 시작은 원래 "돈을 사랑함이 모든 악의 뿌리이나니"(《디모데전서》 6장 10절)다. 앞에 나온 메시지와는 상당히 다르다. 앞의 메시지는 세상 모든 악이 다름 아닌 돈에서 비롯한다고 탓하지만, 뒤의 메시지는 마음에 탐욕을 품은 사람을 탓한다. 이 차이가 세계관에서는 엄청난 차이를 낳는다. 그런데 많은 사람이 세상의 어둠은 다름 아닌 돈 때문이라는 메시지를 받아들인 듯하다. 1장 첫머리에서 인용한 존 웨슬리는 틀림없이 그랬다.

이런 유형의 메시지들은 돈에 대한 도덕적 평가를 알아듣기 쉬운 말로 표현하므로 '돈은 좋다'와 '돈은 나쁘다'라는 뜻으로 판가름하기가 꽤 쉽다. 어떤 메시지는 윤리적으로 바람직하다는 뜻과 그르다는 뜻을 동시에 품기도 한다. 예컨대 '돈이 곧 힘이다'는 우리가 힘을 어떻게 여기느냐에 따라 좋은 뜻도 되고 나쁜 뜻도 된다. 그런데 사람들이 이 말을 할 때 들어보면, '돈은 힘이고, 힘은 타락한다. 그러므로 돈은 타락한다' 같은 더 긴 표현의 한 토막이기 일쑤다. 이런 관점에 따르면 돈은 J.R.R 톨킨J.R.R. Tolkien의 《반지의 제왕》에 나오는 절대반지와 같다. 누구든 너무 오래 쥐고 있다가는 거기에서 얻는 힘 때문에 마음이 황폐해지는 위험에 빠진다. 다시 말하지만, 돈 메시지에 숨은 도덕적 교훈은 명백하다.

둘째 유형의 돈 메시지는 사람들이 입 밖에 내지 않아 알아보기가 쉽지 않은 것으로, 이야기 속에 녹아 있다. 이런 이야기는 인물을 과장해 부자는 뱃속이 시꺼먼 역겨운 돼지로, 가난한 사람은 미덕을 나타내는 영예로운 본보기로 그리곤 한다. 고대부터 현대에 이르기까지 이런 이야기에는 같은 성격의 인물이 되풀이하여 나온다. 그리스 신화의 미다스 왕, 《크리스마스 캐럴》의 스크루지 영감, 〈심슨 가족〉의 번스 씨, 〈스폰지밥〉의 집게 사장이 모두 같은 인물의 변주다. 이들은 돈을 무엇보다 애지중지하는 사람을 대표한다. 인정머리가 없어서든 어쩌다 잘못된 길로 들어선 탓이든, 이들은 본받고 싶어 해서는 안 되는 인물을 나타낸다. 그릇된 것을 우선시하는 사람을 보여주는 예이기 때문이다.

역겨운 돼지 이야기만큼이나 널리 퍼진 다른 이야기에서는 궁핍한 상황에서도 순수한 마음을 간직한 사람이 신이나 운명이 내민 손길에 도움을 받는다. 올리버 트위스트, 알라딘, 디즈니 만화 영화 〈레이디와 트램프〉의 트램프, 신데렐라, 《찰리와 초콜릿 공장》의 찰리 버킷이 모두 구원의 손길을 받은 순박한 심성의 소유자들이다. 그런데 얄궂게도 운명이 이들을 구하는 방법이 무엇이던가? 부자로 만드는 것이다. 우리는 무일푼에서 부자가 된 이야기를 정말 좋아한다.

이런 이야기와 인물은 바람직하기 그지없는 가르침도 주지만 고정관념을 형성해 영향을 끼치므로, 조심하지 않으면 해로운 결과를 낳기도 한다. 같은 처지인 사람에게 야박하게 굴지 말라는 경고는 누구나 가슴에 새겨 마음이 탐욕에 물들지 않게 단속해야 마땅하지만, 이런 이야기는 영웅과 악당을 걸핏하면 터무니없이 단순하게 묘사한다. 부자는 모조리 스크루지처럼, 가난한 사내아이는 모조리 찰리 버킷처럼 꾸미기란 쉽다. 하지만 그 과정에서 우리는 인간을 한낱 풍자거리로 끌어내릴 뿐 아니라, 안락한 재무 살림을 꾸리지 못하게 제 발목을 잡을 위험도 떠안는다. 우리가 부를 탐욕으로 그리고 가난을 선함으로만 여긴다면 선한 사람이면서도 부를 쌓을 길은 오로지 하나, 이런 인물들처럼 운명의 축복을 받는 길뿐이라는 믿음이 저도 모르게 굳어질 것이다.

선한 자는 돈을 멀리하나 운명이 손을 내밀어 부와 안락함을 선사한다는 주제는 우리 문화권의 이야기 곳곳에 스며 있다. 물론 이런 이야기가 현재의 불공평한 경제 상황을 이해할 실마리를 던질 때도 많지만, 내가 보기에는 매우 위험한 메시지도 던진다. 이런 이야기들은 사람을 소중히 하든가, 돈을 소중히 하든가 둘 중 하나라는 뜻을 내비친다. 대놓고 말하지는 않아도 돈을 금기시하는 도덕주의가 밑바닥에 뿌리 깊게 깔린 까닭에 돈을 천박하다고 심판하고, 우리에게 어느 쪽에 설지 선택하라고 다그친다. 얼핏 들으면 '착한 사람에겐 좋은 일이 일어난다'라고 주장하는 듯 보이지만, 알고 보면 '좋은 일'에 해당하는 돈은 착한 마음에 따른 보상으로 뜻하지 않게 얻는 돈뿐이다.

우리가 누구인지 드러내는 셋째 유형의 돈 메시지는 미묘하되 알아채지 못할 만큼 미묘하지는 않은 사소한 사회적 신호, 그 가운데에서도 거의 입 밖으로 뱉지 않는 경제적 신호를 거쳐 완성된다. 최근에 만난 캐시라는 여성이 다이아몬드 약혼반지를 잃어버렸을 때 느낀 복잡한 감정이 그런 돈 메시지를 보여준다.

캐시 이야기

약혼할 때 받은 다이아몬드 반지를 잃어버린 캐시는 넋이 나갔다. 이틀 동안 누구나 겪는 고통의 단계를 거쳤다.

1. 부정: 찾을 거야, 틀림없어.
2. 분노: 그 중요한 걸 잃어버리다니, 어쩜 이렇게 멍청할까?
3. 우울: 남편과 한창 사랑하던 날들을 상징하는 가장 중요한 물건인데 영영 잃어버리다니….

4. 타협: 다른 반지를 사야 할까?

여기에서 사랑의 상징인 약혼반지가 사회적으로 어떤 역할을 하는지가 낱낱이 드러난다. 약혼반지를 잃어버렸을 때 캐시를 정말 힘들게 한 것은 애지중지하던 선물이 없어졌다는 사실이 아니었다. 눈치 없는 소리였지만, 캐시의 남편도 다정하게 "어쨌든 그렇게까지 속상할 정도로 아끼는 반지는 아니잖아"라고 상황을 일깨웠다. 반지를 잃어버렸을 때 캐시가 걱정한 것은 손가락에서 빛나는 다이아몬드가 나타내던 사회적 평판이었다. 캐시네 가족이 사는 곳은 으리으리한 부촌이고, 아이들이 다니는 사립학교에는 난다 긴다 하는 부잣집 아이들이 많았다. 그러므로 반지는 남편의 사랑 말고도 다른 것을 상징했다. 바로 그 상류 사회에 속한다는 신호말이다. 다이아몬드 반지를 끼지 못하자, 캐시는 이웃과 학교에서 알게 된 다른 집 엄마들이 이전과 달리 쌀쌀맞게 굴면 어쩌나 걱정스러웠다. 내가 농담 반 진담 반으로 어쩌면 그 엄마들이 부를 뽐내지 않는 것을 상류층의 과시로 받아들일지 모른다고 말하자, 캐시가 이렇게 대꾸했다.

"친구 하나가 (걔는 팔자가 늘어졌거든요) 이렇게 말하더군요. '2캐럿도 안 되는 거면 골치 썩이지 마. 나라면 그런 반지는 안 낄 거야'라고요."

절제는 분명 그 동네 취향이 아니었다.

사흘째 되는 날, 캐시는 다행히 반지를 찾았다. 다른 반지를 사자니 마땅찮고 안 사자니 걱정스럽던 궁지에서도 벗어났다. 캐시가 겪은 일을 대수롭지 않은 문제로 치부하고 싶거든, 트레일러에 산다는 사실을 친구들에게 말하지 못하고 끙끙댔던 사내아이를 떠올려보라. 두 상황 모두 같은 역동이 작용했다. 우리는 누구나 속할 곳을 가져야 한다. 그리고 주변 사람과 똑같은 표지를 갖지 못하면 어떤 식으로든 기준에 미치지 못해 보일 위험이 있다는 것을 안다. 비슷한 이들과 함께 있을 때 안전하다고 느끼는 성향은 진화에 따른 유전 특질이다. 자기 무리에게 공격받을 일은 거의 없기 때문이다. 그러니 자신에게 자기 종족을 나타내는 표지가 없다면 아주 오싹할 일이다.

때로는 이 역동이 반대로 작용하기도 한다. 자기가 속했던 저소득 지역을 뒤로하고 더 높은 학벌과 더 좋은 일자리를 좇은 아이들은 대개 사회적 비용을 톡톡히 치른다. 지역 대학의 장학금 지원 과정을 마다하고 대도시의 명문 대학에 들어간 젊고 똑똑한 학생 상당수가 자기도 모르는 사이에 혼자 겉돈다는 느낌을 받는다. 이들은 다른 환경에서 자란 탓에 새 학교에 적응하지 못하기 일쑤고, 고향 집에 가면 '뿌리를 잊었다'는 이유로 생각지 못한 따돌림을 받는다.

메인주 시골 고장에서 강습회 중 만난 한 고등학교 졸업반 학생의 말이 지금도 기억에 생생하다. 나는 대학교 2학년 때부터 독립했는데, 그 학생은 열일곱 살인데도 혼자 힘으로 살았다. 그런데도 자기나 친구들이 대학에 가면 안 된다고 생각했다. 이유는 부모의 반대였다. 그 아이는 이렇게 말했다.

"백인 촌뜨기들은 대학생 자식을 바라지 않아요."

처음에는 충격이었다. 그러다가 그곳 부모들이 자녀가 멀리 떠나가는 상황을 바라지 않는다는 사실을 깨달았다. 이들은 자녀를 일자리가 더 많은 곳으로 떠나보냈다가 연락이 뜸해지느니, 아이들이 아등바등 살더라도 근처에서 계속 가깝게 지내는 쪽이 낫다고 봤다. 어떤 아이들은 경제적으로 앞서나가려다 친구들에게 배척당할까 두려워, 돈을 많이 벌고 외톨이가 되느니 친구들과 어울려 가난하게 사는 쪽이 낫다고 판단하기도 한다.

돈 메시지는 사방에 있다. 가정에도 있고, TV에도 있고, 영화에도 있다. 광고판을 통해 큰 소리로 외치고, 사회 규범으로 우리 귀에 속삭인다. 우리가 말문을 트기도 전에 우리 안에 스며들어, 어른이 될 때쯤에는 대개 자신도 모르는 사이에 저마다의 체험담과 핵심 신념으로 무르익는다. 우리가 서로 주고받던 이야기가 이윽고 우리 스스로 곱씹는 이야기가 된다.

우리 마음속
돈 이야기

Money Messages

어른이 되는 동안 우리는 저마다 마주한 돈 메시지와 경험을 결합해 증거에 기초한 자기만의 돈 체험담을 만든다. 어떤 이들은 중대한 결정적 계기를 맞아 특정 돈 신념에 물들어가고, 어떤 이들은 자기도 모르는 사이에 서서히 체험담을 키워간다. 이처럼 누구에게나 체험담이 있지만, 명확히 설명해달라고 요청받기 전까지는 대부분 자신에게 체험담이 있다는 걸 모른다.

우리가 받아들인 돈 메시지, 본받고 싶은 인물, 태어나고 자란 환경이 모두 합쳐져 마침내 스스로 곱씹는 돈 이야기가 빚어진다. 그리고 돈이 세상과 우리 삶에서 어떤 역할을 맡는지, 돈이 친구인지 적인지, 선인지 악인지가 결정된다. 그래서 나는 다양한 배경에서 자란 여러 사람을 인터뷰하며 어떤 돈 체험담이 있는지 물어봤다.

이들의 이야기를 읽으면서 스스로 물어보라. 나라면 같은 결론에 이르렀을까? 내가 이런 상황을 겪었다면 내 체험담은 달랐을까?

"돈은 배신자다": 아디나 이야기

아디나는 1950년대에 백인 중산층 동네에서 자랐다. 아버지는 남 밑에서 일하는 사람을 노예라고 여겨 잇달아 자기 사업을 벌였다. 하지만 아디나가 기억하기로 아버지는 사업에 영 재주가 없었다. 결국은 어머니가 학기 중에는 선생님으로, 방학 때는 비서로 일하며 생계를 책임졌다. 어머니는 홀로 부양 의무를 걸머지는 데 분노했고, 따라서 집안에는 언제나 보이지 않는 긴장이 감돌았다. 엎친 데 덮친다고 오빠가 소아마비를 앓자, 수술비와 물리치료비를 대느라 집안 형편이 더 쪼그라들었다. 어린 나이에도 아디나는 이미 고달프게 일하는 어머니에게 자기마저 짐이 되는 것이 죄스러웠다.

"집안 문제를 덜어보겠다는 마음에 무얼 해달라고 조르지도 않고 온갖 돈벌이에 나섰어요. 거의 강박적으로요."

열네 살 때부터 일을 시작한 아디나는 졸업한 뒤로 결혼할 때까지 늘 직장을 두 곳씩 다녔다.

어른이 된 뒤로도 아디나는 쭉 일하고 돈을 모았다. 그 와중에 이혼한 전남편과 쓰라린 소송전을 여러 차례 치러야 했다. 아디나에 따르면 전남편은 온갖 구실을 들어 몇십 번이나 소송을 걸었다. 평생 모은 돈은 물론이고 어머니가 돌아가시며 남긴 10만 달러의 유산까지 모두 소송비로 날아갔다. 아다나는 갖은 애를 써서 경제적 안전을 이뤘다고 느낄 때마다 또 다른 소송에 치여 안전이 다시 사라지는 일을 겪어야 했다. 이제 예순여덟이 된 아다나는 "일주일에 영화 한 편 볼 여윳돈도 없이" 사회보장연금(우리나라의 국민연금과 비슷한 제도-옮긴이)에 기대 산다.

어린 시절 아다나는 돈을 벌면 경제적 안전도 따라오리라고 생각했다. 이제는 돈에 배신당했다고 느낀다. 돈이 있으면 안전을 얻기보다 탐욕스러운 사람의 먹잇감이 된다는 걸 뼈저리게 겪었기 때문이다.

"돈은 필요한 만큼만 주어진다": 에릭 이야기

에릭의 어린 시절은 만족스럽기는 해도 풍족하지는 않았다. 필요한 만큼은 늘 있었지만, 대가족으로 사느라 무엇이든 남아도는 일이 없었다. 에릭은 마음껏 돈을 벌어 경제적으로 성공하는 날이 오기를 손꼽아 기다렸다. 젊은 시절 전문직에 종사할 때는 경제적으로 안전한 단계에 접어들어 행복했다. 부모님의 고된 뒷바라지 덕분이었다.

그런데 시간이 흐르면서 이상한 현상이 몇 번이고 되풀이됐다.

에릭이 돈을 모을 때마다 기다렸다는 듯 목돈을 써야 할 일이 생겼다. 2008년, 에릭은 회사에서 받은 스톡옵션을 행사해 딱 집 한 채계약금에 해당하는 돈을 손에 넣었다. 그리고 무척 마음에 든 집에 제안서를 넣으려 한 날, 인원 감축 통보와 함께 해고됐다. 한번은 생각지도 않게 세금 3,000달러를 환급받았지만, 며칠 지나지 않아 차 수리비로 2,000달러 넘게 써야 했다.

에릭은 정말로 이런 일이 계속해서 벌어진다고 믿은 나머지, 여윳돈이 생길까 봐 두려워하는 지경에 이르렀다.

"이제는 생각지 않게 주머니가 넉넉해지면 이런 걱정밖에 안 듭니다. '아, 이런. 이 돈을 뜯어 가려고 또 무슨 일이 일어날까?'"

에릭은 이런 일이 자기 인생에서 도돌이표처럼 되풀이된다고 여길뿐더러 이런 해석까지 찾아냈다.

"어릴 때 우리 집에는 꼭 필요한 만큼만 있었습니다. 지금 내게도 늘 꼭 필요한 만큼만 있는 것 같고요. 필요한 것보다 더 많이 가질 때는 언제나 생각지도 못한 일이 일어나 돈이 빠져나갑니다. 그러니 아마 나는 꼭 필요한 만큼만 갖고 더는 갖지 말아야 할 운명인가 봅니다."

우리 머리는 되풀이해 겪는 일을 이해하고 싶어 한다. 설사 그런 일이 들려주는 이야기가 마음에 들지 않을지라도, 간절히 의미를 찾는다.

"돈은 힘이고, 힘은 타락한다": 매슈 이야기

매슈는 부자들 그늘에 가려 산다고 느끼며 자랐다. 그래서 부자가 되겠다고 다짐했다. 고등학교 때 자신의 탁월한 지능이 부자가 될 수단인 것을 알아챈 매슈는 열심히 공부해 집안에서 처음으로 대학 졸업장을 받았다. 9·11 사태 직후 졸업해 국방부에서 정보통신 엔지니어로 자리 잡았고, 10년 동안 사회경제의 사다리를 차근차근 올라갔다. 매슈는 그때를 이렇게 회상했다.

공격적으로 돈을 모으고 투자할 줄 안 덕분에 마침내 난생처음 자산 상태에 안심하게 됐습니다. 인생의 즐거움을 맛봤죠. 가족과 여행을 다니고, 최고급 식당에서 밥을 먹고요. 기술주가 껑충껑충 오를 때 주식을 곧잘 사고팔아 큰돈을 만졌습니다. 이자와 월세로 먹고살겠다는 목표가 있는 데다 돈 불리는 수완이 워낙 좋았거든요. 겨우 몇 년 사이에 재산이 쑥쑥 불더군요. 부동산에도 잔뜩 투자했습니다. 드디어 워싱턴 DC에 부동산 네 채를 사들여 세를 놓았죠.

그러다가 부동산 시장이 붕괴했다. 매슈의 자산이 모래성처럼 무너져 내렸다. 그 과정에서 매슈에게 우울증과 약물 남용 문제가 생겼다. 끝내 파산을 신청한 매슈는 처음부터 다시 시작했다. 몇 년 만에 10만 달러 넘는 돈을 모아 남은 빚을 모두 갚았다. 그런데 다시 정점으로 돌아간 그때, 내면에서 무언가가 무너져 내렸다.

결국은 우울하다가 아프다가 약물에 빠지기를 반복했고, 일을 그만뒀고, 그다음에는 마침내 길거리로 나앉을 위기에 몰렸습니다. 모아둔 돈은 직장을 그만두고 얼마 못 가 모조리 써버렸고, 음주운전으로 두 번이나 체포됐어요. 정부 보안 직종에서 일할 수 있는 신원 승인을 잃었을 뿐 아니라 직장과 건강, 집, 차, 가족 관계, 자존감, 그리고 무엇보다 내 정체성과 삶의 목적을 잃었습니다. 끝내는 노숙자 쉼터에서 사는 신세가 되고 말았죠.

우리는 매슈를 이미 만난 적이 있다. 버스에 오를 때마다 트레일러에 사는 것을 들킬까 봐 두려워하던 아이가 바로 그다. 매슈는 자기가 나락에 떨어진 이유가 돈과 성취에서 느꼈던 힘 때문이라고 생각한다. 집안에서 처음으로 대학을 졸업하자 식구들이 그를 우러러보고 그의 말에 귀 기울였다. 경제적으로 성공하자 남들이 알아서 그의 영향력에 무릎 꿇는 일이 늘었다. 남이 우러러볼수록 매슈의 자부심도 커졌다. 그런데 매슈의 정서는 꿋꿋이 가치관을 지키면서도 남을 휘두르는 경험을 감당할 만큼 성숙하지 못했다. 이제 정신과 감정, 경제생활에서 안정을 되찾으려 애쓰는 매슈는 밑바닥에서 배운 교훈을 늘 마음에 되새긴다. 자신을 무릎 꿇렸던 부정적 감정의 덫을 피하려면 재산을 덜 소유해야 한다고.

"돈이 많아도 삶은 불안할 것이다": 니컬러스 이야기

니컬러스는 평생 돈과 애증 관계였다. 어릴 적 주변 사람들이 돈에 짓눌리는 모습을 보고 어른이 되면 돈을 많이 벌겠다고 마음먹었고, 드디어 꿈을 이뤘다. 그런데 어릴 적 경험이 그를 끈질기게 괴롭혔다. 소득이 늘어 어릴 적 꿈에서나 그리던 경제적 안정을 이뤘을 때도 마음 깊은 곳에서는 재산이 모두 사라질지 모른다는 불안이 끝없이 넘실댔다.

"마음껏 써도 될 만큼 소득이 충분한데도, 머릿속을 끝없이 맴도는 의심 때문에 마음이 놓이지 않았습니다."

돈에 쪼들릴지 모른다는 두려움이 지금까지도 마음속에 너무 깊이 자리 잡은 탓에, 니컬러스는 돈을 아무리 많이 벌어도 마음이 편하지 않았다. 설상가상으로, 엄청난 자산을 모았는데 정작 자산 관리법은 모른다는 사실을 깨달았다. 불안이 더 커졌다.

'자산을 관리할 줄 몰라서 다시 쪼들리는 처지로 돌아가면 어쩌지?'

시간이 갈수록 그는 어릴 적 꿈꾼 안락을 이루기가 생각보다 더 어려워졌다. 목표한 자산을 일궜는데도 마음을 괴롭히는 무의식 속 깊은 두려움을 설명하지 못했기 때문이다. 마음의 평온을 얻으려면 재무제표에 적힌 수치 말고도 다른 것이 있어야 한다.

"돈은 인간관계를 망친다": 질리언 이야기

나는 질리언의 사정을 남 일처럼 설명할 자신이 없다. 그러니 질리언의 말을 그대로 옮기겠다.

> 나는 어릴 적부터 돈과 몹시 껄끄러운 사이였어요. 어머니는 홀로 우리를 키우느라 안 해본 일이 없어요. 하지만 벌이가 시원치 않아 우리는 숱하게 끼니를 걸렀죠. 달걀 하나라도 사서 남동생과 나눠 먹으려고 동전을 찾아 집을 온통 뒤진 적도 있어요. 어머니는 우리가 가난을 겪지 않게 하려고 허리가 휘게 고생하셨어요. 패스트푸드점에서 일하실 때는 나한테 뭐라도 먹이겠다고 직원용 식사를 안 먹고 가져오시곤 했고요. 정말로 힘든 시기였죠. 여자 티가 나고부터는 나도 다른 여자애들처럼 멋진 신발이나 예쁘장한 물건을 가지고 싶더군요. 하지만 생리대도 못 살 만큼 쪼들리는 형편이라 엄마나 나나 천 조각을 여러 장 겹쳐 생리대 대신 써야 했어요. 그건 정말이지, 견디기 어려운 일이었어요.

질리언은 자기 힘으로 대학을 마쳤고, 열심히 일해 상당한 경제적 안정을 이뤘다. 스스로 집도 마련했다. 결혼할 때 남편이 자기가 생계를 책임지겠으니 일을 그만두라고 했다. 그 말을 듣고 질리언은 앞으로 삶이 좀 편해지겠거니 생각했다.

안타깝게도 남편이 생각한 돈의 우선순위는 질리언과 사뭇 달랐다. 결혼은 질리언이 어렴풋이 꿈꾼 평안을 안겨주지 않았다. 현재 질리언은 남편이 허락할 때만 돈을 쓸 수 있다. 일하고 싶은 마음은 굴뚝같지만, 남편은 쥐꼬리만 한 '용돈'을 주면서 집에 머물기를 강요한다. 질리언은 아이들의 대학 등록금도 마련하고 싶고, 미용실에 가서 머리도 손질하고 싶다. 하지만 그럴 수가 없다. 자기가 일했다면 쉽게 살 수 있었을 물건도 이제는 남편의 규칙을 따르느라 마음대로 사지 못한다. 남편에게 '보살핌'을 받는다지만, 질리언은 거의 언제나 쪼들리는 기분이다.

"남편은 내가 쓸 물건은 못 사게 해요. 가족이 쓸 물건만 사라는 거죠."

돈과 가족의 역할을 바라보는 남편의 태도 때문에 부부 관계는 끝장나다시피 했다.

"남편이 나를 너무 싸구려 취급하니까 분을 참지 못하겠어요."

질리언이 보기에 남편은 사람보다 돈을 훨씬 더 소중히 여긴다. 그렇게 생각하니 남편에게 느꼈던 애틋한 마음이 사라져버렸다.

자신의 돈 체험담을
이해해야 하는 이유

Money Messages

서방 문화에서는 사람들이 돈 이야기를 속속들이 나누지 않는다. 하지만 그동안 겪은 바로는, 말이 새지 않을 공간과 열린 마음으로 들어줄 상대가 있으면 사람들은 오히려 기꺼이 솔직한 이야기를 나누려 한다. 내가 일에서 누리는 이점 하나가 사람들이 살면서 돈 때문에 겪은 다채롭고, 마음 아프고, 놀랍고, 때로 아름답기까지 한 이야기를 수없이 들을 수 있다는 것이다. 나는 돈 때문에 폭력이나 도둑질 같은 끔찍한 불법을 저지른 이야기를 들었다. 가장 깊은 영감을 준 인물이 누구인지를 들었고, 그토록 강한 영향을 미친 인물을 묘사할 때 사람들의 눈빛이 반짝반짝 빛나는 것을 봤다. 내가 이런 이야기에서 파악한 경향은 두 가지인데, 그 가운데 하나가 개인의 체험담과 중요한 관련이 있다. 많은 이가 때로 위험하기까지 한 끔찍한 상황을 벗어나지 못하는 까닭은 혼자서는 경제적으로 살아남을 자신이 없어서라는 것이다.

사랑이 없거나 자신을 파괴하는 관계인데도 생계를 의존하기 때문에 상대 곁에 머무는 이들이 있다. 물론 여성에만 해당하지는 않지만, 전통적인 성 역할 탓에 여성이 더 흔히 겪는다. '금융 교육을 받는 여성들Women in Financial Education(WIFE)'이라는 단체는 이런 웃기고도 서글픈 구호를 내걸었다. '남자는 재무 계획이 아니다.' 나는 이 구호가 참 마음에 든다. 진짜 문제를 드러내기 때문이다. 여성뿐 아니라 남의 돈으로 살아가는 사람이라면 누구든, 자기 힘으로 돈 문제를 해결하지 못할까 두려워 자신의 진짜 가치관을 굽히고 싶다는 유혹을 느끼게 마련이다.

나도 결혼 생활이 파탄으로 들어섰을 때, 혼자 아이를 키우는 변화를 견딜 만큼 돈을 넉넉히 모은 뒤에야 감정을 정리하고 결단할 수 있었다. 나는 돈 때문에 불행한 상황에 빠졌다고 느끼는 사람들에게 상당히 공감한다. 그러므로 가정에서 돈을 벌어 오는 역할을 맡든 살림을 꾸리는 역할을 맡든, 누구나 제 몫으로 돈을 모았으면 좋겠다. 그럴 여유가 없다면, 적어도 필요할 때 괜찮은 일자리를 얻을 정도의 기술은 익혔으면 좋겠다. 자신을 먹여 살릴 능력이 있음을 깨닫고 나면 설사 남에게 기대는 길을 택하더라도 엄청난 자유를 누릴 수 있다. 자포자기가 아니라 헌신하는 마음으로 배우자 곁에 머물 수 있다.

점점 더 많은 사람을 만나 돈 체험담을 들을수록, 흥미로우면서도 조금은 암담한 뜻밖의 사실이 보였다. 앞선 이야기에서 보다시피 돈을 떠올릴 때 사람들은 하나같이 북받치는 감정을 느꼈다. 그런데도 아이들에게 돈을 어떻게 설명하겠냐는 질문에는 순식간에 감정이란 감정은 다 배제하고 이렇게 말하겠다고 했다.

"돈은 필요한 것을 얻는 데 유용하단다."

자신은 감정이 북받치는 복잡한 방식으로 돈을 경험하고서도, 막상 자라나는 세대에게 돈을 가르칠 때는 순식간에 죄다 경제학자가 되어버리다니! 한 남성은 아이가 돈을 화폐 단위로만 알고 돈에 숨은 사회적 의미는 모르기를 바라서라고 해명했다. 순수한 아이들이 불쾌한 진실을 보지 않도록 지켜주고 싶은 마음이야 이해하지만, 책에서 정의하는 돈과 실생활에서 우리에게 영향을 미치는 돈 사이에는 엄청난 괴리가 있다. 사회경제적 계층을 언급하지 않는다면, 아이들에게 정말로 돈을 가르친다고 말할 수 있을까?

단언컨대 우리 부모 세대도 이들과 그리 다르지 않았다. 우리 부모들도 돈 때문에 감정이 북받치는 복잡한 경험을 했다. 그런 부모 세대의 재무 살림이 어떠했는지는 우리가 지켜본 대로다. 설사 부모들이 우리에게 돈 이야기를 했더라도 보나 마나 이렇게 말했을 것이다.

"돈은 교환 수단이란다."

우리가 하나같이 재무 살림에 대비가 안 된 채 갈팡질팡하는 것도 놀랄 일이 아니다.

돈 체험담을 왜곡하는
생각의 지름길

Money Messages

저마다 지닌 체험담이 대체로 여러 해 동안 쌓인 경험에 근거하고 수많은 인물이 등장할지라도, 대개는 돈을 대하는 핵심 신념을 반영하는 간단한 문장 하나로 압축할 수 있다. 방대한 경험을 핵심 신념과 요점으로 간추리려는 성향 덕분에 우리는 삶에서 수많은 일을 해낸다. 복잡하기 짝이 없는 세상도 이 성향 덕분에 이해할 수 있다. 사건이 일어나면 우리는 일단 그 일을 경험 창고에 집어넣은 뒤, 되풀이되는 양상을 찾아내 경험칙을 가다듬는다. 그러면 세상을 탐색하기가 더 쉬워진다.

행동경제학자들은 이런 경험칙을 '휴리스틱heuristics(발견법)'이라고 부른다. 휴리스틱은 아주 멋진 도구가 되기도 한다. 우리가 판단을 내리거나 낯선 상황에 발을 디딜 때는 뇌가 많은 정보를 처리하는 인지 부하를 견뎌야 하는데, 휴리스틱이 이 짐을 덜어 삶을 더 수월하게 해준다. 이런 지름길 가운데 하나가 '가용성 휴리스틱 availability heuristic'으로, 어떤 결과가 일어날 가능성이 큰지 작은지를 예상하게 돕는다.

예를 들어보겠다. 당신이 앞으로 맨 처음 보는 차가 빨간색일 가능성은 얼마일까?

당신은 차를 마지막으로 본 기억을 떠올릴 것이다. 몇 대가 빨간색이었지? 우리 두뇌는 질문의 답을 찾고자 최근 경험을 끄집어 낸다. 머릿속에서 가장 손쉽게 쓸 만한 사례로 떠오른 것은 무엇인가? 이를 바탕으로 당신은 다음에 볼 차가 빨간색일 가능성이 얼마일지 감을 잡는다.

두뇌가 쓰는 이런 지름길이 쓸모 있을 수도 있지만, 우리를 그릇된 결론으로 이끌기도 한다. 희한하고 놀라운 일일수록 평범하고 흔한 일보다 대체로 더 오래 기억에 남아 머릿속에서 발생 가능성을 과대평가하기 때문이다. 말하자면 우리는 극히 드물게 일어나는 일일수록 더 자주 방송되는 세상에서 살고 있다. 그러니 희한한 일을 평범한 삶에서 실제 겪는 것보다 더 자주 접할 수밖에 없다. 감정이 북받쳤던 사건이나 큰 충격을 받은 사건은 흔한 사건보다 훨씬 더 강렬하게 기억에 남기 마련이라 머릿속에 더 쉽게 떠오른다. 이와 달리 숱하게 일어나는 평범한 일은 알아차리지조차 못할 때가 있어 발생 가능성을 과소평가하게 된다. 이렇듯 생각의 지름길은 더 쉽게 떠올릴 수 있는 일일수록 발생 가능성이 더 크다고 보기 때문에, 우리가 무엇이 일어날 확률이 높은지 낮은지를 따질 때 예측을 왜곡할 위험이 있다. 이를테면 뮤추얼 펀드에 투자하는 쪽이 훨씬 이득인데도, 사람들은 해마다 복권에 수천 달러를 쓴다.

우리가 자주 쓰는 또 다른 지름길은 '확증 편향confirmation bias'이다. 확증 편향은 이미 믿는 것을 뒷받침하는 정보에 관심을 더 많이 쏟는 성향을 말한다. 우리는 번거롭게 체험담을 고쳐 써야 하는 수고를 싫어한다. 짜증 나는 데다 머리를 쥐어짜야 하고, 감정도 다스려야 하기 때문이다. 그래서 이미 내린 결론이 맞는다고 재확인받아 뒤돌아보지 않고 가던 길을 쭉 가는 쪽을 훨씬 더 좋아한다. 이런 성향은 우리가 돈을 보는 관점이 제한된 경험에 근거한 한낱 의견이 아니라 밑바닥까지 속속들이 맞는 진실이라고 굳게 믿게 해 재무 살림을 무너뜨릴 위험이 있다. 자기가 믿는 돈 메시지를 바탕으로 자기만의 체험담을 형성하고 나면, 그때부터는 자기 체험담을 뒷받침하는 정보와 사건에는 관심을 더 쏟고 이의를 제기하는 사례는 무시하거나 불신할 것이다.

가용성 휴리스틱과 확증 편향처럼 두뇌가 쓰는 생각의 지름길은 개인의 체험담에 영향을 미치고 체험담을 핵심 신념으로 바꾸는 데 한몫한다. 무엇을 믿느냐가 우리가 내리는 결정에 강한 영향을 미치므로, 돈 문제에서 보이는 행동을 바꾸고 싶다면 먼저 핵심 신념을 살펴봐야 한다.

핵심 신념을
알아내는 법

자신에게 핵심 신념이 있다면 이미 확실히 알아챘으리라는 생각이
드는가? 그러나 핵심 신념이 언제나 뚜렷이 드러나는 건 아니다.
때로 신념은 우리가 삶을 이해하는 무의식 깊숙이 자리 잡고 있다.
돈에 대한 신념이 지금 당장 뚜렷이 떠오르지 않는다면, 그 신념
을 알아낼 방법은 없을까? 돈 때문에 겪은 이야기를 적어보면 도움
이 된다. 내가 보기에는 이야기를 그저 생각만 하기보다 글로 써보
는 쪽이 낫다. 돈 체험담을 생각만 할 때는 의미 있는 연결선이 딱
히 그어지지 않아 마음속에 뒤죽박죽 남은 이미지와 사건만 보이
지만, 글로 써 내려갈 때는 대체로 어떤 줄거리를 만들기 때문이다.
핵심 신념은 자기 스스로 곱씹는 이야기를 들여다볼 때 더 뚜렷하
게 드러난다. 그러므로 당신의 이야기를 적어보기를 권한다.

이야기를 쓸 때 다음 질문들을 떠올리면 도움이 될 것이다.

- 돈이 당신 인생을 담은 이야기의 등장인물이라면, 지금까지 당신에게 돈은 친구였는가, 적이었는가? (남에게 들었거나 자라며 직접 겪은 돈 메시지를 생각해봐도 좋다.)
- 부모님은 돈을 어떻게 대하셨는가? 좋든 나쁘든, 돈과 관련해 가장 큰 영향을 미친 사람은 누구였는가?
- 마음속에서 격렬한 감정이 들끓도록 방아쇠를 당긴 결정적 순간이 한 번이라도 있었는가? (통학 버스에서 주변 아이들보다 가난하다는 기분이 진저리나게 싫고 손가락질받을까 두려워 언젠가는 부자가 되겠다고 마음먹었던 매슈를 떠올려보라.)
- 어릴 때 주변 사람들은 돈을 선으로 봤는가, 악으로 봤는가?
- 당신 삶에서 돈이 무엇인지 생각하면 어떤 느낌이 드는가?
- 돈과 관련한 다짐을 한 적이 있는가?

이 모든 질문이 이야기를 쓰는 데 도움이 될 것이다(이를 모두 확인하게 도와줄 평가지를 부록 1에 실었다).

내가 소개한 돈 이야기는 다들 짤막하지만, 이야기의 출처인 인터뷰는 훨씬 더 길고 세세했다. 그러니 부디 시간을 내서 어린 시절부터 지금까지 돈 때문에 겪은 일을 속속들이 생각해보기를 바란다. 당신에게 의미 있는 어떤 경향이 있는지 찾아보라. 당신 마음속에는 돈 체험담이 있다. 당신 스스로 곱씹는 이야기가 있다.

당신이 재무적 결정을 내릴 때 그 이야기가 한발 앞서 영향을 미친다. 이야기의 밑바닥에 숨은 핵심 신념이 작용하기 때문이다. 당신의 돈 체험담을 찾아내 명확한 연결고리를 찾으면, 돈을 대하는 당신의 핵심 신념을 밝히는 데 한 발짝 더 다가갈 수 있다. 그렇게 할때만 그런 신념이 이로우니 도움을 받을지, 아니면 해로우니 맞설지 결정할 수 있다.

해로운
핵심 신념에 맞서기

Money Messages

자신의 돈 체험담을 알고 나면, 자신의 핵심 신념이 무엇일지 실마리가 잡힐 것이다. 당신 이야기에서 돈은 친구였는가, 적이었는가? 영웅이었는가, 악당이었는가? 어느 쪽이 힘을 쥐는가? 전지전능한 돈이 상황을 지배하는가, 아니면 당신이 주도권을 잡는가? 당신의 돈 이야기가 우화라면 마지막 '교훈'은 무엇이겠는가? 그 가르침을 한 문장으로 적어보라. 바로 그것이 당신이 돈을 대하는 핵심 신념이다.

내 재무 살림에서 가장 중요한 전환점은 돈을 바라보는 내 핵심 신념을 알아냈을 때였다. 20대 후반이던 그때까지 돈 때문에 겪은 일들을 적어보니, 당시 내가 매달리던 강력한 돈 메시지 두 가지가 하나로 합쳐져 핵심 신념이 되어 있었다. '돈은 악이니, 나는 돈을

가지면 안 된다.'

열 단어도 안 되는 이 문장을 보니, 정신이 번쩍 들었다. 내가 정말 이 말을 믿었다고? 그랬다. 나는 이 말을 진짜로 믿었다. 그것도 아주 철석같이 믿어 돈벌이에 관심을 쏟지 않으려 했을 뿐 아니라, 여윳돈이 생길 때마다 써버리거나 여기저기 퍼줬다. 진실을 깨닫기 전에는 내가 무책임하거나 인심이 좋거나, 아니면 둘 다라서 그렇게 행동한다고 생각했다. 하지만 사실은 겁에 질려서였다. 존 웨슬리가 "내 손에는 돈이 한시도 머물지 않는다. 그렇게 됐다간 돈이 내 욕망에 불을 지를 것이다. 나는 돈이 심장을 파고들까 두려워 되도록 빨리 손에서 털어낸다"라고 말할 때 느꼈을 감정을 나도 고스란히 느꼈다.

나는 혼자 먹고사는 데 필요한 돈보다 조금이라도 더 많이 가질 때마다 심한 죄책감을 느꼈다. 쥐꼬리만 한 푼돈이라도 모일라치면 돈이 더 필요한 사람의 밥그릇을 빼앗은 듯한 기분이 들었다. 나는 어릴 때 종교적인 가정에서 자랐고 쪼들리며 살았다. 세상에서 일어나는 불공정과 불평등도 목격했다. 이 모든 경험이 내 마음속에서 하나로 합쳐져, 돈이 악의 실행자라는 체험담을 지어냈다. 그래서 악의 실행자와는 조금도 얽히지 않으려 했다.

내가 마음속 체험담에서 돈을 얼마나 큰 적으로 꾸며냈는지 깨달은 뒤로, 나는 내 신념이 어떻게 작동해 내가 돈을 모으지 못하게 무수히 재를 뿌렸는지를 마침내 이해했다. 예를 들면 스물두 살에 음반 녹음을 제안받았을 때 딱 그랬다. 그때까지만 해도 음반 녹음은 내 인생 최대의 꿈이었다. 그런데 나는 기쁨에 겨워 펄쩍펄쩍 뛰지도, 기회를 받아들이지도 않았다. 그러기는커녕 얼어붙고 말았다. 제작자는 내가 리무진을 타는 모습을 떠올리며 긴장을 풀기를 바라는 마음으로 큰 액수를 제시했다. 그러나 그 말에서 나는 그때까지 질색하던 전형적인 부자를 떠올렸다. 그 길로 들어섰다가는 내 신념을 저버리게 될까 봐 겁이 났다. 배고픈 예술가야말로 순수한 마음으로 자기 예술에 진심을 쏟는 사람들이라는 이야기가 문득 떠올랐다. 제작자의 목소리는 배고픈 예술가를 한입에 털어 넣으려는 사자의 포효처럼 들렸다. 나는 제안을 거절했다. 그 제안을 받아들였다면, 내가 꿈꾸던 성공을 벌써 스물두 살에 이뤘을 것이다. 아주 젊은 나이에 정말 좋아하는 일을 하며 생계를 꾸릴 수 있었을 것이다. 그러나 돈에 대해 스스로 곱씹던 이야기 때문에 나는 제안을 뿌리쳤다.

자기가 꾸며낸 이야기 때문에 제 앞길에 재를 뿌릴 때 무슨 일이 벌어질지는 충분히 예상할 수 있다. 우리는 그런 일이 벌어지지 않게 이야기를 바꿔야 한다. 우리가 돈 체험담에서 가장 중요하게 기억해야 하는 교훈이 바로 이것이다. '이야기는 이야기일 따름이다.' 작가이자 자조 강연자 루이스 헤이Louise Hay의 말마따나 "그건 그저 생각일 따름이고, 생각은 바뀔 수 있다." 당신의 핵심 신념 가운데 당신이 멋들어진 삶을 살지 못하도록 발목을 잡는 것은 무엇인가? 당신에게 피해를 줄 만한 신념을 찾아낸다면, 그것을 어떻게 바꾸겠는가? 내가 찾아낸 유용한 전략은 두 가지다.

전략 1: 체험담을 바꾼다

할 수만 있다면 이야기의 교훈이 달라지도록 당신의 체험담을 바꿔야 한다. 에릭의 예를 다시 보자. 그는 목돈을 모을 때마다 큰돈이 들어갈 어떤 일이 일어나 통장을 바닥낸다고 여겼다. 자기 돈이 저주받았다고 결론지은 탓에, 생각지 못한 돈이 생기면 두려움부터 느꼈다. 어떤 커다란 힘이 그가 필요한 만큼만 갖기를 바란다고 믿었다. 그런데 에릭이 자신의 체험담을 달리 해석했다면, 운이 엄청나게 좋다고 느꼈을 것이다. 살면서 느닷없이 돈 들어갈 일이 생길 때마다 어떻게든 그에게는 늘 그만한 돈이 있었다. 미리 준비하거나 돈을 모아놓지 않았을 때마저도 늘 느닷없이 횡재가 찾아와 위기에 빠진 그를 지켜주는 듯했다. 이렇게 믿었다면 에릭은 저주는커녕 축복받았다고 느꼈을 것이다. 또 살다 보면 느닷없이 돈 들어갈 일이 늘 생기기 마련이고 그런 일에 쓸 돈을 미리 마련하면 마음이 놓인다는 것을 깨달아, 돈을 더 많이 모아야겠다고 마음먹었을 것이다. 그랬다면 어째서인지 삶은 내가 '딱 필요한 만큼만' 갖기를 바란다는 궁핍이 묻어나는 결론이 아니라, '나는 늘 충분히 갖고 있다'는 풍요가 묻어나는 핵심 신념을 끌어냈을 것이다.

같은 사건이라도 관점을 바꿔 해석하면 돈에서 사뭇 다른 감정을 경험한다. 이는 삶에서도 마찬가지다. 당신의 체험담에는 전과 다르게 볼 만한, 그러면서도 진실을 담은 해석이 있는가?

전략 2: 반례를 찾는다

해로운 핵심 신념에 맞서는 또 다른 길은 수학자가 흔히 쓰는 전략을 이용하는 것이다. 수학에는 순수논리학을 이용해 수학 명제를 과학적으로 증명하는 과정이 있는데, 뿌리 깊은 신념에 맞서야 할 때 무척 쓸모 있다. 수학 명제가 참임을 증명하고 싶을 때는 명제가 '모든 경우'에 참이라는 것을 보여야 한다. 그런데 거짓임을 증명하고 싶을 때는 명제가 참이 아닌 경우를 '하나만' 찾아내면 된다. 이를 신념에 적용하면, 신념이 뒷받침하지 못하는 사례를 '하나만' 찾아내도 그 신념이 미치는 영향력을 적잖이 깨뜨릴 수 있다. 반례를 찾고 나면, 문제를 일으키는 신념을 마주했다 싶을 때마다 반례를 머릿속에 떠올릴 수 있다. 그러면 신념이 맞지 않을 때도 있으니 이번에도 그럴지 모른다고 생각할 수 있을 것이다. 때로 우리 마음은 논리에 정말 민감하게 반응한다.

질리언의 예를 보자. 질리언은 돈을 쓰는 우선순위가 달라 남편과 갈등이 빚어지자 돈이 관계를 망치는 원흉이라고 믿었다. 분명 돈은 많은 관계에서 불화를 일으키는 원인이다. 질리언이 이를 뒷받침하는 사례를 한둘이 아니게 겪기는 했다. 그렇지만 돈이 영향을 미치지 않은 일도 틀림없이 있을 것이다. 질리언은 돈 덕분에 자녀들을 보살피고, 현명하게 돈을 쓴 덕분에 자녀와 더 매끄러운 관계를 유지한다. 질리언도 자신과 남편의 관계를 들여다보면, 부부 사이를 망친 원인은 돈이 아니라 돈을 쓰는 우선순위를 둘러싼 갈등이라고 결론지을 것이다.

　나도 마찬가지다. 음반 계약에 서명하면 예술가로서 '신념을 저버린다'는 뜻일까 봐 겁먹었을 때, 음악으로 내 영혼을 뒤흔든 유명한 음악가를 단 한 명이라도 떠올렸다면 두려움과 맞서 싸울 힘을 얻었을 것이다. 그 음악가가 돈을 벌면서도 음악에 계속 혼을 담아냈으니 나도 그럴 수 있으리라고 생각했을 것이다.

　당신의 핵심 신념을 떠올려보라. 그리고 스스로 물어보라. 내 신념이 들어맞지 않는 예가 하나라도 있는가?

심리학을 이용한 길 찾기

핵심 신념을 바꾸기란 쉽지 않다. 그러나 불가능하지도 않다. 연구에 따르면, 재무적 결정을 내릴 때 도움이 되거나 해가 되는 심리 요인은 돈을 대하는 신념과 태도 말고도 몇 가지가 더 있다. 나는 검증되지 않은 신념이 내 재무 살림에 끼어들게 내버려 뒀다가 돈을 모으지 못했고, 그래서 사람들이 어떻게 자신도 모르게 스스로 재무 살림을 무너뜨리는지에 크나큰 관심이 생겼다. 그리고 이 질문을 원동력 삼아 박사 학위 연구를 진행했다. 다른 일에는 똑똑한 사람들이 돈 문제에서는 왜, 그리고 어떻게 제 앞길에 재를 뿌리는지 알고 싶었다.

　물론 내가 이 문제를 하나부터 열까지 다 알지는 못하지만, 매우 흥미롭고 쓸모 있는 주제를 몇 가지 찾아냈다. 이어지는 2장에서는 돈과 우리 마음을 살펴본 연구 가운데 일부를 아주 간략하게 간추려 설명하려 한다. 그 과정에서 당신에게 도움이 되지 않는 핵심 신념에 맞설 길을, 걸림돌로 작용하는 심리 요인의 영향을 줄일 길을 찾았으면 좋겠다.

돈과 심리학

조사를 시작한 이래 스트레스를 일으키는 가장 큰 원인은
경제 사정과 상관없이 늘 돈과 재무 상태였다.

미국심리학회

2장에서는 돈이 마음에 어떤 영향을 미치는지, 두뇌가 쓰는 지름
길이 우리가 돈을 다루는 방식에 어떤 영향을 미치는지, 그리고 돈
과 마음이 서로 어떤 영향을 주고받는지를 밝힌 연구 결과를 살펴
보려 한다. 우리를 둘러싼 문화적 고정관념과 돈 메시지는 진실일
까? 돈은 정말 사람을 타락시킬까? 돈은 없을수록 더 낫다는 말이
맞을까? 돈은 남을 돕고 싶다는 욕구에 어떤 영향을 미칠까? 그리
고 미래를 생각하는 방식은 재무 행태에 어떤 영향을 미칠까?

　지금부터는 돈이 있고 없고가 건강, 인간관계, 관점에 어떤 영향
을 미치는지 살펴본 연구를 차근차근 들여다보려고 한다. 어떤 부
분은 정신없고 복잡해 보여, 이런 연구가 내 일상과 돈 관리에 무
슨 관련이 있을지 의심스러울 것이다. 실제로 돈이 없는 궁핍과 돈

이 있는 특권 모두가 우리 마음 여러 곳에 영향을 미칠 수 있다. 그러므로 재무 행태를 바꾸고 싶다면 그런 행태가 어디에서 비롯했는지 이해해야 한다. 1장에서는 궁핍하거나 풍요로웠던 경험이 어떻게 한 사람 한 사람의 체험담을 형성했는지를 살펴봤다. 이제는 돈이 있고 없고가 우리 마음의 다른 부분에 어떤 영향을 미치고, 우리가 생각해본 적도 없는 방식으로 우리 행동을 어떻게 형성하는지 살펴보려 한다.

돈이 마음에 영향을 준다는 개념은 매우 민감한 논제이므로, 제시하는 주장을 뒷받침할 여러 연구를 최선을 다해 함께 실었다. 그러니 당신이 여기에 제시한 정보를 신뢰하고 모든 연구 결과를 깊이 들여다봤으면 좋겠다. 학술 용어 탓에 책을 덮고 싶은 마음이 들 때도 있을 것이다. 그래서 내용을 읽기 좋게 나누고, 사이사이마다 실제 사례 및 연구 결과를 적용할 방안까지 함께 언급했다. 2장 마지막에는 본문에서 언급한 자기 평가, 활동, 해결책을 적은 표를 넣어뒀다. 이 표를 활용하면 여기에 간추린 난관 몇 가지를 스스로 극복할 수 있을 것이다.

지금부터 돈에 얽힌 심리학을 두 방향으로 살펴볼 것이다. 먼저 '사회심리학' 측면에서 돈을 이야기하려 한다. 여기서는 어떤 사회경제 환경에서 자랐느냐가 몸과 마음, 또 남과 비교해 자신을 바라보는 관점에 어떤 영향을 미치는지 알아볼 것이다. 다음으로 '인지심리학' 측면에서 돈을 이야기하려 한다. 이 부분에서는 미래를 바라보는 관점 같은 몇 가지 심리 요인이 돈을 관리하는 방식에 어떤 영향을 미치는지 알아볼 것이다.

여기서 돈 심리학의 모든 면을 샅샅이 살펴보지는 않는다. 2장의 목적은 어떤 사고방식이 돈 관리에 도움이 되거나 도움이 되지 않는지를 구체적이고 과학적인 증거로 보여주고, 누구나 느끼지만 절대 입에 올려서는 안 되는 경제적 편견이 어떤 영향을 미치는지 그리고 그 결과 개인의 삶과 사회 체계의 기본 짜임새가 어떻게 바뀌는지를 다루는 것이다. 2장에서 언급한 난관 가운데 몇 가지를 극복하도록 설계한 돈 관리 체계는 3장에서 제시하겠다. 돈을 제대로 관리하려 할 때 우리를 가로막는 요인이 무엇인지 파악한다면, '풍족한 예산'이라는 돈 관리법을 최대한 활용하는 데 도움이 될 것이다.

이 점을 기억하면서 먼저 궁핍과 풍족함이 마음의 평안에 각각 어떤 영향을 미치는지, 핵심 신념을 형성하는 데 어떤 역할을 하는지 살펴보자.

사회심리학으로
바라본 돈

Poverty, Privilege, and Prejudice

지난 몇십 년 동안 이어진 여러 연구 덕분에 흥미로운 역설이 밝혀졌다. 우리는 돈이 없으면 우울증을 앓고, 인간관계에서 문제를 겪고, 어려운 과제에서 성과가 떨어지고, 기대 수명까지 줄어든다. 그런데 돈에 집착하면 반사회적 행동을 보이고, 동정심이 줄어들 수 있다. 보아하니 돈은 이래도 나쁘고 저래도 나쁜 것 같다. 돈이 없으면 성과가 낮아지고, 인간관계가 나빠지고, 더 일찍 죽을지 모른다. 반대로 재산이 어마어마하게 많으면 힘없는 사람을 업신여길 가능성은 커지고, 앞장서서 남을 도울 가능성은 작아진다.

이런 모순을 풀려면 어떻게 해야 할까? 사람을 소중히 여기느냐, 돈을 소중히 여기느냐 사이에서 반드시 한쪽을 선택해야만 할까? 우리 마음속 깊이 간직한 가치관을 훼손하지 않으면서도 귀중한 가치가 있는 삶을 꾸리려면 어떻게 해야 할까? 해법은 마음을 연구하는 것이다. 온 마음을 다해 돈과 건강한 관계를 쌓고 간단한 새 사고방식을 익히면, 가난하든 부유하든 겪게 될 심리적 위험을 피할 수 있다.

가난이 우리를
좀먹지 않게 하려면

Poverty, Privilege, and Prejudice

당신이 돈을 부정적으로 보는 핵심 신념을 지니고 자랐다면, 돈을 거부하는 태도야말로 바람직하게 살아가는 길이라고 쉽게 결론지을 것이다. 나도 끝없이 부를 추구하는 탐욕이 건강하지 못한 태도라고 굳게 믿지만, 가난을 미화하지는 말기를 바란다. 핵심 신념에 얽매여 돈이 곧 탐욕이라고 생각하는 사람도 있겠지만, 탐욕은 우리가 품는 마음가짐일 뿐이다. 돈은 이미 존재하던 탐욕을 훤히 드러낼 뿐, 있지도 않았던 탐욕을 느닷없이 만들어내지는 않는다.

혹시 탐욕스러워지거나 타락할까 봐 두려운가? 그렇다면 돈을 마다하는 것은 해법이 아니다. 재무 살림이 안정되지 않은 채 살아가는 삶은 몸과 마음에 크나큰 악영향을 미친다. 그러니 탐욕에 빠지지 않고자 돈을 마다하고 싶은 마음이 든다면, 부디 그 유혹을 뿌리치기 바란다. 그런 유혹에 빠지는 까닭은 돈이 타락을 부른다는 이야기를 믿은 탓에 돈이 자신을 더럽힐까 봐 두려워하기 때문이다. 아마 당신도 알겠지만, 재무 살림이 안정되지 못한 삶은 돈이 타락을 부른다는 이야기가 들려주는 위협보다 훨씬 암울하다.

핵심 실마리: 가난은 우리 발목을 잡는다

재무 살림이 탄탄하지 못하면 여러모로 몸과 마음이 상한다. 돈이 없으면 마음이 짓눌리고, 건강에 문제가 생기고, 인간관계가 아슬아슬해지고, 오염 물질에 더 많이 노출되고, 몸에 좋은 식품은 더 적게 먹는다. 저소득층이 겪는 어려움은 몸과 마음에만 그치지 않는다. 부정적 고정관념이 빚어낸 사회적 압력이 예언처럼 맞아떨어져 학교와 직장에서 성과를 떨어뜨리기까지 한다.

가난을 부추기는 근본 요인

스트레스

돈이 넉넉지 못하면 스트레스를 받는다는 말에 놀랄 사람은 없을 것이다. 하지만 얼마나 많은 사람이 돈 때문에 스트레스를 받는지, 그런 스트레스가 건강과 행동에 얼마나 큰 해를 끼치는지 안다면 다들 놀랄 것이다.

미국심리학회APA는 2007년부터 해마다 미국인의 스트레스 원인과 정도를 전국적으로 조사해 〈미국인의 스트레스Stress in America〉[1]라는 연례 보고서를 발간한다. 2015년에 부제가 '건강을 대가로 치르다'인 보고서를 발표할 때, APA는 "조사를 시작한 이래 스트레스를 일으키는 가장 큰 원인은 경제 사정과 상관없이 늘 돈과 재무 상태였다"라고 덧붙였다.[2] 여기서 두 가지 문구에 주목하라.

스트레스를 일으키는 가장 큰 원인

경제 사정과 상관없이

2015년 보고서에 따르면 실제로 미국인 64%가 돈이 스트레스를 일으키는 '중대한' 원인이라고 답했다. 또 네 명 중 한 명 남짓(26%)이 돈 때문에 거의 늘 스트레스를 느낀다고 답했다.[3] 또 다른 조사에서도 응답자 62%가 돈 걱정에 잠을 못 이룬다고 답해 이를 뒷받침했다.[4] 주위를 둘러보라. 당신 주변에도 돈 걱정에 짓눌려 잠을 못 이루는 사람이 드물지 않을 것이다. 물론 솔직히 털어놓지는 않겠지만, 많은 사람이 돈에 깊이 짓눌린 채 살아간다.

앞서 말했지만, 중요한 내용이라 한 번 더 강조한다. 돈에 짓눌린다는 것은 생존에 짓눌린다는 뜻이다. 그렇게 돈에 짓눌리면 건강을 대가로 치른다. 만성 스트레스에 시달릴 때 나타나는 결과는 대단히 충격적이다. 메이오클리닉Mayo Clinic에 따르면 만성 스트레스에 시달리는 사람은 불안, 우울증, 심장병, 소화기계 문제, 수면 장애, 체중 증가, 기억력과 집중력을 포함한 두뇌 기능 저하를 겪을 위험이 있다.[5] 스트레스는 조용한 살인자다. 그런 스트레스를 일으키는 가장 큰 원인이 돈이다. 그러니 우리는 돈 문제를 굉장히 심각하게 받아들여야 한다.

돈 문제는 스트레스를 일으키는 것으로 끝나지 않는다. 스트레스로 병이 생긴 몸과 마음을 낫게 할 병원 치료까지 가로막는다. 미국인 여덟 명 중 한 명(12%)이 병원 치료가 필요한데도 치료비 탓에 병원에 가지 않았고, 치료해야겠다는 생각 자체를 해본 적이 없는 사람도 9%에 이르렀다.[6] 게다가 저소득층은 병원에 간다고 해도 치료의 질이 다른 계층에 비해 낮기 일쑤니,[7] 전체 상황은 훨씬 더 암울하다. 치료의 질이 낮다는 것은 저소득층이 의료 상품의 질에 견줘 부유층보다 사실상 더 많은 치료비를 낸다는 뜻이다.[8] 여윳돈이 거의 없는 사람이 병원비를 내려고 빚을 내거나 신용대출까지 받으면, 가산 금리 때문에 돈을 더 내느라 경제적 어려움이 늘어 악순환의 늪에 빠지고 만다.

돈 가뭄에 시달릴 때 사람들의 건강을 위협하는 것은 스트레스만이 아니다. 주거 환경이 열악한 곳을 떠나지 못한 채 상황을 극복하지도 개선하지도 못하는 사람들을 보며 왜 저러나 고개를 갸웃거린 적 있는가? 암울한 진실은 이렇다. 미국에서조차 경제 사다리를 올라가려면 숱한 고비를 넘겨야만 하는 곳이 수두룩하다. 저소득층 동네는 흔히 오염이 심한 산업 지역 근처라 천식과 암을 비롯한 여러 질병의 발병률이 높다.[9] 가난한 동네일수록 패스트푸드 음식점은 더 많고 식료품점과 복지 시설은 더 적은 탓에 비만율이 올라간다.[10] 돈 문제가 건강 문제를 낳고 그것이 다시 돈 문제를 낳는 것이다. 이런 악순환은 돈과 관련된 사회 요인이 어떻게 '가난의 올가미poverty trap'로 알려진 현상의 원인이 되는지를 보여주는 사례 가운데 하나일 뿐이다.[11]

우울증

돈에 쪼들리는 삶은 육체에 악영향을 끼칠뿐더러 정서와 정신이 희생을 치러 다른 악순환을 일으킬 위험도 있다. 돈 때문에 받는 스트레스와 실업이 우울증으로 이어지기도 하고,[12] 주요 우울 장애가 있는 사람은 재무 관리에 흔히 더 큰 어려움을 겪는다. 심리학자이자 작가인 리처드 즈볼린스키Richard Zwolinski는 이런 현상을 이렇게 설명했다.

"만사가 귀찮고 절망스러운 감정에 사로잡혔는데 무엇하러 청구서를 갚겠는가? 그러다가 신용 문제가 생기고, 수도·전기·가스가 끊기고, 집에서 쫓겨나고, 일자리를 잃고, 벌금을 물고, 심지어 교도소에 가는 위험에 빠진다."[13]

돈 때문에 겪는 어려움이 우울증으로 이어지고, 우울증이 다시 돈 문제를 키운다. 그렇게 악순환이 이어진다.

삐걱대는 인간관계

빤하지만 중요한 또 다른 연구 결과는 돈에 짓눌릴 때 인간관계가 어려움을 맞을 수 있다는 것이다. 캔자스주립대학교 소냐 브리트Sonya Britt 박사에 따르면, 돈 때문에 벌어지는 말다툼이야말로 이혼을 가장 잘 알려주는 신호다. 또 부부가 돈 때문에 다툴 때는 다른 일로 다툴 때보다 말이 길어지고, 격렬해지고, 거칠어지기 쉽다.[14] 우리는 돈 때문에 싸울 때 더 고약스러워진다. 이혼 사유로 돈의 순위를 조금 낮게 꼽는 연구도 더러 있기는 하다. 예컨대 이혼 전문 재무분석가 협회IDFA의 조사에서는 돈이 3순위였다.[15] 하지만 역사를 살펴볼 때 결혼 생활에 불화를 일으키는 가장 큰 원인은 돈이었다. 이 사실에도 누구 하나 놀라지 않겠지만, 돈 문제가 가장 중요한 인간관계를 언젠가는 할퀼지도 모른다는 뜻이니 마음에 새겨둘 만하다.

가난은 부부간의 관계뿐 아니라 자녀에게도 악영향을 미친다. 아이가 가난 속에 성장하면 어른이 된 뒤에도 건강에 악영향을 받는다. 스웨덴 성인을 무려 200만 명 가까이 조사한 연구에 따르면, 조사 대상자의 소득이나 교육 수준과 상관없이 육체노동자 가정에서 자란 사람의 기대 수명이 고소득 고위직 가정에서 자란 사람보다 적었다.[16] 한국인[17]과 영국인[18]을 대상으로 진행한 조사에서도 결과는 비슷했다. 달리 말해 자신이 고소득자일지라도 부모가 육체노동자였던 아이들은 부모가 고소득자였던 아이들보다 병치레를 하거나 일찍 죽을 가능성이 더 크다. 온갖 질문이 떠오르지만, 그래도 가장 큰 질문은 이것이다. 이유가 무엇일까?

어떤 연구자들은 저소득층 아이들이 중요한 성장기에 소음 공해, 납 성분 페인트, 담배 연기에 더 자주 노출된다는 사실을 이유로 꼽는다.[19] 모두 질병이나 발육 문제를 일으킬 수 있는 요인들이다. 어떤 학자들은 가난하게 자란 아이들이 건강한 정서 발달과 사회적 성장에 필요한 요소를 꾸준히 접하기가 어려워서라고 주장한다.

저소득층 부모는 낮은 자존감, 우울증, 무력감, 상황 대처 능력 부재로 무너질 때가 많다. 부모가 양육에 소홀하고 비관적으로 반응하고 아이들의 욕구에 전반적으로 귀 기울이지 못하는 과정에서 아이들에게 이런 정서가 전달될 것이다. 2001년에 메리 키건 에이먼Mary Keegan-Eamon과 레이철 M. 주흘Rachel M. Zuehl이 홀어머니 밑에서 자란 아이들의 정서 문제를 파헤친 연구에 따르면, 가난에서 오는 스트레스가 클수록 엄마가 우울증을 앓을 가능성이 크고, 우울증에 빠진 엄마일수록 손찌검을 더 많이 한다. 게다가 아이들도 우울증에 빠지기 쉽다. 또 다른 연구에서도 가난은 청소년 우울증을 알리는 중요한 요인이었다(Denny, Clark, Fleming, & Wall, 2004).
- 에릭 젠슨Eric Jensen, 《학습부진, 이렇게 극복한다1Teaching with Poverty in Mind》(교육을바꾸는사람들)[20]

젠슨 박사는 저소득층 가정에서 자라는 것이 부모와 아이에게 어떤 일인지를 매우 암담하게 묘사한다. 돈에 짓눌리면 엄청난 문제에 휘말릴 위험이 있는 것은 사실이다. 하지만 저소득층이라고 해서 모두 오염된 동네에서 사는 것도 아니고 인간관계가 늘 삐걱거리는 것도 아니다. 그렇다면 그리 풍요롭지는 않아도 이렇다 할 정서 결함이나 인지 결손이 없는 오붓하고 건강한 가정에서 자란 사람들은 어떨까? 이때도 돈이 넉넉지 않으면 심리적 문제를 일으킬까?

비평의 위협

여러 학자가 실험 참가자에게 특정 지적 과제를 수행하라고 요청하는 연구를 진행했더니 흥미로운 결과가 나왔다. 같은 과제를 지능 검사라고 설명했을 때는 저소득층 출신이 부유층 출신보다 과제 수행력이 떨어졌다. 그런데 지능과 관련 없다고 설명했을 때는 저소득층 출신과 부유층 출신 사이에 수행력의 차이가 없었다.[21] 왜 과제를 설명한 방식에 따라 저소득층 출신 참가자의 수행력이 달라졌을까? 실험을 진행한 연구자들은 이런 차이가 사회심리학자들이 말하는 고정관념의 위협stereotype threat과 관련 있다고 봤다.

부정적 고정관념 때문에 남에게 비난받을까 두려워한다면, 그것이 고정관념 위협이다. 어떤 방식으로든 낙인이 찍힌 집단에 속한 사람이라면 그 집단이 소수 인종이든, 경제 계층이든, 성별이든, 성적 지향이든, 또는 그 외 무엇이든 누구나 고정관념의 위협에 영향받는다. 여성은 남성만큼 수학에 뛰어나지 못하다는 통념을 예로 들어보겠다. 어려운 수학 시험에 앞서 여성에게 이 고정관념을 알리면 실제로 남성보다 점수가 떨어질 뿐 아니라 이런 성 고정관념을 듣지 않은 여성보다도 낮게 나온다.[22] 흑인은 지능, 적성, 학업 성취도 등을 평가하는 표준화 검사standardized tests에서 백인만큼 뛰어나지 못하다는 통념도 마찬가지다. 검사에 앞서 인종을 강조했을 때는 고정관념이 힘을 발휘하지만, 인종을 언급하지 않았을 때는 흑인의 점수가 백인과 같거나 더 나은 경향을 보인다.[23]

고정관념의 위협이 미치는 영향은 곳곳에서 볼 수 있다. 나이 든 사람들이 기억력 검사를 받을 때,[24] 여성이 운전면허 시험을 치를 때,[25] 동성애자 남성이 아이를 돌볼 때[26] 고정관념의 영향을 측정한 연구를 살펴보니 모든 사례에서 부정적 편견을 알리면 수행 능력이 떨어졌다. 그중 내 마음을 사로잡은 연구는 여성이 가상 운전 시험을 치르는 검사다. 이 연구에 따르면 참가자에게 여성 운전자에 대한 부정적 고정관념을 알릴 때 가상 보행자를 차로 칠 확률이 유의미하게 커졌다.[27]

고정관념의 위협이 저소득 가정에서 자란 사람에게도 정말로 크나큰 문제가 될까? 어쨌든 영화나 동화에서 가난한 사람을 칭송하는 일이 흔하니 실제로는 크게 낙인이 되지 않을 수도 있지 않을까? 사회심리학자가 밝혀낸 바로는, 안타깝게도 전반적으로 모든 소득 계층이 가난한 사람에게 부정적 편견을 품는다. 앨러게니대학 심리학과 조교수 라이언 피커링Ryan Pickering 박사는 사회경제적 지위가 미치는 다양한 영향에 주목해 여러 해 동안 이런 사회적 편견을 연구했다. 저소득층을 바라보는 고정관념을 연구한 보고서에 피커링 박사는 이렇게 적었다.

연구자들이 증명한 바에 따르면, 가난한 사람들에게는 '못 배웠다, 게으르다, 못됐다, 멍청하다, 부도덕하다, 난폭하다'라는 꼬리표가 달린다 (Chafel, 1997; Cozzarelli, Wilkenson & Tagler, 2001; Hoyt, 1999). 한 조사에 따르면 중산층 학생들은 상층 여성보다 하층 여성이 지저분하고, 적대적이고, 상황을 파악하지 못하고, 논리가 없고, 충동적이고, 말이 앞뒤가 안 맞고, 무책임하고, 사려 깊지 못하고, 미신에 빠지기 쉽다고 평가했다 (Cyrus, 1997). 가난한 사람이나 겨우 가난만 면한 사람들은 문화적 고정관념 탓에 그릇된 인물로 대표되기 일쑤다. '백인 쓰레기white trash'라는 고정관념도 그중 하나다. 미국에서 '백인 쓰레기'라는 고정관념은 사회경제적 지위가 낮은 백인을 멍청하고, 거칠고, 난폭하고, 지저분하고, 성생활이 방탕하다고 본다(Spencer & Castano, 2007; Wray, 2006). 2013년 발표된 한 조사(Loughnan, Haslam, Sutton & Spencer, 2013)에 따르면 '백인 쓰레기' 고정관념은 '인간이하화 효과infrahumanization effect'도 보여(Leyens et al., 2000), 백인 하층민을 인간의 감정을 제대로 느끼지 못하는 존재, 즉 인간이라기보다 짐승에 가까운 존재로 본다.

게다가 상류층은 가난한 사람이 어려운 처지에 빠진 것은 그 사람 탓이라는 생각을 조금도 굽히지 않는다(Chafel, 1997). 흥미롭게도 흔한 예상과 달리 가난한 사람을 향한 이런 부정적 태도는 교육 수준이 높을수록 더 뚜렷했다(Brantlinger, 2003; Jackman & Muha, 1984).[28]

고정관념의 위협은 두뇌 자원을 쥐어짜 지능을 바닥내버린다. 따라서 가난한 사람이 고정관념에 시달리지 않는 동료만큼 성과를 내려면 머리를 더 많이 쓰고 마음을 더 굳게 먹어야 한다. 더구나 우리는 자신에게조차 편견 어린 시선을 던져 스스로 만성 스트레스를 불러들이기도 한다. 2013년 발표된 매우 흥미로운 조사에 따르면, 자신을 저소득층으로 보는 동시에 가난한 사람을 안 좋게 보는 편견이 있는 사람은 몸의 염증 상태를 나타내는 지표 물질이 많아 건강 문제가 생길 위험이 컸다. 달리 말해 저소득층 가정에서 자랐고 가난한 사람을 안 좋게 보는 편견이 조금이라도 있다면, 고정관념의 위협에 스스로 굴복할 테고 그런 자기 평가나 두려움이 건강 문제로 이어질 것이다.[29] 자신을 너그럽게 대해야 할 이유가 하나 더 추가된 셈이다.

다 맞는 말이지만, 비평받을 위협을 느낄 때 오히려 편견이 틀렸다고 증명하고자 더 열심히 일하는 사람도 있으리라는 생각이 드는가? 비평받을 위협에 자극되면 고정관념이 틀렸다고 증명하고자 더 큰 성과를 낼 것 같다고 생각하는가? 당신 말고도 그렇게 생각한 사람이 분명 더 있다. 수학과 관련한 성 고정관념을 살펴본 조사에서, 남성과 여성이 섞인 실험 참가자들에게 여성이 수학을 못한다는 고정관념이 여성 참가자에게 어떤 영향을 미칠 것 같냐고 물었다. 남녀 모두 여성 참가자가 고정관념이 틀렸다고 증명하고자 더 노력해 남성을 누를 것이라고 답했다. 하지만 그런 일은 일어나지 않았다.[30] 이미 살펴봤듯이, 낙인이 틀렸음을 증명하려고 애쓰는 것이야말로 비평받을 위협에 시달리는 사람의 성과를 실제로 떨어뜨리는 이유일지 모른다.

고정관념의 위협이 왜 그토록 한결같이 성과를 떨어뜨리는지는 아직 정확히 알지 못하지만, 조사를 진행한 연구자 대다수는 고정관념과 맞서 싸우려고 애쓰느라 불안이 커지고 신경이 곤두서는 바람에 귀중한 인지 자원을 다 써버리기 때문이라고 본다. 달리 말해 편견이 틀렸음을 증명하려고 애쓰느라, 편견이 없었다면 눈앞에 닥친 일에 썼을 지적 능력을 대부분 허비해버린다.

혹시 어려운 시험을 치를 때 제시간에 마치지 못할까 봐 시계를 보느라 정작 시험에는 집중하지 못한 적은 없는가? 고정관념의 위협에 시달릴 때 일어나는 일이 바로 그것이다. 비평을 두려워할 때 우리는 두뇌의 귀중한 힘을 헛된 곳에 쏟고, 그래서 편견이 들어맞게 한다. 말이 씨가 되는 것이다.

방어 기제

고정관념의 위협이 정신 건강에 미치는 부정적 영향은 이 밖에도 더 있다. 어려운 과제에서 성과가 낮을 때, 사람들은 흔히 실패를 자신의 나약함으로 돌리며 자책한다. 성과가 떨어진 진짜 원인을 고정관념의 위협이 일으킨 불안에서 찾지 않고, 실패를 제 탓으로 돌린다(이런 경향은 남성보다 여성에게서 더 흔히 나타난다).[31] 비평을 두려워한 탓에 지적 능력을 바닥냈다는 사실을 알아차리지 못하고 자신이 무능하다고 덮어놓고 믿어버리면, 자신감과 자존감을 스스로 아주 확실하게 무너뜨릴 것이다.

자기가 성공하지 못하게 제 발목을 잡는 다른 길은 '핑계 만들기 self-handicapping'다. 우리는 실패했을 때 쉽게 이유를 둘러대려고 일을 시작하기도 전에 그럴싸한 구실을 찾아낸다. 이를테면 불경기라서 또는 회계 부서 직원한테 밉보였으니 연봉이 오르지 않을 것이라고 스스로 되뇐다. 그러면 실제로 연봉이 오르지 않더라도 그리 마음이 상하지 않을 것이다. 또 '과제 깎아내리기task discounting' 전략도 쓴다. 이는 실패가 너무 쓰라리지 않도록 시작도 전에 과제에 흠집을 내는 것이다. "어쨌든 대학은 그리 중요하지 않아" 같은 말이 그런 예다. 이럴 때 우리는 자신을 강하게 옹호하지도, 지원서에 온 힘을 기울이지도 못한다. 비평을 두려워하다가 비평을 현실로 만들듯, 실패를 두려워하다가 정말로 실패하는 수가 있다.

실패나 비평에 맞서려는 방어 기제가 더 극단으로 치달으면, 고정관념의 위협에 시달리는 사회 집단과 거리를 두거나 아예 인연을 끊어버린다. 비평받는 집단에서 완전히 벗어나 비평을 피하려 한다. 이런 책략이 실패나 거부의 고통은 줄일지 몰라도, 인간관계와 감정에는 끔찍한 고통을 안길 수 있다. 게다가 이 모든 책략은 진짜 문제, 즉 비평받을 위협을 안기는 고정관념에 맞서 싸우느라 자신의 자원을 바닥낸다는 사실을 외면한다.

고정관념의 위협이 끼치는 악영향은 또 있다. 편견 때문에 부정적 시선을 받을까 봐 두려워하는 사람은 대체로 비평받을 것 같은 상황이나 환경을 아예 피하려 한다. 비평을 두려워해서 나오는 당연한 반응이지만, 사회경제적 지위가 낮은 계층에서 자란 사람들은 학교·직장·사회 환경에서 모두 비평받는다고 느낄 테니 결국은 온갖 상황을 꺼리게 될 것이다. 두려움 속에 통학 버스에 오르던 소년을 기억하는가? 그 아이는 학교 친구들에게 집에 놀러 오라는 말을 꺼내지 못했다. 고정관념의 위협에 짓눌려 따돌림을 걱정하느라 얼마나 많은 우정, 기회, 즐거움을 놓쳤는지를 이 소년은 결코 알지 못할 것이다. 비평을 두려워할 때 사람들은 인맥을 쌓지도, 승진을 위해 과감히 나서지도, 대학이나 꿈꾸던 일자리에 지원하지도 못한다. 길게 보면 이 모든 현상이 우리의 재무 상태에 큰 영향을 끼칠 수 있다.

소속 집단의 따돌림

우리가 사회경제적 사다리를 올라갈 때 무슨 일이 일어날까? 틀림없이 가족과 친구가 지지해주지 않을까? 사실, 늘 그렇지는 않다. 저소득층 출신인 사람은 부유층에게 비평받는 데 더해, 같은 저소득층에게서 여기 그대로 머물라는 압박도 강하게 받는다. 제임스 그럽먼 박사의 표현을 빌리자면, 인간 사회에는 부자를 향한 '적대적 시기와 질투'가 있다. 때로는 이런 적개심이 자기네보다 소득이 더 많은 사람을 집단에서 배척하는 방식으로 표출된다.

《머니스크립트Wired for Wealth》(시그마프레스)의 공동 저자 테드 클론츠Ted Klontz는 2009년에 대중심리학 잡지 〈사이콜로지 투데이 닷컴〉에 실린 파급력 있는 인터뷰 기사에서 집안사람들이 부자인 삼촌을 비난하는 배경에서 자란 경험을 털어놓았다. 집안사람들은 돈을 나쁘게 바라보는 핵심 신념에 젖은 나머지, 무턱대고 삼촌이 남을 착취해 부자가 됐다고 생각했다. "입 밖에 내지는 않았어도 삼촌처럼 성공하면 집안에서 내쳐지리라는 메시지였죠."[32]

이런 경험을 한 사람이 클론츠 박사만은 아니다. 대부분 사람이 부자를 손가락질하고 창피 주는 사회 환경에서 살아간다. 이런 환경에서 사회경제적 지위가 올라간다는 것은 사회적 자살에 가깝다. 이런 사회적 압력이 있을 때 우리는 흔히 경제적 안정을 얻되 외로울지, 아니면 가난에 허우적거릴지언정 적어도 친구들과 가깝게 지낼지 중 하나를 선택해야 한다.

라이언 피커링 박사는 이런 상황에 대처하는 방법으로 '말씨 바꾸기code switching'를 제시한다. 말씨 바꾸기란 상황에 따라 말투를 바꾸는 것이다. 내가 만난 어떤 사람은 대학에 가려고 집을 떠난 뒤 가족에게 놀림감이 되지 않으려고 말씨를 바꿔야 했던 경험을 들려줬다. "집에 갈 때면 메인주 억양으로 바꿔야 했습니다. 그렇게 말하지 않으면 말투를 지적받았어요. 한번은 누나가 형한테 이렇게 묻더군요. '쟤는 왜 우리랑 다르게 말해?' 그 말을 듣고서야 말투를 바꿔야 한다는 걸 알아챘어요."

가난한 환경에서 자란 소수 인종 대학생도 사정은 마찬가지다. 이들은 학교에서는 '백인처럼' 말하고 집에서는 흑인 영어나 스페인식 영어를 쓴다. 말씨 바꾸기는 사회적 압력에 대응하는 한 방식이지만, 경제 사다리의 위쪽으로 올라가려고 애쓰는 사람들이 인간관계에서 얼마나 큰 대가를 치러야 하는지를 보여준다.

분명 소득이 낮은 사람은 여러 고비를 맞는다. 앞에서 봤다시피 돈에 쪼들리는 탓에 스트레스가 늘고, 건강이 위협받고, 인간관계가 삐걱대고, 학업이나 경력 향상에 중요한 과제에서 성과가 떨어지기도 한다. 저소득층이라고 꼭 삶이 덜 행복하다거나 덜 만족스럽다는 뜻은 아니다. 다만, 자원이 그리 많지 않은 사람이 부유해지고 싶다면 여러 심리적 고비를 넘어서야 한다는 뜻이다. 게다가 사회경제의 사다리를 오르고 싶어 하는 사람은 사다리를 오르는 내내 인간관계에서도 여러 고비를 맞닥뜨릴 것이다.

가난에서 벗어날 처방전

먼저 상황을 찬찬히 살펴보라. 당신이 생각하기에 자신이 부자든 가난하든 아니면 중간 어디쯤이든, 스스로 물어보라.

- 돈 때문에 내가 꺼리거나 두려워하는 상황은 무엇인가?
- 내가 속한 사회 계층, 경제 계층, 성별, 인종 때문에 안 좋은 평가를 받을까 봐 걱정한 적이 있는가? 그런 걱정이 내 관점이나 행동에 어떤 영향을 미쳤는가?
- 고질적인 돈 걱정에 내가 조금이라도 영향을 받고 있는가?
- 나는 병원 치료를 적절히 받고 있는가, 아니면 치료비 걱정

탓에 병원에 가지 않으려 하는가?

- 경제력을 쌓는 데 몰두했다가 친구를 잃거나 사랑하는 사람들에게 비난받을까 봐 두려운가?

재무 살림 다지기

돈에 쪼들리는 탓에 당신 삶에 나타나는 악영향을 줄이고 싶다면, 증상을 관리하는 방식(예: 스트레스 해소법 활용)이나, 원인을 제거하는 방식(예: 재원을 이용한 경제적 안정 달성)이 효과를 낼 수 있다. 나는 두 방식을 섞어 쓰기를 권한다. 당신이 활용할 재원을 어떻게 만들지, 당신의 욕구를 어떻게 더 많이 충족할지는 3장에서 제시할 돈 관리법이 알려줄 것이다. 재무 상태란 하룻밤 사이에 바뀌는 것이 아니다. 하지만 당신이 재무 살림을 탄탄히 다지는 동안 고정관념의 위협이 가져오는 악영향과 심리적 스트레스가 줄어들 것이다.

마음 가라앉히기

삶에 태풍이 몰아칠 때 마음을 가라앉히는 법을 무료로 알려주는 곳은 셀 수 없이 많으니 스트레스 해소법을 따로 소개하지는 않겠다. 숨쉬기 운동, 명상, 영적 훈련, 운동, 건강식, 대화 요법, 약물이 모두 스트레스를 줄이는 매우 효과 좋은 수단이다. 그래도 가장 중요한 대처는 돈 때문에 생기는 스트레스를 눈여겨보고 평안을 찾고자 하는 노력이 값어치 있다는 사실을 깨닫는 것이다. 그때는 돈에서 밝은 감정을 더 많이 느끼고, 더 나아가 어두운 감정을 덜 느끼는 법도 찾을 수 있을 것이다. 스트레스가 몸과 마음에 미치는 영향을 줄이면, 인간관계의 질이 높아지고 인간관계로 불거지는 갈등도 줄어들 것이다.

자기 가치 확인

고정관념의 위협을 줄이고 싶다면 자기 가치 확인self affirmation이 도움이 될 수 있다. 나는 자기 가치 확인이 효과 있다는 말을 오랫동안 믿지 않았다. 그러나 이 분야에서 신중한 계획에 따라 과학적으로 진행한 연구에 따르면, 핵심 가치를 글로 적을 때 고정관념의 위협이 확실히 줄어든다.[33]

잠시 짬을 내서 당신에게 정말로 중요한 것이 무엇인지 곰곰이 생각해보라. 어느 순간, 남이 어떻게 여기느냐가 당신을 그리 뒤흔들지 않는다는 느낌이 들 것이다. 이런 맥락에서 자기 가치 확인을 활용하는 건 어려운 일이 아니다. 몇 분만이라도 시간을 내서(지금 당장도 좋다) 당신이 정말로 소중히 여기고 높이 평가하는 것을 두어 가지 적어보라. '나는 정직을 매우 높게 평가한다'나 '내게 가장 중요한 가치는 배려와 연민이다' 같은 말을 적어보라. 연구자들이 밝혀낸 바로는 이렇게 핵심 가치를 떠올릴 때 행동에 오랫동안 바람직한 효과를 미친다. 앞으로는 비평받을까 봐 두려운 마음이 들거든 그런 문장을 두세 개 끄집어내 자신에게 들려주라.

부유하면서도
특권의식에 젖지 않으려면

Poverty, Privilege, and Prejudice

지금까지는 돈이 없는 것이 어째서 문제가 될 수 있는지를 이야기했다. 그런데 돈이 많을 때는 어떨까? 겉으로만 보면, 부유한 사람은 돈 때문에 마음 심란할 일이 결코 없을 것 같다. 어쨌든 부자는 청구서를 처리하지 못해 잠을 설치지도 않고, 몸이 아플 때 돈 걱정에 병원에 가기를 꺼리지도 않으니 말이다. '게으르다', '지저분하다', '무식하다' 같은 비난도 받지 않는다. 그러니 돈이나 궁핍이 미치는 악영향에서 틀림없이 비켜나 있을 것 같다.

하지만 이런 추측은 사실과 완전히 어긋난다. 부의 특권도 나름대로 심리적 영향을 미치기에 부자들도 가난한 사람들만큼이나 부정적 편견을 마주한다. 스크루지나 번스 같은 인물을 내세운 영화나 소설들은 부자를 게걸스럽게 남의 것을 빼앗는 괴물로 그린다.

그런데 그런 모습이 실상을 제대로 반영할까? 부자는 가난한 사람보다 정말로 연민을 덜 느낄까? 이런 질문의 답을 찾아, 돈과 특권이 인간 행동에 미치는 영향을 탐구한 연구를 몇 가지 살펴보자.

핵심 실마리: 특권에는 빛과 그림자가 있다

돈은 여러 방식으로 심리에 영향을 미친다. 중산층이나 상류층 가정에서 자란 사람은 재원에 제약을 덜 받고 가난을 다룰 때 언급한 환경의 한계에도 덜 얽매이므로 삶을 자신이 직접 선택하고 통제하기가 쉽다. 저소득층처럼 많이 오염된 동네에서 살지도 않을뿐더러 질 좋은 음식과 안락한 복지 시설도 이용할 수 있다. 또 특권의 혜택을 누리는 과정에서 자기 능력을 더 크게 느낀다. 게다가 서방 문화는 상호 의존보다 자립을 확실히 장려한다.[34] 이런 요인들 때문에 이들은 자기 운명을 자신이 주도적으로 통제한다는 생각이 강하다. 달리 말해 고소득 가정에서 자란 사람은 저소득 가정에서 자란 사람보다 자기 삶을 통제한다는 생각이 강한 경향을 보인다.

여기까지는 좋다. 주도권이라니, 얼마나 멋진가! 그런데 남보다 정말로 유리한 위치에 있을 때 우리는 어떻게 반응할까? 한 연구에 따르면 특권을 누릴 때 우리는 자기 능력을 생각하는 방식뿐 아니라 남을 대하는 방식도 바꾼다. 여러 연구에 따르면 돈을 떠올리기만 해도 우리의 지적 성과와 자립 수준이 높아지지만, 남을 도우려는 의지는 약해진다.

특권의식을 부추기는 근본 요인

일부 실험 참가자에게 '눈에 띄게 불공정한' 편익을 준 여러 연구를 살펴보면 결과가 참 흥미롭다. 편의를 받은 참가자들이 자기 능력 덕분에 우위를 차지했다고 주장한 결과가 많기 때문이다.

UC버클리의 폴 피프Paul Piff 박사가 학생 두 명이 모노폴리 게임을 하는 실험을 진행했는데, 누가 봐도 한쪽에 유리하게 규칙을 비틀었다. 특혜를 받은 참가자는 처음부터 돈을 더 많이 받았을뿐더러 제 차례에 주사위를 하나가 아니라 두 개씩 던지는 것 같은 편익을 줄곧 누렸다. 그런데 게임이 진행될수록 이들의 목소리가 더 커지고 거칠어졌고, 불이익을 받은 경쟁자보다 더 신나게 군것질까지 즐겼다. 게임을 시작할 때만 해도 자기들이 얼마나 불공정하게 유리한지 여러 번 말해놓고도, 막상 게임이 끝난 뒤에는 자신의 게임 운영 기술과 의사 결정력 덕분에 이겼다고 평가하는 참가자가 숱했다.[35]

이들은 엄청난 편익을 받았다는 사실을 알면서도 기술과 노력 덕분에 이겼다고 믿었다. 편익을 누린 사실을 속 편하게 잊어버리고, 승리는 당연히 자신의 의사 결정 덕분이라고 확신했다. 이 실험이 중요한 까닭은 우리 마음이 특권에 어떻게 반응하는지를 보여주기 때문이다. 인간의 마음은 특권이 존재한다는 사실을 부인한다.

특권의 문제점은 우리가 이 사실을 깨닫지 못한다는 것이다. 무엇보다 큰 특권은 자신이 특권을 누리는 줄 모르는 것이다! 두루뭉술한 말장난으로 들린다면, 이 점을 생각해보라. 여성으로서 나는 직장, 수학 강의실, 정비소에서 남자와 동등한 대우를 못 받아 겪을 불이익을 잘 안다. 하지만 내가 백인이고, 미국 시민권자이고, 고학력자라는 사실은 쉽게 잊어버리곤 한다. 나는 불이익도 받지만, 특권도 누린다. 그런데 일상에서 내가 어느 쪽을 더 뚜렷이 느낄 것 같은가? 나는 내가 성공하고자 쏟는 노력을 그 과정에서 받는 편익보다 훨씬 더 잘 느낀다.

우리가 특권을 깨닫지 못하는 까닭은 편파가 존재하는 특권이 아니라 장벽이 없는 특권을 경험해서인 듯하다. 노력도 하고 장벽도 없으니, 자신이 모르는 이야기가 많은데도 자기 노력 덕분에 성공했다고 느낀다.

어찌 보면 특권을 누리는 것은 정말 좋다. 사방을 둘러봐도 나를 가로막을 장벽이 없다는 뜻이기 때문이다. 그런데 남도 나와 마찬가지로 특권을 누린다고 생각할 때 문제가 생긴다. 열심히 노력해 성공하는 것은 멋진 일이다. 하지만 자신이 겪지 못한 차별을 마주한 주변 사람에게 "내가 해온 대로 해봐"라고 말하는 것은 도움이 안 된다. 그들도 할 수만 있다면 그렇게 할 것이다. 특권을 누릴 때,

그것이 부나 기회이든 신체 재능이든 교육 기회나 사회적 연줄이든, 사람들은 남이 받지 못하는 편익을 누린다는 사실을 아주 쉽게 잊어버린다. 남이 사뭇 다른 지형에 난 길을 걷고 있다는 현실을 깨닫지 못한 채 무능하다고 손가락질한다.

다시 피프 박사의 연구로 돌아가 보자. 이 연구는 흥미로울 뿐 아니라 '돈이 당신을 사악하게 하는가?' 같은 제목을 단 기사들 때문에 매우 크게 보도됐다. 하지만 모노폴리 게임처럼 잔재미로 즐기는 의미 없는 상황에서 사람들이 보이는 행동 양식이 실생활에서 특권이 행동에 미치는 영향을 고스란히 나타낸다고 말하기는 어렵다. 그래도 사회심리학 분야에서 진행된 여러 연구가 특권과 체제 정당화system justification의 연관성을 보여준다.

불공정을 정당화하고 싶은 마음

누구나 자신을 둘러싼 복잡하고 때로 혼란스러운 세상에 어떤 의미가 있는지를 찾는다. 그래서 운때가 맞아 요행으로 특권을 누릴 때면 상황을 셋 중 하나로 해석한다. 첫째, 모든 상황을 어쩌다 일어난 요행으로 돌린다. 이때는 공평하게 대접받아 마땅한 사람들이 같은 특권을 못 누린다는 죄책감 그리고 도둑질이나 사기, 폭력을 당하지 않을까 하는 불안과 씨름할 수밖에 없다. 둘째, 체제가 불공정하다고 판단해서 불공정한 혜택을 누리는 데 따른 죄책감과 불안을 마주한다. 셋째, 체제가 근본적으로는 공정하다고, 어쨌든 자신이 그런 특권을 누려야 마땅하다고 결론짓는다. 이때는 상황을 즐기면서도 죄책감이나 불안을 느끼지 않아도 된다.

당신이라면 어떤 방식을 선택할 것 같은가? 현실에 영향을 미치지 않는 게임에서조차 편익을 누린 사람이 승리를 자기 공으로 돌리고 자신이 이겨 마땅하다고 확신한다면, 현실에서 편익을 누리는 사람이 그런 성향을 보이기란 훨씬 더 쉽다. 남을 착취하거나 희생시키는 대가로 혜택을 누리고 싶어 하는 사람은 드물다. 그러므로 체제가 근본적으로 공정하니 운 좋은 삶에 죄책감을 느끼지 않아도 된다고 믿는 쪽을 선택해야 마음이 훨씬 가벼워진다. 전통적으로 신앙은 우리가 살아가는 세상이 질서와 정의에 기반한다고 가르치는데, 이런 가르침이 불공정한 체제를 정당화하는 성향을 부추기기도 한다. 나는 이런 성향이 우리를 '사악하게' 한다고는 믿지 않는다. 모두 매우 인간다운 성향일 뿐 잔인함은 전혀 보이지 않는다. 사실 우리가 체제 정당화에 가담하는 까닭은 세상이 공정하다고 믿고 싶기 때문이다. 세상이 본디 정의롭다고 믿을수록 극심한 불공평을 자신의 세계관과 조화시키기가 더 어려우니, 둘을 조화시키려면 어떻게 해서든 불공평이 당연하다고 결론지어야 한다. 체제 정당화는 개인의 결점이 아니라 대처 전략이다.

돈 생각

돈 많은 사람이 연민을 덜 느끼거나 불우한 사람들을 덜 도우려는 듯 보이는 까닭은 또 있다. 여기에서도 원인은 '사악함'과 아무 관련이 없다.

앞서 살펴봤듯이 돈을 그저 떠올리기만 해도 우리 행동에 긍정적 효과와 부정적 효과가 모두 나타난다. 사람들은 돈을 떠올릴 때 한계를 시험하는 일에 더 도전하고, 도움을 청하기에 앞서 더 오래 노력을 쏟고, 머리를 써야 하는 일을 대체로 더 잘 해내고, 혼자 일하기를 선호한다.[36] 돈이 불쏘시개가 되어 우리를 자립적이고 성취에 집중하는 사람으로 만드는 듯하다. 다음에 시험을 치르거나 큰 업무를 마무리해야 할 때는 먼저 지폐 다발을 떠올리는 게 어떨까?

그런데 이런 자립성에는 어두운 면도 있다. 돈을 떠올리면 자립하고 싶다는 마음도 들지만, 남이 내게 기대는 것을 싫어하는 마음도 든다. 마음이 더 성취 지향적으로 바뀌지만, 남을 덜 도우려 하고 남이 내 도움을 바라지 않기를 바라게 된다. 게다가 자기가 돈을 생각하는지 모를 때조차 이런 효과가 나타난다. 우리 마음은 아주 슬쩍 돈을 떠올리게만 해도 독립적이고 성취 지향적인 마음가짐에 집중하는 쪽으로 바뀔 수 있다.

이를 확인할 때 연구자들은 한 집단(실험 집단)에는 돈을 떠올리게 하는 대상을 제시하고, 다른 집단(통제 집단)에는 제시하지 않는 방식을 사용한다. 한 연구에서는 사람들을 무작위로 나눈 뒤 주어진 단어로 문구를 만들게 했다. 이 과제에서 참가자들은 한 묶음에 단어 다섯 개가 들어간 문제를 30개씩 받았고, 다섯 단어 중 네 단어로 문구를 만들어야 했다. 과제가 워낙 단순해 참가자 누구도 돈을 떠올리게 하려는 의도임을 알아차리지 못했다. 머리를 잘 쓴 대목이 여기다. 통제 집단에 속한 참가자들은 '춥다, 오늘, 책상, 날씨,

바깥'처럼 돈 색깔이 묻어나지 않는 단어를 받았고, 이 단어들을 이용해 '오늘 바깥 날씨가 춥다'라는 문구를 만들었다. 실험 집단에 속한 참가자들은 '두둑이, 급여, 받다, 책상, 챙기다'처럼 돈 색깔이 묻어나는 단어를 받았고, '두둑이 챙겨 받는 급여'라는 문구를 만들었다. 실험 집단은 자기들이 돈을 떠올리도록 연구진이 미리 손을 썼다는 사실을 알아채지 못했다(실험이 끝난 뒤 참가자들에게 확인한 사실이다). 문구 만들기 과제가 끝난 뒤에는 만만치는 않아도 해결할 만한 다른 과제가 제시됐다. 예상대로 돈과 관련한 단어를 봤던 실험 집단은 통제 집단보다 도움을 요청하기에 앞서 혼자 힘으로 더 오래 과제를 풀었다.[37] 다른 많은 조사에서도 돈을 떠올릴 때 혼자서 일을 완수하려는 성향이 거듭 확인됐다.

폴란드의 아가타 가시오로프스카Agata Gasiorowska 박사와 연구진은 돈이 아이들의 행동에 어떤 영향을 미치는지 연구했다. 이들은 동전이 무엇이고 돈의 쓰임새가 무엇인지만 아는, 즉 동전에 고유한 가치가 있고 돈으로 물건을 산다는 것은 알아도 그 이상은 이해하지 못하는 어린아이들을 대상으로 연구를 진행했다.

연구진은 아이들을 무작위로 두 집단으로 나눴다. 통제 집단에 속하는 아이들에게는 크기, 모양, 색이 다른 갖가지 단추를 한 움큼씩 주고 몇 분 동안 가지고 놀게 했다. 그리고 실험 집단에는 동전을 가지고 놀게 했다. 놀이 시간이 지난 뒤, 아이들을 다른 실험실로 데려가 꽤 어려운 미로 찾기 게임을 시켰다. 연필로 미로를 벗어날 길을 그어보라고 하면서, 언제든 게임을 그만두거나 도움을 요청해도 된다고 알렸다. 실험 결과 동전을 가지고 놀았던 아이들이 더 끈질기게 출구를 찾았고, 게임을 끝마치는 인원도 단추를 가지고 놀았던 아이들보다 더 많았다.[38]

다른 실험에서도 아이들에게 각각 동전과 단추를 가지고 놀게한 뒤 다른 방으로 데려갔다. 이번에는 한 연구자가 다른 실험에 앞서 방을 치우고 있었다. 연구자는 아이들에게 자신을 도와 크레용을 주워주지 않겠느냐고 부탁했다. 돈을 가지고 놀았던 아이들은 단추를 가지고 놀았던 아이들보다 크레용을 덜 주웠다.[39] 아이들마저도 돈을 떠올릴 때 더 끈기를 발휘하고 남을 덜 도운 것이다.

왜 돈을 떠올릴 때 우리가 이렇게 반응하는지 확신하기에는 아직 연구가 충분하지 않다. 하지만 연구를 거듭한다면 돈을 떠올리는 것이 정말로 우리 행동에 영향을 미친다고 확신할 수 있을 것이다.

나는 이런 마음 상태를 '돈 생각MoneyThink'이라고 부르고 싶다. 명확히 밝히건대, 우리가 '돈 생각'에 영향받을 때 꼭 돈을 의식적으로 생각하지는 '않는다.' 정확히 말해 '돈 생각'이란 능력을 시험하는 일을 혼자 완수하고 싶다는 욕망, 남이 자신에게 도움을 청하는 부담에서 벗어나고 싶다는 욕망이 커진 상태를 가리킨다. 지금까지 진행된 조사에 따르면 '돈 생각'이 성취욕을 키우는 것으로 보인다. '돈 생각'이 발동하면 사람들은 그렇지 않을 때보다 어려운 과제를 더 잘 해내고, 일을 더 열심히 하고, 더 끈질겨진다. 끈기, 자립성, 성취에는 분명히 바람직한 이점이 있다.

'돈 생각'에서 어두운 면은 혼자 일하고 싶다는 욕망, 그리고 남들도 독립적이어서 자신에게 도움을 청하지 않기를 바라는 욕망을 일으킨다는 것이다. 모두 사회에서 차갑고, 남을 생각할 줄 모르고, 남과 어울리지 못한다고 볼 성향이다. 이 가운데 우리 일상과 관련한 성향은 무엇일까? '돈 생각'이 부추기는 이런 성향은 부자를 냉정하고, 사악하고, 남을 도울 생각은 없이 오로지 더 부유해지는 데만 신경 쓴다고 보는 부정적 고정관념과 잘 맞아떨어진다. 나는 이 대목에서 그런 고정관념을 경계하라고 경적을 울리고 싶다. 돈과 부에 동반하는 비사교적 행동을 사악하다고 해석하지 말고 문화적 관점에서 생각해보자. 연민과 배려가 부족하다고 여긴 모습이 실제로는 상호 의존보다 자립을 높이 사는 사회의 지향성을 나타내는 신호일 가능성이 매우 크다.

특권의식에서 벗어날 처방전

어째 돈이 이러지도 저러지도 못할 상황을 만든다는 소리로 들릴 것이다. 돈이 없으면 성과가 떨어지고, 인간관계가 나빠지고, 기대수명이 확 줄어든다. 하지만 돈이 있으면 체제 정당화나 '돈 생각'에 가담할 가능성이 커진다. 우리는 가난과 특권을 꼭 이렇게밖에 경험하지 못할까? 절충점은 없을까?

다행히도 길이 있다. 경제적으로 더 안정되기를 바라면서도 사회적 상호연결성과 연민을 중시하는 가치관을 지키고 싶은 사람이라면 기뻐할 소식이다. '돈 생각'이 실제로 영향력을 발휘하지만, 이 생각이 행동에 미치는 영향을 모조리 없앨 수 있는 아주 간단한 방법이 몇 가지 있다.

여기에서도 먼저 상황을 찬찬히 살펴보자. 스스로 다음 질문을 던져보라.

- 나는 인간관계와 성취 중 무엇을 더 가치 있게 여기는가?
- 남이 도와달라고 할 때 귀찮은가? 귀찮다면, 왜 그런가? 남이 내게 기대는 것이 내 가치관과 부딪히는가?
- 남에게 기댔을 때 상대는 어떻게 반응했는가? 도움받아야 한다는 이유로 비난이나 벌을 받은 적이 있는가?
- 성장 과정이 직업윤리와 인간관계를 보는 관점을 형성하는 데 어떤 영향을 미쳤는가?
- 이런 관점이 오늘날 내게 도움이 되는가?

'돈 생각'으로 나타날 일들이 마음에 걸리는가? 금융 자산이 늘더라도 인간관계를 바라보는 가치관을 확고히 지키고 싶은가? 그렇다면 힘을 내기를. '돈 생각'의 영향을 모조리 없앤다고 증명된 매우 간단한 활동이 몇 가지 있다. 다음은 '돈 생각'의 악영향에서 벗어나게 도와줄 간단한 활동을 짧게 정리한 실천 목록이다.

- **평등에 대해 적어보라**: 한 연구에 따르면, 사람들에게 남과 내가 평등한 사항을 세 가지씩 적게 했더니 특권의식의 악영향이 눈에 띄게 줄었다.[40]
- **자연을 가까이하라**: UC버클리에서 진행한 몇몇 실험에 따르면, 자연을 아름답게 담은 사진을 보여줄 때 참가자들이 더 너그러워지고 남을 더 믿었다. 또 아름다운 식물이 있는 실험실에 앉은 참가자는 그렇지 않은 실험실에 앉은 참가자보다 남을 돕는 행동을 더 많이 보였다.[41]
- **경외심을 안기는 대상을 접하라**: 피프 박사와 동료들에 따르면 과거에 큰 경외심을 느꼈던 자연경관을 떠올리기만 해도 '보잘것없는 나'를 느끼는 계기가 됐다. 광활한 우주에 속하는 보잘것없는 나를 느끼고 나면 다음 과제에서 더 너그러워지고 더 윤리적으로 행동했다.[42] 그러므로 당신의 자아가 슬쩍 우쭐해진다 싶을 때는 경외심을 안기는 대상을 접하라. 헛바람이 빠질 것이다.
- **연민을 갈고닦아라**: 저소득층일수록 남을 더 보살피는 경향은 특히 남을 연민하는 성향을 높이 산다는 점에서 평등주의 가치관과 관련 있을 것이다.[43] 연민할 줄 아는 마음을 키우고 싶은가? 그렇다면 운이 좋다. 연구에 따르면 자비 명상 같은 간단한 명상 연습으로 연민을 훈련하고 키울 수 있다. 연민 명상이 굳이 영적 수련으로 이어지지 않아도 된다. 지금까지 개발된 대중적인 연민 명상이 여럿이다. 그 가운데 자비 명상

은 종교적 요소가 들어 있지 않아 쉽게 연습할 수 있다.

쌓여가는 수많은 증거에 따르면 연민은 마음먹은 대로 키울 수 있다. 연민이 커질 때 부정적 영향이 꽤 줄어들고, 긍정적 영향이 늘어나고, 만성 고통이 줄어들고, 남과 연결됐다는 느낌이 커지고, 낯선 이를 의심하지 않는 마음이 커진다.

- 토머스 플랜트Thomas Plante(심리학자)[44]

편견에 눈멀지
않으려면

Poverty, Privilege, and Prejudice

소득 집단 사이에 존재하는 문화 차이가 고정관념과 편견을 낳기도 한다. 공정히 말해, 부자를 바라보는 고정관념은 대부분 호의적이다. 조사에 따르면 부자를 가난한 사람보다 상냥하고, 유능하고, 호감 있게 보는 사람이 더 많았다. 그렇지만 부를 대하는 태도에 아주 부정적인 관점이 깔린 집단도 많다. 어떤 집단은 부자를 성공한 능력자로 보지만, 어떤 집단은 탐욕스럽고 배려할 줄 모른다고 본다. 우리가 쓰는 말에 숨은 여러 미묘한 평가에서 그럼먼 박사가 말한 적대적 시기가 드러난다. 예를 들어 '끝내주게 부유한' 사람과 '추잡하고 역겹게 부유한' 사람 사이에는 어떤 차이가 있을까? 차이는 평가하는 사람의 태도에 있고, 그런 태도는 문화와 가치관, 핵심 신념에서 나온다.

핵심 실마리:
부자는 탐욕스럽고 가난한 사람은 게으른가?

대부분 사람은 자신을 부자나 가난한 사람으로 생각하지 않는다. 그 중간 어디쯤 속한다고 여긴다. 그렇지만 자신을 어떻게 받아들이든 '우리'와 '그들'이라는 테두리 안에서 생각할 때가 많다. 소득 계층과 관련해서는 확실히 그렇다. 인간은 이 타고난 성향 때문에 사회를 크게 편 가르고, 그래서 단순하기 짝이 없는 편견과 평가에 쉽게 휘둘린다. 그런 평가는 자신이 속한 소득 집단 바깥에 있는 사람과 관계를 맺는 능력을 해칠 뿐 아니라 경제적 이동을 가로막는 장벽이 되어 재무 살림이 나아지지 못하도록 발목을 잡기까지 한다.

편견을 부추기는 근본 요인

문화 이야기로 잠깐 돌아가 《헝거게임The Hunger Games》(북폴리오) 같은 책이나 〈인 타임In Time〉 같은 영화를 생각해보자. 두 이야기에서 사회는 몇 개 구역으로 나뉘어 한 구역에는 최상층이, 나머지 구역에는 나머지 계층이 산다. 그런 상상 속 사회에서는 물리적 장벽이 사회 계층을 분리하므로, 사람들은 다른 환경의 사람들과 동떨어져 살아간다. 이런 고립과 분할이 마침내 반란과 혁명을 부른다.

나는 이런 이야기가 우리에게 설득력 있는 경고를 보낸다고 본다. 우리 사회에서 소득에 따라 사람을 나누는 장벽은 없다. 그렇다고 우리가 경제 사정이 극히 다른 사람들과 자주 어울리는가? 우리에겐 장벽이 필요 없다. 엇비슷한 사람끼리 어울리는 단순한 성향을 이용해 스스로 장벽을 만들기 때문이다. 끼리끼리 어울리는 것이 일반적인 사교 방식이기는 하지만, 우리가 아닌 '남'으로 여기는 사람을 인간 이하로 보기 쉬운 환경을 만든다. 이 환경에서 저마다의 체험담에 녹아든 편견이 생겨난다.

사회의 지향성: 자립 대 상호 의존

미국의 사회경제 집단은 단지 돈으로만 나뉘지 않는다. 문화 차이도 사람들을 가른다(그냥 경제 집단이 아니라 사회경제 집단이라고 부르는 이유가 이것이다). 많은 사람이 마치 누구나 자립을 똑같이 값지게 여긴다는 듯 미국 문화 전체를 '자립성'이라는 말로 대충 얼버무린다. 그래도 어쨌든 미국을 비롯한 서양 문화는 대체로 자립성을 높이 사는 특징이 있다. 이와 달리 동양 문화를 지탱하는 신념은 근본적으로 상부상조다. 그런데 미국의 고소득층과 저소득층이 보이는 신념과 태도를 비교하면 두 집단이 지나칠 정도로 뚜렷한 차이를 보인다. 저소득층 사회에서는 사람들이 서로 기대야 할 일이 흔하다. 그래서 상호 의존, 집단의 규범, 신뢰, 인맥을 중시하는 문화가 발달했다. 아등바등 살아가는 경험까지 공유하므로 저소득층 문화에서는 가족, 충실, 협동, 우정을 대단히 강조한다. 서로 의지하고,

전체 집단의 일원이 되어 이바지하고, 어려울 때 기대는 것은 저소득층 문화에서 흔한 가치관이다. 이 가치관은 자립적 미국인이라는 고정관념보다 동양 사회의 문화에 훨씬 더 가깝다.

한 연구에서 자립적 사회라는 꼬리표가 붙은 미국인과 상호 의존하는 사회라는 꼬리표가 붙은 러시아인을 살펴봤더니, 두 나라 모두 저소득층에서 자란 사람이 고소득층에서 자란 사람보다 자기를 더 상호 의존하는 사람으로 바라봤다. 달리 말해 미국처럼 자립을 높이 사는 문화에서마저 저소득층 환경에서 자라면 상호 의존하는 문화에 동질감을 느낄 가능성이 한층 더 크다. 그런데 두 문화는 어떻게 다를까? 이렇게 생각해보자. 독립적인 사회에서는 우는 아이에게 떡 하나 더 주지만, 상호 의존하는 사회에서는 모난 돌이 정 맞는다. 한쪽 문화에서는 군중 사이에서 튀어야 칭찬과 상을 받지만, 다른 문화에서는 혼자 튀었다가는 비난을 부른다.

독립을 지향하는 문화에서는 독창성, 자립, 자율을 대단히 바람직한 특성으로 본다. 스스로 자기 길을 개척할 줄 아는 사람을 더 우러러보고, 전통을 거스르는 용기를 크게 칭찬한다. 미국 문화에는 이런 주제를 다룬 이야기가 많다. 무일푼에서 부자가 된 이야기도 그런 예다. 이런 이야기가 아니라도 혁명, 우상 파괴, 더 높은 이상을 위해 군중에 맞서 일어서는 이야기라면 자립을 높이 사는 사회에서 자란 사람의 호응을 받는다.

이와 달리 상호 의존을 밑바탕으로 삼은 집단은 개인주의에 그다지 환호하지 않고 봉사와 배려, 충실한 행위에 감동한다. 상호 의존하는 사회를 보여주는 한 사례가 군사 집단이다. 당신과 이웃이 생존 때문에 서로 의지한다면, 무리에서 튀기보다 무리의 일원이 되는 것이 더 중요하다. 서로 의존하는 사회는 협동하고 연대해 살아남는다. '모두는 한 사람을 위해, 한 사람은 모두를 위해'는 서로 의존하는 사회의 좌우명이다. 튀는 것은 불복으로, 집단의 요구에 헌신하지 않는 이기심으로 비칠 수 있다. 서로 의존하는 문화에서는 다수의 욕구가 소수의 욕구를 억누르므로, 혼자 튀었다가는 가혹한 비난을 받을 수 있다.

우리는 인격 형성기에 사회에서 어떤 지향성을 받아들였느냐에 따라 가족, 친구, 이웃에게 어떻게 행동해야 하는지를 규정하는 핵심 신념을 키운다. 당신이 상호 의존하는 집단에서 자랐다면 가족과 공동체가 아주 높은 우선순위를 차지할 것이다. 자립을 높이 사는 집단에서 자랐다면 통솔력과 독립, 성취가 더 중요할 것이다. 한쪽 집단에서는 남을 도울 때 존경과 우정을 얻는다. 다른 집단에서는 자립해서 남에게 기대지 않아야 존경과 우정을 얻는다. 그러므로 한쪽 집단의 지향성을 받아들인 사람이 다른 집단을 얼마나 부정적 시각으로 볼지는 어렵지 않게 알 수 있다. 자립적인 사람의 눈에는 상호 의존하는 신념을 지닌 사람이 야망과 비전은 물론 직업윤리도 없는 주제에 남의 생각과 감정에만 지나치게 신경 쓰는 것으로 보인다. 상호 의존하는 사람의 눈에는 자립적인 사람이 연민과 동정심이 없어 남을 도울 줄 모른 채 지위와 권력에만 전전긍긍하는 것으로 보인다.

이제 돈이 마음에 미치는 영향을 고려하면, 왜 고소득자가 사회에서 얻으려는 목표가 성취와 자립에 집중되는지를 쉽게 이해할 수 있다. 게다가 재원이 적은 사람들은 생존을 위해 서로 의지해야 할 일이 많으므로, 저소득층 사회에 왜 상호 의존하는 체제가 퍼졌는지를 알 수 있다. 이런 차이로 발생하는 문화 충돌은 불평등과 부의 분배를 둘러싼 대립일 뿐 아니라 뿌리 깊은 가치관의 대립이기도 하다. 그러므로 소득 계층에 따른 서로 다른 지향성을 결점으로 보기보다 사회적 압력이라는 관점에서 본다면, 다른 생활 방식이 마주한 난관과 그 방식의 강점을 더 깊이 이해할 수 있을 것이다.

사회심리학자들은 '그들'보다 '우리'를 더 좋아한다는 뜻인 '내집단 편애in-group favoritism'가 강하게 반복되는 경향이 있음을 발견했다. 내집단 편애는 계층 구분을 부르고, 자기 집단과 가치관이나 문화가 다른 사람들을 악마로 낙인찍는다. 우리는 다른 집단 사람보다 내 '부족'인 사람을 더 좋아하는 성향을 타고났다. 자신이 속한 사회경제 집단에 강한 동질감을 느낄 때는 사회 관습과 집단 정체성에 특히 강하게 영향을 받기 마련이다. 당신이 자립을 중요시하는 환경에서 자랐다면, 가게 직원이 친구와 수다 떠는 모습을 보자마자 게으르다는 꼬리표를 붙일 것이다. 이때는 우정이 가장 값진 화폐인 문화에서는 사회적 교류가 의미 없는 활동이 아니라는 사실을 떠올리면 좋을 것이다. 이와 달리 당신이 성취보다 인간관계를 높이 사는 환경에서 자랐다면, 야망을 인정머리 없다고 평가하기 쉬울 것이다. 그럴 때는 어떤 문화에서는 자립해야 구성원으로 받아들여진다는 사실을 떠올려보라. 누군가를 격하해 조롱거리로 삼고 어떤 집단을 끌어내려 '탐욕스럽다', '게으르다' 같은 꼬리표를 다는 편견은 무엇이든 조심하라. 당신이 재무적 결정을 내릴 때 그런 편견이 끼어들면, 건강하고 행복한 재무 살림을 누리고자 최선을 다하는 당신의 발목을 잡을 수 있다.

덮어놓고 '가난한 사람은 게으르다, 지저분하다, 야망이 없다, 무식하다'라고 생각한다면, 몇 사람의 나쁜 특성만으로 엄청나게 다양한 사람들을 평가하는 것이다. 마찬가지로 '가난한 사람이 부자보다 고결하다, 순수하다, 너그럽다'라고 평가한다면, 영화나 동화가 그린 고정관념을 무턱대고 믿는 것이고 몇 사람의 특성을 바탕으로 전체 집단을 평가하는 것이다. 게다가 고정관념을 형성하게 한 행동들은 자립보다 상호 의존과 협동을 중시하는 가난한 공동체의 문화 가치관에서 비롯했을 것이다. 이런 가치관에서 나온 행동은 그 사람이 진짜로 중요하게 여기는 가치가 아니라 주변의 압력을 그대로 받아들인 가치를 반영한다고 봐야 한다. 이와 반대로 부자는 능력 있고 상냥하다거나, 인정머리 없고 탐욕스럽다고 생각하는 것도 가난한 사람에 대한 편견만큼이나 단순하기 짝이 없다. 다시 말하지만, 우리가 내리는 평가는 우리가 자란 환경과 경험이 빚어낸 핵심 신념, 우리가 속한 공동체의 문화 가치관, 그리고 그 가치관이 다른 공동체의 가치관과 얼마나 일치하느냐 충돌하느냐에 영향받는다.

사회경제적 선입견은 대단히 해로운 영향도 미친다. 독립과 자립을 인정머리 없고 탐욕스러운 행위로 여기는 사람들은 스스로 안정된 재무 살림을 꾸리지 못하게 제 발목을 잡을 것이다. 당신이 속한 공동체가 독립을 공동체의 가치관을 배신하는 행위로 본다면, 그런데도 당신이 대학에 가거나 고소득 직종에 종사하고 싶다면 사회적으로 엄청난 대가를 치러야 할 것이다. 그런 환경에서 자립이란 당신을 지지하는 인간관계를 잃고 공동체 구성원에게 건방지다고 비판받는다는 뜻이다. 이런 환경에서는 경제적 성공이 사회적 실패가 될 수 있다.

이와 반대로 당신이 속한 공동체가 상호 의존보다 자립을 높이 평가한다면, 인간관계를 중요하게 여기는 사람들을 능력이나 추진력이 떨어진다고 판단해 하찮게 여기기 일쑤일 것이다. 그래서 나약함과 인맥을 조금도 용납하지 않는다면, 그 공동체는 외로운 곳이 될 것이다. 정상에 서면 외로운 법이라는 말을 들어봤을 것이다. 이 말은 여러모로 맞을 수 있다. 극단적 상호 의존과 극단적 자립 어느 쪽도 건강하지 못하기는 마찬가지다.

편견에서 벗어날 처방전

고정관념은 긴 체험담이나 경험담을 한 문장으로 줄여놓았다는 점에서 핵심 신념과 비슷하다. '가난한 사람은 게으르다'는 한정된 경험과 우리가 속한 특정 환경을 바탕으로 우리 스스로 곱씹는 이야기의 '교훈'이다. '부자는 탐욕스럽다'도 훨씬 긴 체험담을 단순하게 줄인 말이다. 당신의 삶에서 돈을 바라보는 핵심 신념과 맞서는 법을 이야기했듯이, 돈이 다른 사람에게 미치는 영향을 평가할 때의 핵심 신념과도 맞설 수 있다. 앞서 말한 두 가지 요령, 즉 체험담 바꾸기와 반례 찾기가 여기에서도 효과가 있다.

부의 사다리를
꾸준히 오르려면

Poverty, Privilege, and Prejudice

고정관념과 문화적 평가의 악영향은 다른 사람의 가치를 제대로 알아보지 못하게 하는 데서 그치지 않는다. 우리가 한 문화에서 다른 문화로 옮겨갈 때 나타나는 재무 행태와 사회적 행동에도 영향을 미칠 수 있다. 사회경제적 지위가 올라갈 때 우리는 핵심 신념과 공동체 가치관에서 비롯한 문화적 난관에 뜻하지 않게 직면하곤 한다.

안간힘을 써서 사회경제적 사다리를 올라갈 때 사람들은 어마어마한 문화 충격에 빠진다. 그런 사다리를 오르는 과정에서 재테크 책들은 거의 말하지 않는 감정의 고비를 맞이한다. 한 문화에서 다른 문화로 넘어가는 것은 무척 고달픈 과정이라, 새로운 사회의 압력에 적응하는 여정을 감정적으로 감당하기 벅찰 때가 많다.

핵심 실마리: 부에 적응하는 데도 노력이 필요하다

돈을 바라보는 핵심 신념은 그 사회의 문화가 상호 의존과 자립을 바라보는 방식에 맞춰 강화될 것이다. 그리고 돈과 특권 없이 인생을 시작한 사람이 마침내 부를 쌓아 적응하는 방식에도 영향을 미칠 수 있다. 저소득층이나 중산층이었다가 부유해진 가정은 낯선 땅에 도착한 이민자와 같다. 낯선 문화를 탐색해야 하고, 새로운 규칙을 배워야 하고, 게다가 사용하는 언어까지 새로 익혀야 한다.

부의 사다리에서 우리 발목을 잡는 근본 요인

문화비교심리학 분야의 전문가들에 따르면 이민자들은 새로운 환경에 적응할 때 흔히 회피, 동화, 통합이라는 세 가지 대응 전략을 쓴다고 한다. 제임스 그럼먼 박사는 통찰이 드러나는 책《낙원에 도착한 이방인Strangers in Paradise》[45]에서 문화비교심리학을 이용해, 개인이 부를 얻었을 때 건강한 통합이 중요하다는 사실을 알려준다. 그럼먼 박사에 따르면 '부유한 땅'으로 이주하는 사람은 이민자의 세 가지 대응 전략에 딱 맞아떨어지는 반응을 보이는데, 그중 두 가지가 바람직하지 못한 영향을 미친다.

회피

부가 넘치는 항구에 다다른 사람 대다수는 풍요로운 생활 방식에 적응했다가 자신이 중요하게 여기는 것이나 전통을 잃어버릴까 봐 두려워한다. 말을 배우지 않는 이민자가 그렇듯, 이들도 오랜 관습에 집착하고 새로 옮겨간 땅에 사는 사람과 거의 어울리지 못한다. 회피자는 중산층 시절의 정체성을 꽉 움켜쥐고 놓지 못한다.

새로 부를 쌓는 와중에도 자신의 가치관과 인간관계를 유지하는 데 어느 정도 관심을 쏟는 것은 분명 바람직하다. 그러나 두려움에 짓눌려 자신이 부유하다는 사실을 남에게, 심지어 자녀들에게까지 숨긴다면 문제가 된다.

그럽면 박사는 "전반적으로 회피 반응은 불안을 보여주는 인식 체계"라고 지적한다. "회피자는 자신에게 '혹시라도?'라는 질문을 끊임없이 던진다. 돈을 썼다가 혹시라도 남이 본다면, 그래서 그 사람들이 사기를 치려 하거나, 돈을 빌려달라고 하거나, 기부하라고 요구하면 어쩌지? 혹시라도 내가 탐욕스럽게 보이면 어쩌지? 혹시라도 부를 신봉하다가 영혼을 잃으면 어쩌지?"

회피는 가족 사이에 분란을 일으키기도 한다. 회피자의 자녀들은 십중팔구 성인이 될 때까지도 부모의 재산이 얼마인지 모를 것이다. 그래서 상처받고 배신감을 느끼기도 한다. 특히 쓸 돈이 한정됐다고 단정해 인생을 좌우할 결정에서 포기한 적이 있다면 더욱더 그럴 것이다. 게다가 부모가 사망하면, 올바른 재산 관리 기술을 배운 적도 지켜본 적도 없는 상황에서 엄청난 재산을 관리해야 한다. 그럼면 박사에 따르면, 회피자가 죽었을 때 "두려움과 돈이 단단하게 묶여 한 묶음으로 대물림되는" 경우가 수두룩하다. 그 결과 자식 세대는 쉽게 재산을 잃을 위험에 빠진다.

당신이 회피자인지 아닌지를 어떻게 알 수 있을까?

1. 부를 부정적으로 여기는 고정관념을 하나라도 믿는가?
2. 부를 신봉하다가 전형적인 부자처럼 될까 봐 걱정스러운가?
3. 재산 때문에 각종 사기를 당하거나 적의에 찬 시기를 받을까 봐 두려운가?

이 중 하나라도 그렇다고 답했다면, 당신에게는 회피자 성향이 있다.

동화

미국으로 이주하는 이민자 중에는 되도록 빨리 최대한 미국인처럼 되려고 노력하는 사람이 더러 있다. 이들은 영어를 배우고, 미국 음식을 먹고, 미국 음악에 귀 기울이면서 떠나온 세상과 점차 연을 끊는다. 부자가 되는 많은 사람이 이런 이민자처럼 행동한다.

이런 이주 전략을 쓰는 사람은 중하층에서 깨끗이 벗어나 부유한 땅에서 얻을 수 있는 사치를 한껏 즐기는 쪽을 택한다. 부유층에 동화하는 사람 대다수는 자기가 보잘것없는 환경 출신이라는 사실을 아무도 모르기를 바란다.

회피자들이 돈을 지키려는 성향을 보이며 늘 불안에 떠는 곳에서 동화자들은 안전과 자유를 느끼며 신바람이 난다. 하지만 돈이 바닥나면 바로 나가떨어지기 일쑤다.

회피자의 자녀와 마찬가지로 동화자의 자녀도 재산 관리의 바람직한 예를 거의 보지 못한다. 재산을 대대손손 관리할 수 있느냐를 결정짓는 기술, 이를테면 예산에 맞춰 구매 여부를 따져보는 법은 동화자에게 무용지물이다. 동화자는 수백만 달러나 있는 자기가 도대체 왜 예산에 신경 써야 하는지 의아해한다.

당신이 동화자인지 아닌지를 어떻게 알 수 있을까?

1. 돈이 성공이나 권력, 명성을 나타낸다고 믿는가?
2. 부를 생각하면 강렬한 욕망이 들끓는가?
3. 당신의 보잘것없는 지난날을 사람들이 알아채지 못하게 하려고 애쓰는가?

이 중 하나라도 그렇다고 답했다면, 당신에게는 동화자 성향이 있다.

부의 사다리에서 떨어지지 않을 처방전

통합

부유한 삶으로 이주하는 데 가장 뛰어난 전략이자 가장 어려운 전략은 통합이다. 통합은 마음을 열어 부유층 특유의 생활 방식을 새로 익히면서도 중산층에서 배운 아주 쓸모 있고 소중한 가치관과 기술을 유지하는 것이다.

통합자는 자녀와 툭 터놓고 재산 상태를 이야기하고, 돈과 관련한 결정을 내릴 때 자녀와 머리를 맞댄다. 재산을 운용하는 데 필요한 재무 관리 기술을 배우려 하고, 자녀들을 위해 꾸준히 관리 기준을 만든다. 그래서 대체로 떠나온 땅과 도착한 땅 사이에서 연속성 있는 평온함을 느낀다. 이들은 자녀들이 중산층에서 배운 중요한 가치관을 가정에서 지키면서도 부를 즐기는 법을 깨닫도록 돕는 데 집중한다.

당신이 통합자인지 아닌지를 어떻게 알 수 있을까?

1. 부정적이든 긍정적이든, 부자를 바라보는 고정관념을 신뢰하지 않는 편인가?
2. 부를 생각할 때 촉발되는 감정이 아주 미미한가?
3. 새로운 삶을 받아들이면서도 과거와 현재 사이에서 연속성을 느끼고 옛날부터 아껴온 사람과 가치관을 지키는가?

세 질문 가운데 하나라도 그렇다고 답했다면, 당신은 뛰어난 통합자가 될 것이다.

그럼 박사에 따르면, 불안에 시달리는 사람에게 도움이 되는 방법이 회피자에게도 도움이 된다. 재무 상태가 아무리 안정되더라도 회피를 해결하는 데는 도움이 되지 않는다. "돈이 아니라 '혹시라도'가 문제이기 때문이다. 회피자에게 유용한 묘책은 '혹시라도'를 '뭐 어때'로 바꾸는 것이다." 그럼먼 박사가 회피자에게 주는 처방전은 부유한 땅이 생각보다 더 안전한 곳임을 확인하도록 돈을 조금 더 쓰라는 것이다.

동화자는 중용을 실천하면서도 부의 혜택을 즐기는 법을 배워야 한다. 돈과 상관없이 즐거움을 안기는 활동과 일이 무엇인지 찾는 데서 출발하면 좋을 것이다. 자녀들을 위해 돈 관리법을 배우고 중용을 기준으로 삼는다면, 자녀 세대에 재산을 유지하는 데도 큰 도움이 될 것이다.

시간이 흐를수록 당신도 모르게 이 전략에서 저 전략으로 이동할 것이다. 이상적으로 움직여 회피하거나 동화하는 버릇에서 벗어난다면, 지난날 가운데 당신이 가장 가치를 두는 일부와 새로운 삶 가운데 즐거움과 안정을 안겨주는 일부가 잘 통합되는 삶에 마침내 정착할 수 있을 것이다.

어마어마한 부유층으로 옮겨가고 있는 사람이 쓸 수 있는 수단은 차고 넘친다. 그중에서도 그럼먼 박사의 책 《낙원에 도착한 이방인》과 재무 관리 회사인 횡재연구소Sudden Money Institute를 만나는 건 좋은 출발점이다.

인지심리학으로
바라본 돈

Poverty, Privilege, and Prejudice

대부분 사람이 마주한 가장 힘겨운 난관은 경제적 자립을 추구할 때 소속 사회가 보이는 반발에 맞서는 것이 아니다. 돈 걱정에서 벗어나도록 습관을 바꾸는 것이다. 살림이 피기를 간절히 바랄 때조차 재무 행태를 바꾸려면 온갖 노력을 기울여야 한다. 재무 행태에 영향을 미치는 요인으로는 사회가 우리에게 기대하는 바와 여러 난관 말고도, 몇 가지 심리 요인이 있다. 의식과 관련한 요인도 있고, 무의식과 관련한 요인도 있다. 이런 요인들을 이해한다면 돈과 관련한 결정을 할 때 왜 스스로 제 앞길을 가로막는지 알아낼 수 있을 것이다.

나는 재무심리학이라는 세상에 발을 들이면서부터 사고방식의 차이가 재무 행태에 미치는 영향에 특히 관심을 쏟았다. 여기에서는 내가 이 논제들을 파고들 때 나타난 두 가지 흐름을 간략히 설명하려 한다. 아울러 내가 연구에서 얻은 통찰을 당신이 유용하게 써먹을 방법도 몇 가지 제안하려 한다.

쇼핑을 해도 해도
헛헛하지 않으려면

Poverty, Privilege, and Prejudice

우리는 소비문화 안에서 산다. 쇼핑은 어쩔 수 없이 해야 하는 일이 아니라 재미 삼아 하는 일이다. 쇼핑만 자제하면 돈을 꽤 아낄 수 있는데도, 어째서 물건을 사는 일이 우리 생활에서 이렇게 큰 부분을 차지할까? 쇼핑은 왜 그토록 즐거울까? 몸에는 좋을지언정 맛은 없는 음식만 줄기차게 먹는 듯한 기분이 들지 않으면서도 돈을 덜 쓸 방법을 배우려면 어떻게 해야 할까?

여기서는 우리가 감정의 욕구를 채우려고 돈을 쓰는 방식을 몇 가지 다룬 뒤, 궁상맞은 기분은 들지 않으면서도 돈을 펑펑 쓰는 쇼핑 습관은 개선할 방법을 다룬다.

핵심 실마리: 우리는 소유물을 자아와 연결한다

우리는 재미 삼아 쇼핑한다. 기분을 풀려고 쇼핑한다. 남과 어울리려고 쇼핑한다. 따라 하고 싶은 사람이 된 것 같은 기분을 느끼게 해주는 물건을 사려고 쇼핑한다. 우리는 정체성에서 만족감을 느끼고자 쇼핑한다.

쇼핑을 부추기는 근본 요인

우리 두뇌가 물질과 정체성을 어떻게 결합하는지 이해하면, 쇼핑에 완전히 새로운 의미가 생긴다. 공교롭게도 두뇌는 '나'와 '내 것'을 구분하지 않는다. 달리 말해 자신이 소유한 것도 자신으로 인식한다. 그러므로 나는 누구인가에는 몸과 마음, 성격뿐 아니라 소유물도 들어간다.[46] 소유물과 자아의 이런 연결고리는 성격을 드러내는 핵심 요소나 자기 체험담을 나타내는 물건에서 특히 강력하게 나타난다.

약혼반지를 잃어버렸던 캐시를 생각해보라. 그때 캐시는 고통의 단계를 거쳐야 했다. 내가 최근에 이야기를 나눈 한 남성은 이혼 과정에서 소중한 가보를 잃어 마음 아파했다. 또 다른 한 남성은 바이크를 도둑맞았을 때 몸 한구석이 떨어져 나간 느낌이었다고 말했다. 자신의 정체성에 강하게 연결된 물건을 잃어버리거나,

도둑맞거나, 물건이 파손되는 일을 겪을 때 아주 전형적으로 이런 반응이 나타난다.

소유물과 자아의 연결고리가 어떻게 작용하는지 이해하면, 몰랐을 때는 혼란스러웠을 많은 일의 실마리가 보인다. 왜 노인들은 쓰지도 않는 물건들을 없애지 못하고 계속 간직할까? 왜 손주에게 책상을 물려주는 할머니는 증조할아버지가 얼마나 힘들게 책상을 손에 넣었는지 시시콜콜한 뒷이야기까지 모두 알려주려 할까? 자신의 온 생애를 알려주는 체험담이 그 물건에 깃들어 있어 울컥하는 감정이 솟아오르기 때문이다. 삶은 막바지에 이르렀고 그런 삶이 앞으로 머물 곳은 체험담뿐이기 때문이다. 이런 물건을 도둑맞았을 때 왜 자신이 훼손됐다고 느낄까?[47] 자기 일부를 도둑맞았기 때문이다. 엉망진창인 하루를 보냈을 때 왜 쇼핑이 기분을 풀어줄까? 정체성이 상처받고 자신이 보잘것없다고 느껴질 때 닮고 싶은 사람의 정체성을 나타내는 물건을 사면, 바로 그 사람이 된 듯한 기분이 들기 때문이다.

우리가 자아를 물질과 결합해 인식한다는 사실은 돈과 우리의 관계, 소유물과 우리의 관계를 이해할 새로운 문을 열어준다. 소유물이 우리 자신과 연결된다는 사실을 처음 알았을 때, 나는 왜 우리가 그토록 쉽게 자신의 가치를 물질적 성공과 연결하는지를 빠르게 이해했다. 특히 거부나 상실을 맛본 뒤 쇼핑할 때 왜 그토록 위로받는 느낌이 드는지 이해했다. 이 단순한 개념이 우리의 재무 행태 아래 어떤 동기가 깔려 있는지를 꽤 많이 밝혀줄 수 있다. 그러므로 당신의 소유물, 특히 당신이 소중히 여기는 자아를 가장 잘 반영하는 물건이 당신의 정체성을 실제로 어떻게 확장했는지 생각해보기를 권한다. 집, 차, 옷, 취미용 장비, 그림, 가전제품 등 많은 소유물이 당신이 누구인지를 어떻게 드러내는가?

소유물과 우리의 연결고리는 돈을 쓰게 하는 강력한 동기일 것이다. 그런데 내가 보기에는 이 연결고리를 이롭게 이용할 방법이 있을 듯하다. 이를테면, 정체성의 한 부분을 내표하지만 쓰시는 않는 소유물을 포기할 때 믿기 어려운 쾌감을 느낄 수 있다. 정리 전문가 곤도 마리에近藤麻理惠는 《인생이 빛나는 정리의 마법人生がときめく片づけの魔法》(더난출판사)에서 물건을 버릴 때 우리가 얼마나 자유로워질 수 있는지를 말한다. 아마도 당신은 이사하거나 이혼할 때, 특히 대청소를 할 때 필요 없는 물건을 모조리 없애면서 강렬한 즐거움을 직접 느껴봤을 것이다. 적어도 누군가에게서 그런 즐거움을 들어는 봤을 것이다. 그처럼 물건을 버리면 지금까지 느끼지 못한 엄청난 즐거움을 맛볼 수 있는데도, 많은 사람이 충동적으로 저지르는 과소비와 여전히 씨름한다.

재미 삼아 쇼핑하거나 운동 삼아 쇼핑하거나

쇼핑은 그 자체로 사람들이 깊은 욕구를 채우는 전략이 되기도 한다. 어떤 사람은 지루함과 싸우려고 쇼핑한다. 어떤 사람은 세일 상품 사냥을 즐긴다. 어떤 사람은 울적하거나 퇴짜 맞았을 때 무언가 새로운 물건을 사며 위안을 느낀다. 그래도 많은 사람에게 쇼핑은 사회적 활동이다. 영화 제작자 세라 깁슨Sarah Gibson은 다큐멘터리 영화 〈쇼핑하려고 태어나다Born to Shop〉에서 우리 마음이 느끼기에 상점이란 내면의 욕구에 깊은 울림을 일으키는 신기한 대상을 발견하는 놀이터와 매우 비슷하다는 것을 보여준다. 쇼핑은 놀이도 되고, 축하도 되고, 상처받은 자아를 위로하는 길도 된다. 그러나 감정이 얻는 이득은 잠깐인데, 우리가 치르는 비용은 영원하다.

우리 뇌가 소유물과 우리를 하나로 묶어 인식하므로, 우리가 소유하거나 사들이는 모든 것이 우리가 나라고 느끼는 사람의 일부가 된다. 이것은 나약한 성격이나 물질주의의 특성이 아니다. 우리 두뇌가 세상을 체계화하는 방식일 따름이다. 우리는 가깝게 여기는 사람까지도 자아에 포함한다. 그러므로 정체성이란 몸과 마음, 성격, 인간관계, 소유물을 하나로 묶은 것이다. 상실이나 거부를 경험할 때 우리는 잠시 자기가 훼손됐거나 폄훼됐다고 느낀다. 예컨대 헤어진 사람이 자신에게 큰 비중을 차지할 때는 이별이 엄청난 정체성 상실일 것이다. 모욕이나 흘깃 지나가는 비난의 눈길처럼 자잘한 일조차 정체성을 위협할 수 있다. 피로나 거부, 정체성 위협, 상실을 겪느라 자아가 바닥을 드러낼 때 우리는 자기를 제대로 인식하지 못한다. 자연스레 이전에 충만함을 느끼던 상태로 자기를 되돌리고 싶어진다. 이때 손쉽게 정체성을 채우는 길이 닮고 싶은 사람을 나타내는 물건을 사는 것이다.

나는 이것이 기분 전환용 쇼핑의 심리적 뿌리라고 본다. 정체성이 위협받거나 훼손된다고 느낄 때 무언가 새로운 것을 더하면 빈

틈을 빠르게 메울 수 있다는 것을 우리는 안다. 몇몇 조사에 따르면 사람들은 비평받는다고 느끼거나 비평받을까 봐 두려울 때 더 자주 충동구매를 한다. 눈앞에 있는 물건이 이상형으로 인식하는 정체성에 들어맞을 때는 특히 그렇다.

당신이 흔히 쓰는 전략이 기분 전환용 쇼핑이라면, 이것을 기억하라. 쇼핑으로 얻는 기분 전환은 잠깐에 그치지만, 당신 지갑에서 나간 돈은 다시는 돌아오지 않는다. 다른 소비 분야에서는 돈을 덜 쓰는 전략을 찾아야 하지만, 기분 전환용 쇼핑에서는 습관을 완전히 고치는 것이 가장 좋다. 불안하거나 마음이 허할 때 물건을 파는 곳에 가는 행동은 좋은 생각이 아니다. 이런 상황에서는 개입 전략이 최선이다. 친구와 시간을 보내든, 뜨거운 욕조에 몸을 담그든, 글을 쓰든, 즐거운 놀이를 하든 무엇이라도 좋다. 소유물 목록에 새 물건을 보태지 않더라도 당신이 이미 완전체라는 사실을 다시 느낄 수 있는 일을 하라. 배고플 때 장을 보지 말라는 말을 들어봤을 것이다. 이 원리는 다른 쇼핑에도 적용된다. 초라한 기분이 들 때는 쇼핑하지 마라.

내 이야기를 하자면, 옷과 집 꾸미기가 약점이다. 옷이라면 사족을 못 쓰고 틈만 나면 인테리어를 요리조리 바꾸는 탓에 나는 은행 계좌를 심각하게 거덜 냈고, 앞으로도 그럴지 모른다. 나는 가장 멋진 나를 보여주는 새 옷, 상쾌하게 꾸며진 방에서 받는 느낌이 정말 좋다(소유물과 내 자아의 연결고리라고? 그렇다). 가만히 보면, 나는 특히 마음이 불안하거나 거부 비슷한 일을 겪을 때 옷이나 실내 장

식품을 사고 싶다는 마음에 굴복한다. 불안과 거부가 방어쇠 역할을 하는 것이다. 옷과 집 꾸미기는 그럴 때 내가 흔히 쓰는 전략이다. 그러나 불안하거나 거부당할 때 내가 정말로 바라는 것은 가장 멋진 나와 연결되는 느낌, 내 강점을 기억해 미래에 희망을 느끼는 것이다. 이 사실을 이해한 뒤로는 돈을 쓰지 않고도 정상 궤도로 돌아오는 더 효과적인 길을 찾을 수 있었다. 달리기, 뜨거운 물에 거품을 잔뜩 내서 목욕하기, 매니큐어 칠하기, 기타 연주하기, 춤추기, 글쓰기, 명상이나 요가하기, 잠자기, 보기에도 좋고 몸에도 좋은 음식 만들기가 모두 내가 상실이나 실망 뒤 자아 인식을 매끄럽게 되돌리는 방법으로 찾아낸 것이다. 중요한 점은 기분 전환용 쇼핑에 홀려 빠져들기 전에 미리 대안을 찾는 것이다.

충동 쇼핑에서 벗어날 처방전

기분 전환용 쇼핑은 아주 흔한 일이다. 하지만 안타깝게도 그런 쇼핑이 장기 재무 목표를 무지막지하게 망가뜨릴 수 있다. 그렇다면 돈을 물 쓰듯 쓰고 싶다는 욕구에 어떻게 맞서야 할까? 자기 가치 확인이 우리에게 도움의 손길을 내민다.

자기 가치 확인

그렇다. 또다시 자기 가치 확인이다. 자기 가치 확인이 대단한 점은 효과가 있을 뿐 아니라 쉽다는 것이다. 사실 자기 가치 확인은 쉽기 때문에 효과를 발휘한다. 상실이나 거부를 겪으면, 또는 그저 지치거나 배만 고파도 자아가 고갈된다. 끌어낼 수 있는 자기 통제력이나 자제력이 조금밖에 남아 있지 않을 때는 유혹에 맞서기가 더 어렵다. 피로, 긴장, 스트레스, 배고픔이 모두 자기 통제 수단을 바닥낼 수 있다.[48] 연구에 따르면 낙인이나 거절당할 위험도 자아를 고갈시켜 자기 통제력을 줄인다.[49] 그럴 때는 고정관념의 위협이 기분 전환용 쇼핑 전략에서 과소비를 부추기는 방아쇠가 될 수 있다. 자아가 적게 너덜너덜해지든 많이 너덜너덜해지든, 자기 통제력이 줄어들기는 마찬가지다. 그러므로 자아가 고갈됐을 때 유혹에 맞서겠다고 애써봤자 악영향만 일으켜, 마음은 더 지치고 자아는 더 고갈된다. 자아가 바닥을 드러냈을 때 쇼핑하고 싶다는 유혹에 맞서고 싶다면, 자신을 나무라는 것이 아니라 자원을 다시 채우는 데 집중해야 한다. 이 대목에서 자기 가치 확인이 등장한다.

자아 고갈을 연구한 학자들에 따르면, 자신이 중요시하는 핵심 가치를 그저 2~3분만 확인해도 자아 고갈의 부정적 효과를 완전히 없앨 수 있다.[50] 이런 자기 가치 확인에는 돈이 한 푼도 들지 않는다. 자신에게 중요한 것을 되돌아보기만 해도 정체성을 금세 회복할 수 있고 예비용 자기 통제력을 다시 채울 수 있다. 다음에 기분 전환용 쇼핑을 하고 싶다는 생각이 들면 이 점을 명심해 다음과 같은 개입 대책을 시도해보기를 권한다.

- 가장 중요한 가치를 두세 가지 적는다. 각 가치를 한두 문장으로 써서 카드에 따로따로 적는다.
- 이 카드들을 지갑에 넣고 다닌다.
- 기분을 풀고자 돈을 쓰고 싶다는 유혹을 느끼면 카드를 꺼내 자신에게 읽어준다.

당신이 중요시하는 핵심 가치를 확인하면 감정에 휘둘려 쇼핑하느라 돈을 허비하는 일을 막을 수 있을 것이다. 자연을 사랑한다거나 평등에 관심 있다고 적어도 좋고, 정직을 매우 중요하게 여긴다고 적어도 좋다. 요점은 당신에게 정말로 중요한 가치를 적는 것이다. 핵심 가치를 떠올리면 자기 통제가 가장 필요한 시점에 그 통제력을 키울 수 있다.

안전한 쇼핑을 위한 규칙

쇼핑을 꼭 해야 한다면, 감정에 휘둘려 돈을 쓰지 않도록 욕구에 근거한 기본 규칙을 몇 가지 마련하는 것이 좋다. 여기에 간추린 규칙은 내 독특한 욕구와 감정을 건드리는 방아쇠 때문에 내게 놀라울 정도로 유용했다. 내가 이 얘기를 들려준 많은 이들의 삶에도 큰 보탬이 됐다는 피드백을 받았으니, 당신과도 공유하려 한다. 이 규칙 덕분에 나는 수만 달러를 아낀 데다 물건을 산 뒤 무수히 후회하던 일을 겪지 않게 됐다. 또 내 재무 살림에 재를 뿌리는 짓이었던 쇼핑이 이제는 내게로 넘어온 결정권과 자기 존중을 체험하는 일로 바뀌었다. 잊지 마시길, 나는 옷과 집 꾸미기에 돈을 물 쓰듯 펑펑 쓰는 사람이다. 그러므로 당신의 쇼핑 성향에 맞춰 이 규칙을 가다듬어야 한다.

- **규칙 ①**: 기분이 어떻든, 기막히게 멋지다는 생각이 들지 않는 차림새라면 쇼핑하러 가지 마라.

  상점과 쇼핑몰은 눈이 펑펑 돌아가게 멋진 인상을 주려고 공들여 설계한 곳이다. 최고로 멋진 차림새가 아닌 채 상점에 발을 들였다가는 스스로 주눅이 들어 손쉬운 먹잇감이 될 것이 뻔하다. 그래서 나는 쇼핑하러 갈 때 계획을 단단히 세운다. 감정에 휘둘려 물건을 살 마음이 들겠다 싶은 상점에 갈 때는 옷을 제대로 차려입고, 화장을 하고, 자신감은 돈으로 사지 못한다는 사실을 되새긴다. 식료품점에 가기 전에 간식을 먹는 것과 같은 대처법이다.
- **규칙 ②**: 출발 전에 적정 예산을 세우고, 현금을 가져가라.

  나는 다른 욕구를 가로막지 않을 구매 상한선을 정했을 때만 쇼핑하러 간다. 상한선이 10달러라면? 어쩔 수 없다. 그대로 따라야지.
- **규칙 ③**: 당신이 아끼는 물건만큼 또는 그보다 더 마음에 드는 것이 아니면 사지 마라.

  괜찮은 물건은 많다. 그런 물건 대다수가 엄청나게 싸다. 하지만 그것만으로는 그 물건을 살 만한 이유가 못 된다. 소비

상한선을 아주 짜게 잡으면 쇼핑이 흥미진진한 보물찾기가 된다. 이 규칙은 탄탄한 재무 살림을 꾸리는 데도 중요하지만, 내 경험으로 보건대 빈손으로 상점을 나올 때 느끼는 기분을 바꾼다. 이 규칙을 활용하기 전에는 아무것도 사지 않고 가게를 나올 때 당황스럽기 일쑤였다. 이제는 내 의지에 따라 내가 결정했다고 느낀다. 내 욕구를 제대로 충족하지 못하는 상품에 "싫어!"라고 말함으로써, 경제적 안정과 자아실현에 "좋아!"라고 말할 수 있으니 말이다.

- **규칙 ④**: 새 물건을 하나 살 때마다 오래된 물건을 하나씩 기부하거나 버려라.

나는 마음에 드는 새 셔츠를 옷장에 더할 때마다 가장 마음에 들지 않는 셔츠 하나를 위탁 판매소로 보낸다. 새 살림살이를 하나 사면 아끼지 않는 살림살이를 하나 찾아내 기부한다. 이 규칙은 세 가지로 유익하다.

1. 물건을 하나 새로 살 때마다 옷장이나 집의 격이 올라간다.
2. 잡동사니를 모으지 않게 한다.
3. 모든 구매는 돈이 오가는 거래라는 사실을 기억하게 한다.

당신이 어떤 욕구를 품었는지, 그 욕구를 채우고자 어떤 전략을 쓰는지 살피다 보면 당신에게 맞는 규칙을 세우고 싶은 영역이 발견될 것이다. 무언가를 고치거나 만들고 싶은데 알아보니 부품과 연장에 돈이 너무 많이 들어간다면, 새로 살 연장이 한 개만 있으면 되는 일로 제한을 두어도 좋을 것이다. 하나씩 시도할 때마다 연장통이 한층 알차질 테고, 한 번에 너무 엄청난 일을 시도하지 않으니 돈을 다 쓰는 일도 없을 것이다. 요리하기를 정말 좋아하는데 결국은 쓰레기가 될 색다른 재료에 수백 달러를 쓰고 있다면, 새 요리는 한 주에 하나씩만 만들기로 제한해도 좋을 것이다. 당신의 욕구이고 당신의 전략이니, 규칙도 당신이 만들어라.

오늘을 즐기다가
내일을 희생시키지 않으려면

Poverty, Privilege, and Prejudice

우리가 툭하면 충동에 휘둘려 돈을 쓰는 까닭은 감정 때문만이 아니다. 오늘 채우고 싶은 욕구를 내일 채우고 싶어질 욕구보다 우선시한다는 게 엄청나게 어려운 일이어서다. 무엇보다 우리 두뇌가 미래의 가치를 깎아내리도록 설계됐기 때문이다.

핵심 실마리:
우리는 내일보다 오늘을 중요하게 여긴다

우리가 건강한 방식으로 돈을 쓰지 못하게 가로막는 가장 거대한 장벽은 오늘의 욕구를 미래의 욕구보다 더 소중히 여기는 우리 성향일 것이다. 대체로 사람은 기다렸다가 받는 큰 보상보다 눈앞에 보이는 작은 보상을 더 좋아한다. 이렇게 우리 뇌가 멀리 있는 것의 가치를 축소하는 현상을 학자들은 '가치 펌하discounting'라고 부른다. 미래의 가치를 깎아내릴 때 우리는 꾸물대기부터 약물 중독, 충동구매, 미래 대비용 저축 실패까지 장기 목표를 가로막는 여러 문제를 일으킨다.

가치 펌하는 곳곳에 퍼져 있다. 사방에서 그 증거가 보인다. 우리는 '체육관에는 내일 가야지'라고 생각한다. 운동에 드는 노력은 내일 운동한다고 생각할 때 적게 느껴지고, 지금 당장 몸을 기댄 소파는 편안하기 그지없기 때문이다. 돈을 더 모아야 한다는 건 알지만, 은퇴는 한참 남은 일처럼 느껴지고 지금 당장 즐기는 외식은 달콤하기 마련이다. 우리가 내리는 결정이 대부분 자질구레하기에 얼마 동안은 문제가 되지 않는다. 하지만 내일을 위해 돈을 모으기보다 오늘 돈을 쓰기로 한 작은 결정이 수없이 쌓이면 느닷없이 아프거나, 차가 고장 나거나, 아이 등록금을 내야 하거나, 은퇴가 닥쳐 돈이 필요할 때 엄청난 문제가 된다.

미래의 가치를 깎아내리는 근본 요인

어떤 사람은 다른 사람보다 미래의 가치를 더 크게 깎아내린다. 미래를 더 깎아내릴수록(이라고 쓰고 참을성이 부족하다고 읽는다) 재무 건전성을 더 위협할 수 있다. 다행히 연구자들이 우리가 미래를 덜 깎아내릴 길을 찾아냈다고 한다. 그렇지만 우리가 왜 미래의 가치를 깎아내리는지 이해하려면, 애초에 무엇이 가치 폄하를 일으키는지부터 알아야 한다.

충동성

한 가지 원인은 성격 특성 때문에 나타나는 충동성이다. 나는 가치 폄하를 일으키는 이 특별한 측면을 매우 집중적으로 연구했다. 충동성은 성격 요인이고, 성격은 거의 바뀌지 않는다. 수많은 연구가 소규모 개입 수단으로는 성격 요인이 쉽게 바뀌지 않는다고 증명했다. 그런데 하필 충동성과 가치 폄하가 강하게 연결되어 있다. 어떤 사람이 충동성에 휘둘려 미래를 심하게 깎아내리고 충동성은 바꿀 수 없다면, 돈을 다루는 재주는 유전 형질이라 어쩔 도리가 없다고 결론지어야 한다. 그렇다면 충동적인 사람은 이미 재무 상태에 사형 선고를 받았다는 뜻일까? 나는 진실을 알고 싶었다. 다행히 내 연구 결과는 매우 충동적이거나 심하게 참을성이 부족한 사람에게 어느 정도 희망을 전한다.

사실, 성격을 바꾸기란 무척 어렵다. 게다가 어쩌면 바람직하지 않을지도 모른다. 재무 살림을 안정시키려고 내가 어떤 사람인지까지 바꿔야 한단 말인가? 당신이 타고나기를 매우 충동적이라면, 가치 폄하의 영향을 극복하기란 크나큰 도전일 것이다. 하지만 불가능한 일도 아니다. 연구에서 알아보니 간단한 개입 수단과 활동으로 바꿀 수 있는 다른 심리 요인이 있고, 이런 심리 요인이 돈을 더 잘 관리하는 데 직접 도움이 될 뿐 아니라 재무적 결정을 내릴 때 충동성을 조금이나마 줄여준다.

심리학자의 시각으로 당신이 얼마나 충동적인지를 알고 싶다면 부록 1에 포함된 '자기 통제 간단 평가Brief Self-Control Scale(BSCS)'에 답해보라. 여러 학술 조사에서 성격 특성인 충동성을 재는 도구로 쓰는 이 질문지는 당신이 골치를 앓는 돈 문제가 충동성이라는 성격 특질과 관련돼 있는지를 점수로 알려준다. 설사 충동성이 원인으로 나오더라도 걱정하지 마라. '자기 통제 간단 평가'의 점수가 낮다면 큰 빚을 지거나 충동구매를 할 위험이 크다는 뜻이기도 하지만, 돈에 눈뜨게 도와줄 명확한 개선 활동들이 있다는 뜻이기도 하다.

충동성은 시간을 어떻게 생각하느냐와 큰 관련이 있다. 참을성 있는 사람과 참을성 없는 사람은 실제로 시간을 다르게 느낀다. 이해했는가? 참을성 있는 사람과 참을성 없는 사람이 느끼는 시간은 다르다! 성미가 급한 사람은 끈질긴 사람보다 기다리는 시간을 더 길게 느낀다. 사람마다 기다림을 어떻게 느낄지 헤아려보면, 왜 잘 참지 못하는 사람이 미래를 더 깎아내리는지 조금 깊이 이해할 수 있다. 무언가를 위해 기다려야 하는 시간도 그것에 들어가는 비용이다. 그러니 참을성 없는 사람이 시간을 길게 느낀다면, 참을성 있는 사람보다 기다리는 데 실제로 더 큰 비용을 치르는 셈이다. 만약 당신이 충동적이라면, 즉 참을성이 없다면, 당신에게 기다림은 참을성 있는 사람이 느끼는 것보다 더 고통스러운 경험일 테니 덜 기다리는 쪽을 강하게 선호할 것이다.

그런데 성격을 바꿔보려 한 적이 있다면 알 것이다. 성격은 정말 바꾸기 어렵다. 다행히 우리는 그러지 않아도 된다. 미래를 더 가깝게 느끼게 해줄 유용하고도 간단한 뇌 속임수 두 가지가 있기 때문이다. 이 속임수들은 재무 행태에서 우리가 더 참을성을 보이도록 북돋는 것으로 보인다. 두뇌가 고용한 이 작은 '일꾼'은 심리적 거리psychological distance, 즉 미래를 얼마나 멀게 느끼는가를 바꿔 효과를 낸다.

심리적 거리

물리적 거리가 무엇이 얼마나 멀리 떨어져 있는가를 가리킨다면, 심리적 거리는 무엇을 얼마나 멀게 느끼는가를 나타낸다. 물리적 거리는 객관적이다. 1킬로미터는 지구 어디에서든 1킬로미터고, 1년은 역사의 어느 시점에서든 1년이다. 이와 달리 심리적 거리는 주관적이다. 그래서 1년을 누군가는 짧게 느끼고, 누군가는 믿기지 않을 만큼 길게 느낀다.

가치 폄하의 원인을 뿌리까지 파헤치면 심리적 거리가 나온다. 우리는 무엇을 더 멀게 느낄수록 그것의 가치를 더 깎아내린다. 우리가 가치를 깎아내리는 대상은 시간만이 아니다. 심리적 거리에는 적어도 네 차원이 있다. 시간(지금과 나중), 공간(여기와 저기), 관계(나와 그들), 가능성(확실과 불확실)이 그것이다. 우리는 심리적으로 가깝게 느끼는 대상을 심리적으로 먼 것보다 더 가치 있게 여긴다. 단언컨대 우리는 '지금 여기에서 나에게 확실히 일어날 일'을 '먼 훗날 지구 저편에서 얼굴도 모르는 사람에게 일어날지도 모를 일'보다 더 신경 쓴다. 심리적 거리는 바로 이렇게 작용한다.

심리적 거리가 일으키는 가치 폄하의 영향은 사람들이 왜 한쪽을 더 좋아하는지, 왜 그렇게 반응하는지를 폭넓게 설명한다. 왜 미국인은 2013년 보스턴 마라톤 대회 폭탄 사건에 그토록 강렬하게 반응하면서도, 그보다 며칠 전 바그다드에서 일어난 카페 폭탄 사건에는 거의 관심이 없었을까? 보스턴 마라톤 대회는 물리적으로 더 가까운 보스턴에서 열렸고, 희생자 대다수가 사회적으로 더 가까운 미국인이었기 때문이다. 초등학생 아이가 있는 나는 2012년 코네티컷주 샌디훅에서 일어난 초등학교 총기 난사 사건이 믿고 싶지 않을 만큼 엄청난 충격이었다. 샌디훅 사건이 '바로 내 일 같았기' 때문이다. 샌디훅이 물리적으로 가까운 곳은 아니어도 내가 사는 지역 사회와 매우 비슷해 사회적으로 친근했으므로, 사건을 심리적으로 무척 가깝게 느꼈다.

알다시피 어떤 대상이나 사람을 '너무 가깝게' 느끼면 객관적으로 보기 어렵다. 의사나 판사가 '너무 가까운' 사람이나 사건을 맡아 객관적이기 어려울 때 의료 행위나 재판 업무를 스스로 회피해야 한다는 법을 두는 까닭도 이 때문이다. '나무를 보느라 숲을 보지 못한다'는 오랜 격언은 시시콜콜한 사항에 너무 얽매여 문제의 큰 그림을 보지 못하는 걸 가리킨다. 엄밀히 말해, 상황을 보는 방법으로는 어느 쪽이 낫다고 단정하기 어렵다. 양쪽 모두 문제를 한 측면에서만 집중해 바라보기 때문이다. 높은 곳에서 내려다본 상위 수준 해석은 상황이나 일을 새의 눈으로 보는 것과 같고, 낮은 곳에서 들여다본 하위 수준 해석은 얼굴을 바싹 디밀고 들여다보는 것과 같다. 두 상황 모두 심리적 거리가 끼어든다.

심리적 거리는 우리 뇌가 미래를 어떤 그림으로 볼지, 우리가 미래의 나를 어떻게 느낄지에 영향을 끼치므로 돈을 다루는 방식에도 본질적으로 영향을 미친다. 그런데 '해석 수준construal level'이라는 것을 이용하면 오늘과 미래 사이에 놓인 심리적 거리를 바꿀 수 있다.

해석 수준이란 우리 두뇌가 무언가를 보는 방식을 가리킨다. 어떤 사건이나 사람을 광범위하고 추상적인 말로 묘사하면, 즉 해석하면 이는 상위 수준 해석이다. 높은 곳에서 내려다보면 자잘한 세부 사항은 보이지 않아도 큰 그림이 나온다. 어떤 사람을 상위 수준에서 묘사하면 "그 여자는 성격도 아주 좋고 일도 열심히 한다"라고 말할 것이다. 하위 수준 해석은 세세한 사항에 집중하므로 더 구체적이다. 같은 사람을 하위 수준에서 묘사하면 "그 여자는 라틴계로 스물일곱 살이고, 아이가 둘에 석사 학위가 있다"라고 말할 것이다. 우리는 심리적으로 먼 대상을 생각할 때 상위 수준에서 해석하고, 심리적으로 더 가까운 대상은 하위 수준에서 해석하는 경향이 있다. 우리 목적에 맞춰 해석 수준을 '심상mental imagery'이라고 부르도록 하자. 실제로 심상이 곧 해석 수준이다.

우리는 멀리 떨어진 대상을 생각할 때 상위 수준 심상을 써서 묘사하곤 한다. 멀찍이 떨어져 숲을 보는 것이다. 반대로 어떤 대상이 심리적 거리의 네 차원인 시간, 공간, 관계, 가능성 가운데 하나라도 가까울 때는 미세한 세부 항목에 주목한다. 이때는 나무를 보는 것이다. 예를 들어 좋아하는 친구나 가족과 함께 여행을 떠나 휴가를 보낸다고 생각해보라. 휴가가 여섯 달 뒤라면 추상적 표현을 떠올릴 것이다. 추억 만들기, 느긋한 휴식, 휴가 때마다 즐기던 일, 함께 즐겁게 보내기 등을 생각할 것이다. 휴가를 상위 수준에서 바라본 그림이다. 그런데 날짜가 다가올수록 더 구체적이고 하위 수준인 표현을 떠올릴 것이다. 어떤 옷을 챙길지, 어디에 머물지, 어떤 선물을 준비할지, 세부 일정을 어떻게 짤지 등이다.

우리는 심리적 거리에 따라 자연스럽게 사고를 조정한다. 우리 두뇌는 이런 과정에 매우 익숙하다. 즉 먼 미래를 하나하나 자세히 생각하려고 머리를 쥐어짜면 마음이 거기에 속아 넘어가 심리적 거리를 줄이고, 그래서 미래를 가깝게 느낀다. 그러면 생각한 미래가 일어날 가능성을 더 크게 느껴 감정이 움직이므로, 미래의 자신에게 필요한 것을 지금 당장 더 중요하게 느낄 수 있다.

우리에게는 상황에 따라 심상을 바꿀 능력도 있지만, '습관성 해석 수준chronic construal level'이라는 버릇도 있다. 이는 버릇처럼 우리 몸에 밴, 세상을 바라보는 특정 방식을 말한다. 어떤 사람은 큰 그림을 보고, 어떤 사람은 더 세세한 쪽에 끌린다. 상위 수준에서 보는 사람들은 어떤 일이 일어난 원인을 떠올리고, 하위 수준에서 보는 사람은 일이 진행된 방식을 떠올린다. 다시 한번 말하지만, 두 사고방식은 저마다 나름대로 장점이 있고 기능도 사뭇 다르다. 세상에는 비전을 제시할 사람도 있어야 하지만, 제시된 비전을 실행할 줄 아는 사람도 있어야 한다. 일이 착착 잘 돌아가는 조직은 두 부류의 구성원이 모두 있을 가능성이 크다. 습관성 해석 수준은 우리가 삶에 다가가는 방식과 문제를 해결하는 방식에 영향을 미친다. 우리가 어떤 것에 자극받고 어떻게 계획을 세울지에도 영향을 미친다. 그리고 저축 목표를 정하는 방식도 결정할 수 있다.

미래의 가치를 지킬 처방전

저축 행태를 다룬 매우 흥미로운 연구 논문 하나가 2011년 〈마케팅 연구 학회지Journal of Marketing Research〉에 실렸다. 연구진은 대학생 참가자들에게 한 달 동안 실천할 저축 목표를 떠올리게 했다. 참가자 절반에게는 목표 금액을 명확히 정하게 했고(하위 수준 목표), 나머지 절반에게는 더 포괄적 목표를 세워 능력껏 돈을 모으게 했다(상위 수준 목표). 또 참가자마다 검사를 진행해 습관성 해석 수준이 무엇인지 알아냈다. 이에 따라 참가자를 네 집단으로 나누었다([도표 2-1]).

실험 집단		목표 유형	
		명확한 목표	포괄적 목표
습관성 해석 수준	상위 수준	1	2
	하위 수준	3	4

도표 2-1 저축 행태 조사: 집단 분류

그로부터 한 달 뒤 학생들을 다시 불러 목표 대비 실제 저축액을 파악했다. 어느 집단이 돈을 더 많이 모았을지 짐작이 가는가? 처음 이 논문을 봤을 때, 나는 목표 저축액을 명확히 정한 참가자가 포괄적이고 불명확한 목표를 세운 사람보다 당연히 돈을 더 많이 모았으리라고 짐작했다. 실제 결과는 흥미롭다는 말로는 부족할 정도였다. 드러난 바에 따르면, 평소 사고방식과 정반대로 목표를 세운 참가자가 돈을 더 많이 모았다. 생각은 상위 수준에서 포괄적으로 하되 목표는 명확하게 정한 사람과, 생각은 하위 수준에서 구체적으로 하되 목표는 포괄적으로 세운 사람이 습관성 해석 수준과 일치하는 목표를 세운 사람보다 평균 저축액이 훨씬 더 많았다([도표 2-2]).[51]

돈을 모을 때 심상을 이용하라

보아하니 특정 관점에서 목표를 바라본다고 돈을 더 모으는 건 아닌 듯하다. 오히려 평소 사고방식과 정반대인 관점을 더하는 것이 열쇠 같다. 이 연구 결과는 정말 흥미롭게도 우리 자신의 힘으

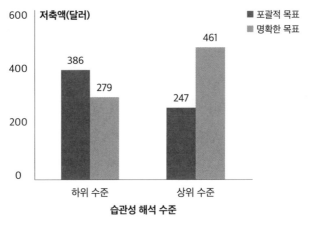

저축액(달러)

■ 포괄적 목표
■ 명확한 목표

600

400 — 386

279

461

200 — 247

0

하위 수준   상위 수준

습관성 해석 수준

도표 2-2 누가 더 많이 모았을까?

로 돈을 더 모을 수 있는 아주 간단한 길을 알려준다. 당신이 큰 그림을 보는 사람인지 세부 사항을 보는 사람인지 알아내기는 어렵지 않다. 대부분 사람은 자신이 어느 쪽 유형인지 이미 느낌으로 안다. 그래도 더 과학적으로 접근해보고 싶다면 행동 식별 척도 Behavior Identification Form라는 검사를 부록 1에 그대로 실었으니 이용해봐도 좋다.

자신의 습관성 해석 수준이 무엇인지 알면, 자신에게 가장 잘 맞는 저축 전략을 고를 수 있다. 당신이 상위 수준에서 생각하는 사람이라면 정해진 기간 안에 얼마를 모을지 명확하게 정하는 방법이 바람직할 것이다. 당신이 하위 수준에서 생각하는 사람이라면, 목표를 포괄적으로 잡은 뒤 정해진 기간 안에 모을 수 있는 만큼 저축하는 방법이 더 좋을 것이다.

미래의 나와 친숙해져라

돈을 더 모으게 도와줄 또 다른 두뇌 속임수는 심리적 거리 가운데 관계 차원과 시간 차원을 이용한다. UCLA 앤더슨경영대학원의 마케팅 분야 조교수 할 허시필드Hal Hershfield 박사는 우리가 미래의 나를 어떻게 느끼느냐에 따라 돈을 다루는 방식이 크게 달라진다는 사실을 대단한 연구로 증명했다.

상상해보라. 앞으로 10년 뒤 당신은 어떤 모습인가? 미래의 당신은 지금의 당신과 얼마나 비슷한가? 당신이 떠올린 사람이 얼마나 마음에 드는가? 미래의 당신 모습을 얼마나 또렷하게 그릴 수 있는가?

심리적 거리 이론에 따르면 우리는 미래의 내 모습이 지금의 나와 사뭇 다를 때보다 매우 비슷할 때 사회적으로 가깝게 느낀다. 해석 수준 이론에 따르면 무언가를 '생생하고 사실에 가까운 표현'으로 묘사할 때 그 대상을 심리적으로 가깝게 느낀다. 당신이 상상 속 미래의 당신을 좋아한다면 사회적 거리가 멀지 않고 가깝다는 신호이기도 하다. 그러므로 지금의 당신 모습을 찾아보기 어렵고 마음에 들지 않는 미래의 당신을 어렴풋이 떠올릴 때는 미래에 필요한 것의 가치를 깎아내리겠지만, 미래의 당신을 지금의 당신과 비슷하고 마음에 들게 그리고 하나하나 세세히 그린다면 미래를 평가절하하지 않을 것이다.

허시필드 박사에 따르면 "사람들은 미래의 자기가 현재의 자기와 비슷할 때, 생생하고 사실에 가까운 표현으로 떠오를 때, 바람직한 모습으로 보일 때 앞으로 언젠가 자신에게 도움이 될 선택을 더 기꺼이 하려 한다."[52] 허시필드 박사와 동료들이 밝혀낸 바로는 상세히 그린 미래의 자기와 영향을 주고받는 사람이 돈과 관련한 선택에서 결과적으로 더 참을성을 보였다.[53] 미래의 자기를 상세히 그렸기 때문에 흔히 포괄적이고 추상적인 표현으로 떠올리던 대상을 하위 수준 심상으로 그릴 수 있었을 것이다. 마찬가지로, 나이 먹은 모습을 변환해 보여주는 영상도 지금의 나와 미래의 나 사이에 존재하는 심리적 거리를 본질적으로 줄였다.

앞에서 설명했듯이 심리적 거리라는 개념을 이용하면 충동성을 어느 정도 극복할 수 있다. 더 나아가 지금의 나와 미래의 나 사이에 있는 심리적 거리를 줄이면, 궁극적으로는 미래를 더 실제처럼 중요하게 느낄 수 있다. 미래의 내게 더 마음을 쏟을 때, 그 덤으로 더 참을성 있는 재무 행태가 따라온다.

믿기지 않는다면 직접 시도해봐도 좋다. 미래에 나이 든 얼굴을 보여주는 앱이라면 어떤 것이든 유용할 것이다. 앱을 사용해 나이 먹은 당신의 모습을 들여다보라. 그리고 그 모습이 당신의 미래라는 사실을 편하게 받아들이려고 노력하라. 많은 심리학자가 내면 아이와 화해하라고 권하는데, 나는 내면 노인과 친해지는 쪽을 강력히 지지한다. 자신의 미래를 제대로 마주해야, 하나하나 세세히 떠올려야, 10년 또는 20년 뒤의 자기일 사람이 나와 비슷하다는 연속성을 느껴야, 미래의 당신에게 필요한 것을 자연스레 더 중요하게 느낄 수 있다. 한발 더 나아간다면, 미래의 욕구에 대비하는 데 보탬이 되도록 돈과 관련해 꽤 바람직한 결정을 내리게 될 것이다.

미래를 선명히 보라

연구 과정에서 나는 미래의 자기에게 느끼는 연속성이 충동성과 결합했을 때 재무 결정에 어떤 결과가 나타나는지 알고 싶었다. 충동성은 참을성을 떨어뜨리고, 반대로 미래의 자기에게 연속성을 느낄 때는 참을성이 늘기 때문이다. 싸움에서 어느 쪽이 이길까? 우리의 재무 행태에서 성격이 더 중요할까, 심상이 더 중요할까?

나는 이 질문에 답을 얻고자 수백 명을 조사해봤다. 재무 습관은 재무 관리 행동 척도(부록 1)[54]를 활용해 확인했고, 충동성은 자기 통제 간단 평가를 활용해 측정했다. 그런 다음 두뇌가 미래를 보는 관점, 즉 심상을 알아보는 질문 두 개를 던졌다. 첫 번째 질문은 '미래를 떠올릴 때 얼마나 멀리까지 생각하거나 계획을 세우는가?'였고, 응답 척도는 '1주 이하'부터 '10년 이상'까지 다양하게 고르게 했다. 두 번째 질문은 '머릿속으로 미래를 떠올릴 때 그림이 얼마나 선명하고 자세한가?'였다. 응답 척도는 '매우 흐릿하고 전혀 상세하지 않다'부터 '매우 선명하고 상세하다'까지였다. 또 물질을 바라보는 가치관을 물었고, 금융 이해도 5대 질문도 확인했다.

미래를 보는 관념과 충동성이 돈과 관련한 결정을 통제하겠다고 서로 경쟁할 때 어느 쪽이 이길 것 같은가? 승자는 미래를 보는 관념이다. 그것도 매우 흥미롭게 이긴다. 재무 관리 행동 척도로 볼 때, 응답자가 미래를 보는 관념이 충동성보다 직접 효과가 더 컸을 뿐 아니라 충동성을 줄여 재무 행태에 간접 효과도 미쳤다. 결과로 보건대 앞날을 더 멀리 생각할수록, 심상이 더 선명하고 상세할수록 충동성이 재무 행태에 미치는 영향을 누그러뜨리기 쉽다. 이 연구 결과는 자기 통제 간단 평가에서 점수가 낮게 나온 사람에게 특히 유용할 것이다. 미래를 보는 그림이 선명하고 상세하면, 충동성이 당신의 돈에 끼치는 충격을 실제로 줄일 수 있다.

나로서는 뜻밖이면서도 매우 흥미로웠던 사실이 있다. 신용카드를 쓰지 않는 사람들에게는 충동성이 재무 행태에 미치는 영향이 아무 의미가 없었다([도표 2-3]과 [도표 2-4]). 달리 말해 신용카드를 쓰지 않으면 성격 특성인 충동성이 영향을 전혀 미치지 못한다. 신

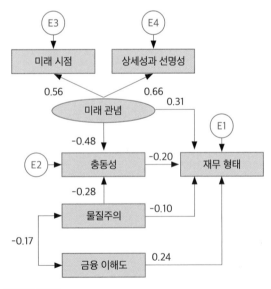

도표 2-3 신용카드 사용자

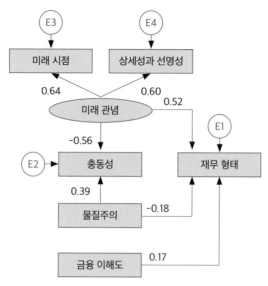

도표 2-4 신용카드 비사용자

용카드를 쓰지 않는 사람들의 경우에도 미래 관념이 뚜렷하고 상세할수록 바람직한 재무 행태가 늘었지만, 충동성은 재무 행태에 아무 영향도 미치지 않았다.

[도표 2-3]과 [도표 2-4]는 각 심리 요인이 재무 행태와 어떤 연관성이 있는지를 보여준다. 선은 각 요인이 서로 연관성이 있다는 뜻이고, 화살표는 영향을 미치는 방향을 가리킨다. 이를테면 금융 이해도는 재무 행태에 직접 영향을 미치지만, 재무 행태에 영향을 받지는 않는다. 선 가까이 적힌 숫자는 연관성이 얼마나 큰지를 나타낸다(절댓값이 클수록 연관성이 더 강하다). 양수는 해당 요인 때문에 상대 요인이 커진다는 뜻이고, 음수는 상대 요인이 줄어든다는 뜻이

다. [도표 2-3]을 보면 미래 관념의 영향으로 충동성이 줄어들고 재무 행태가 바람직해진다는 점을 알 수 있다. 그러므로 당신이 충동에 아주 쉽게 휘둘려 소비의 고삐를 스스로 당기지 못한다고 생각한다면, 신용카드를 없애는 걸 고려해봐도 좋을 듯하다.

신용을 높일 길은 또 있다. 언제라도 쓸 수 있는 이 소비 수단이 당신을 위험에 빠뜨린다고 판단했다면, 신용카드를 멀리해 충동성이 더는 영향을 미치지 못하게 하라. 이와 달리 충동적이기는 해도 자신을 억누를 수 있다면, 10년 뒤 당신의 모습을 아주 뚜렷하게 그려보기만 해도 결과가 꽤 좋을 것이다.

요점은 이렇다. 돈을 잘 다루고 싶으나 충동적이라면, 성격을 바꾸는 대신 미래를 그리는 방식을 바꾸면 된다. 스마트폰 앱으로 나이 먹은 얼굴을 그려봐도 좋고, 아니면 미래를 생생하고 자세히 그려보기만 해도 된다. 어떤 방식을 취하든, 심상을 자세하고 선명하게 가다듬는 것을 잊지 마라. 그렇게 해야 두뇌가 미래를 가깝게 느껴 심리적 거리가 줄어든다. 이 과정에서 미래의 당신을 보살피고자 돈을 더 모으려는 마음이 솟아날 것이다.

그래도 효과가 없다면, 신용카드를 잘라버려라.

돈 걱정의 악순환에
빠지지 않으려면

Poverty, Privilege, and Prejudice

앞에서 돈을 떠올릴 때 이성적이고 성취를 중요시하는 마음가짐이 든다는 것을 살펴봤다. 우리가 돈 자체를 떠올릴 때 나타나는 이런 현상은 자립과 끈기를 북돋는 역할을 한다. 이와 달리 돈 때문에 생긴 문젯거리를 곱씹으면, 성취를 부추기는 태도를 촉발하기는커녕 자기 통제력이 더 느슨해지고 만다.

핵심 실마리: 돈 걱정이 충동을 부추긴다

생각을 곱씹는다는 것은 고민거리를 강박적으로 집중해서 생각하는 것이다. 아주 최근에 나온 한 연구에 따르면, 저소득층이 고소득층보다 대체로 고민을 더 곱씹는다. 그런데 이들이 특히 더 많이 곱씹는 것이 돈 문제다. 그리 놀랍지는 않다. 저소득층은 돈에 더 많이 짓눌리므로 자연히 돈 걱정을 더 많이 할 수밖에 없다. 그런데 희한하게도, 돈 문제를 곱씹는 성향과 충동적 행동 사이에 연관성이 있다고 한다. 밝혀진 바에 따르면, 돈 문제를 떠올릴 때 참을성이 줄어들고 돈 씀씀이를 스스로 통제하지 못할 위험이 있다.

돈 걱정이 악순환을 부추기는 근본 요인

이제 우리는 가치 폄하를 안다. 미래를 깎아내리면 참을성이 떨어지는 행동으로 이어지고, 그래서 재무 살림이 피해를 본다. 연구자들이 미국 인구를 대표하는 표본을 통해 파악해보니, 경제적 고통을 더 곱씹는 사람이 덜 곱씹는 사람보다 미래의 가치를 더 깎아내렸다. 특히 '돈을 떠올리는 일을 멈출 길이 없다' 같은 표현에 전적으로 동의한다고 응답한 사람은 돈 걱정을 곱씹지 않는 사람보다 미래를 어둡게 보는 비율이 훨씬 높았다. 돈 문제를 곱씹는 사람은 그렇지 않은 사람보다 악성 부채도 더 많았다.[55] 즉 돈 문제에서 눈을 떼지 못할 때 자기 통제력이 약해지고, 이에 따라 재무 살림에 해로운 결정을 내린다.

　재무적 어려움을 겪을 때는 생각이 온통 돈 문제에 쏠리기 쉽다. 머릿속으로 내용을 하나하나 거듭해 살피면 문제를 풀 수 있으리라고 생각해 제자리를 맴돌며 재무 상태와 경제적 압박을 곱씹는다. 연구에서 나온 중요한 결과에 따르면, 우리가 돈 문제에서 눈을 떼지 못할 때 실제로는 얄궂게도 문제가 더 나빠진다. 고민을 곱씹을수록 가치 폄하를 증폭해 저축을 덜 하고 미래를 덜 대비한다. 돈 문제를 푸는 데 보탬이 되리라고 여긴 방법이, 즉 돈 문제를 되풀이해 생각하는 행동이 알고 보니 앞으로 언젠가 돈 때문에 더 많은 골칫거리를 떠안을 위험을 높인다.

돈 걱정을 떨칠 처방전

하지만 어떻게 해야 돈 걱정을 덜 곱씹을까? 돈 걱정을 곱씹는 성향이 있을 때 어떻게 해야 버릇을 고칠 수 있을까? 이 분야의 연구자들에 따르면, 돈 걱정을 시작하는 것을 느낄 때 주의를 돌리면 적어도 잠깐은 도움이 된다고 한다. 명확히 말하자면, 경제적 어려움을 무시한 채 마구 써도 되는 듯 돈을 양껏 쓰라는 뜻이 아니다. 반대로 문제에서 눈을 떼지 못하는 것도 도움이 되지 않는다.

당신이 고민을 곱씹는 성격이라면, 머릿속에서 생각이 빙빙 맴돌거나 걱정이 떠나지 않는다는 느낌이 들 때 관심의 초점을 돌리도록 훈련하는 것이 최선이다. 고민 곱씹기가 문제를 악화시킨다는 생각을 스스로 떠올려보라. 그리고 마음이 다른 대상에 관심을 쏟도록 무언가 재미있으면서도 되도록 돈이 안 드는 일을 하라. 걱정거리에서 눈길을 돌려야 기회와 해법이 떠오를 때 더 쉽게 알아챌 것이다.

창의적인 생각은 느긋한 마음에서 나온다. 재무적 결정 역시 고민에 짓눌리느라 자신을 소모하지 않을 때 비로소 더 현명하게 내릴 수 있다. 말은 쉬워도 실천은 분명 어렵다. 그래도 심리학의 힘을 빌리면, 고민 곱씹기가 그야말로 재무 살림을 끝장낸다고 스스로 일깨울 수 있다. 주의를 돌리고, 숨을 깊이 들이쉬고, 마음의 평안을 더 키워 일상으로 돌아가라. 당신은 길을 찾을 것이다. 마음이 길을 알아볼 만큼 유연해지면 길이 더 쉽게 눈에 띌 것이다(야호! 고양이 짤을 볼 멋진 구실이 생겼다).

돈 걱정에 감정이
휘둘리지 않게 하려면

Poverty, Privilege, and Prejudice

돈 걱정을 곱씹는 것은 자기가 가진 돈을 부정적 감정으로 경험하는 극단적 사례다. 굳이 돈 걱정을 곱씹지 않더라도 우리는 돈 때문에 스트레스, 슬픔, 두려움, 불안을 경험한다. 주변을 둘러보라. 대부분 사람이 돈 걱정에 잠을 못 이룬다. 한편 자기가 가진 돈을 떠올릴 때 만족이나 기쁨, 평안을 느끼는 사람도 있을 것이다. 무엇이 이를 결정할까? 우리가 돈 때문에 느끼는 감정은 오로지 얼마를 버는가에만 좌우될까? 우리가 미래를 생각하는 방식이 돈 때문에 겪는 감정에 영향을 주지는 않을까?

핵심 실마리: 심상과 통제력이 돈 경험을 좌우한다

우리가 미래를 그리는 방식, 그리고 삶을 얼마나 통제하느냐에 대한 생각이 모두 돈에서 어떤 감정을 느낄지에 영향을 미친다. 이를 달리 말하면, 급여가 늘지 않더라도 돈에서 더 큰 만족을 얻을 길이 있다는 뜻이다.

돈에 느끼는 감정을 좌우하는 근본 요인

나는 2015년에 온라인 재무 컨설팅 업체 헬로월렛HelloWallet에서 소규모 연구를 진행해, 미래를 보는 심상이 돈 때문에 느끼는 감정에 어떤 영향을 미치는지 살펴봤다. 앞서 강조했다시피 미래를 한층 더 깊이 생각하면 재무 행태에 바람직한 영향을 미친다. 그렇다면 감정에는 어떤 영향을 미칠까? 조사에서 살펴보니 얼마를 버느냐와 상관없이 미래를 보는 심상이 돈에서 느끼는 감정에 강력한 효과를 미쳤다.

미래를 보는 심상
[도표 2-5]는 소득별로 집단을 나눠 여섯 달 동안 관찰한 결과로, 돈에서 느낀 감정과 조사 대상자가 미래를 보는 심상이 어떻게 관련되는지를 보여준다. 왼쪽 군집에서 보듯이 미래를 보는 심상

이 상세하지 않고 흐릿한 사람이 돈에서 대체로 부정적 감정을 느꼈다. 돈을 얼마나 많이 버느냐는 상관이 없었다.

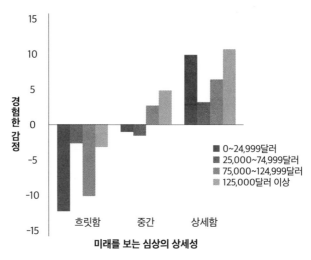

도표 2-5 심상의 상세성 및 소득에 따라 돈에 느끼는 감정

이와 달리 미래를 아주 상세하게 그린 오른쪽 군집을 보면 돈에서 대체로 긍정적 감정을 느꼈다. 조사에서 이들은 소득이 2만 5,000달러 미만이든 12만 5,000달러 이상이든 상관없이 두려움, 분노, 슬픔은 덜 느끼고 기쁨, 만족, 평안은 더 느낀다고 답했다. 소규모 조사였으므로 분명히 추가 연구가 필요하지만, 미래를 선명하고 상세하게 그릴 때 돈을 더 잘 다룰 뿐 아니라 돈을 더 즐기는 것으로 보인다.

통제감

당신에게 일어난 일이 대부분 우연이나 운명의 여신 또는 비슷한 대상이 일으킨 것이라고 믿는가? 아니면 자기 운명은 자기가 만드는 거라고 믿는가? 내가 그동안 조사한 사람들을 보면 자기 삶에 일어나는 사건을 우연이나 운명의 신 같은 것이 결정한다고 믿는 사람보다 자기 운명은 자기가 만든다고 믿는 사람이 돈을 다룰 때 훨씬 더 긍정적인 감정을 느꼈다.

[도표 2-6]은 운명의 통제권을 보는 관점과 소득 집단에 따라 사람들이 돈에서 느끼는 감정을 보여준다. 왼쪽 군집에 속한 사람들은 자신이 자기 운명의 주인이라고 생각하고, 오른쪽 군집에 속한 사람들은 자신에게 일어나는 일을 자기가 거의 통제하지 못한다고 느낀다. 내 운명의 주인은 나라고 믿는 사람들은 모든 소득 집단에 걸쳐 대체로 자기가 가진 돈에 긍정적 감정을 느꼈다. 정말 놀랍게도, 연간 소득이 2만 5,000달러 미만인 사람이 12만 5,000달러 이상인 사람만큼이나 긍정적 감정을 느꼈다. 그런데 중간 관점을 지녔거나 자기 행동이 삶을 결정하지 않는다고 믿는 사람들은 거의 예외 없이 대체로 자기가 가진 돈에서 부정적 감정을 느꼈다. 조사에서 이들은 두려움, 스트레스, 분노, 무력감을 더 많이 느낀다고 답했다. 단 하나 예외는 소득이 12만 5,000달러 이상인 집단이었다. 이들은 대다수가 긍정적 감정을 느꼈지만, 삶을 통제하지 못한다고 느낄수록 부정적 감정 쪽으로 기울었다.

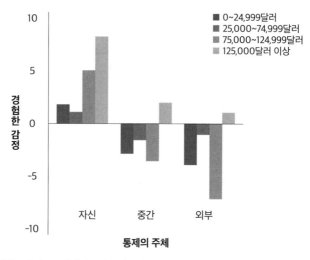

도표 2-6 통제의 주체 및 소득에 따라 돈에 느끼는 감정

　표본이 115명뿐인 소규모 조사에서 나온 결과지만, 이 결과에 따르면 우리가 삶에서 통제의 주체와 미래를 어떻게 생각하느냐가 돈에서 느끼는 감정에 아주 강한 영향을 미칠 수 있다. 돈과 더 평화롭고 긍정적인 관계를 맺으려면, 돈을 더 많이 벌고 행동도 바꿔야 할 뿐 아니라 사고방식도 바꿔야 하는 듯하다. 조사 결과에 따르면 부자였던 적이 아예 없더라도 재무 살림에서 행복을 맛볼 수 있다. 소득이 2만 5,000달러 미만인 집단만 보면, 자기 운명을 자기가 통제한다고 느끼는 사람은 돈에서 평안·기쁨·만족을 느꼈지만, 삶의 통제권이 자기에게 없다고 믿는 사람들은 두려움·분노·슬픔을 느꼈다. 이 결과를 다른 관점에서 보면, 외부의 힘이 삶을 결정한다는 믿음에서 감정이 받는 부정적 영향을 상쇄하려면 한

해에 적어도 12만 5,000달러를 벌어야 한다는 얘기가 된다.

운명의 여신이 내 삶을 결정한다고 믿느냐, 내가 운명을 결정한다고 믿느냐는 개개인의 뿌리 깊은 믿음이라 쉽게 바뀌지 않는다. 그래도 당신이 재무 살림에서 더 많은 평안과 만족을 맛보고자 한다면, 그럼에도 연간 소득이 곧 10만 달러를 넘을 가망이 없다면, 이 점을 기억하라. 재무 살림의 통제권이 자기에게 있다는 인식을 키우고 미래를 보는 심상을 선명하게 가다듬는다면, 굳이 소득을 늘리지 않아도 돈에서 평안을 맛볼 수 있을 것이다.

돈에 긍정적 감정을 느낄 처방전

미래를 더 선명하고 상세하게 떠올리는 기법 두 가지(나이 변환, 미래 떠올리기)는 앞에서 이야기했다. 그러므로 책의 나머지 절반에서는 돈 관리를 생각하는 새로운 방법을 알려주려 한다. 이 방법은 재무 살림을 당신이 통제한다는 인식을 강화해줄 것이다. 바로 내가 명명한 '풍족한 예산' 세우기인데, 당신의 현재 욕구와 더불어 미래 욕구까지 충족하는 건전한 재무 결정을 내리게 하고, 돈에 느끼는 감정을 개선하도록 도울 것이다.

금융 지식을
키우려면

Poverty, Privilege, and Prejudice

돈 관리를 위한 더 실질적인 전략으로 넘어가기에 앞서 내가 언급하고 싶은 마지막 심리 요인은 지식이다. 단언컨대 금융계가 어떻게 돌아가는지, 어떻게 하면 시간이 흐르면서 내 돈이 줄어들거나 늘어나는지를 얼마나 아느냐에 따라 당신이 내리는 재무적 결정이 크게 달라진다.

핵심 실마리: 내게 맞는 재무 교육을 이용해야 한다

우리는 돈이 어떻게 작동하는지 더 많이 알아야 한다. 앞에서도 이야기했듯이, 미국인의(공평하게 말하자면 세계 어느 곳에서든) 금융 이해도는 바닥을 긴다. 사람들에게 재무 관념을 가르치려는 노력은 엇갈리는 결과를 낳았고, 그래서 재무 살림을 나아지게 할 수단인 재무 교육을 포기하는 사람이 많았다. 여기서 내가 말한 '엇갈리는 결과'란 금융 지식이 많은 사람이 돈에서 여전히 형편없는 결정을 내린다는 뜻이 아니다. 금융 이해도와 뛰어난 돈 관리 능력의 관련성은 매우 뚜렷하다. 아주 많은 조사가 금융 지식이 더 많을수록 소득도 더 높고, 저축도 더 많이 하고, 부채와 신용 거래에서 더 나은 결정을 내리는 경향이 있다는 점이 드러났다.[56]

지식은 쓸모없는 것이 아니다. 지식이 많을수록 더 나은 결정을 하는 데 도움이 된다. 문제는 사람들을 가르치려는 노력이 효과가 없다는 것이다. 우리는 정보가 정말로 쓸모 있을 때까지 충분히 길게 기억하지 못한다. 게다가 정보가 지나치게 뒤엉켜 무슨 뜻인지 알기 어려울 때도 있다.

금융 지식을 키울 처방전

안타깝게도 금융계는 대부분 의도적으로 얼기설기 얽혀 있고 날이 갈수록 더 복잡해지고 있다. 금융 관련 석박사조차 법률이나 기법 측면에서 이해하기 어려운 금융 상품이 흔하다. 그러니 평범한 사람은 오죽하겠는가. 어떤 사람은 재무 자문가를 고용하는데, 아주 합당한 결정일 때도 많지만 누구에게나 적절하지는 않다. 재무 자문가 대다수는 투자할 수 있는 유동 자산이 25만 달러 이상인 고객에만 관심이 있다. 달리 말해 집을 뺀 자산이 25만 달러가 넘어야 한다는 뜻이다.

당신이 지금 당장 투자할 수 있는 자금이 25만 달러 이상이라면, 재무 자문가가 아주 괜찮은 대책일 것이다. 그렇더라도 재무 자문가를 신중하게 심사하고 싶기 마련이다. 금융 '서비스' 산업의 구성원 대다수는 서비스처럼 보이는 금융 상품을 파는 판매원이다. 그런데도 금융 상품 판매원과 재무 자문가의 차이를 아는 사람이 거의 없는 듯하다. 둘의 결정적 차이를 이해하게 도와줄 훌륭한 상담 칼럼과 웹사이트가 꽤 있지만, 요점은 재무 자문가를 활용할 계획이라면 그들이 어떤 식으로 급여를 받는지 꼼꼼히 살펴보라는 것이다. 당신이 특정 투자 상품을 사거나 금융 상품을 끊임없이 사고팔아야 자문가가 급여를 받는다면, 그들의 이해와 당신의 이해가 그리 잘 맞아떨어지진 않을 것이다. 어떤 자문가는 자문 수임료만 받고, 어떤 자문가는 당신이 특정 투자 상품을 살 때 위탁 수수료를 받는다. 또 어떤 자문가는 당신이 투자 상품을 바꿀 때마다 성과급을 받는다. 자문가로 염두에 둔 사람이 있다면 도움의 대가 외에 자문 수임료, 위탁 수수료, 성과급 중 무엇을 받는지 물어보라.

아직 재무 자문가를 고용할 처지가 아니라도 여전히 희망은 있다. 어떤 재무 교육이 효과가 뛰어난지 살펴본 연구에서 어느 정도 희망이 보이는 두 가지 주제가 밝혀졌다. 바로 적기 교육[57]과 경험칙[58]이다.

적기 교육

적기 교육은 말 그대로, 알아야 하는 문제가 있는 바로 그때 알아야 하는 내용을 배우는 것이다. 지금 집을 살 생각이 없다면 어떤 조건으로 주택담보대출을 받을 수 있는지 알아도 그다지 소용없을 테니, 교육을 받아도 내용을 상세히 기억하지 못할 것이다. 이와 달리 집을 보러 다니는 중이거나 집을 사는 데 얼마까지 쓸 수 있을까 생각하고 있다면, 이때야말로 주택담보대출을 배우기에 완벽한 시기다. 우리는 생활에 바로 써먹을 수 있는 정보에 훨씬 더 관심을 쏟고 더 잘 기억한다. 그러니 정말 반갑게도, 지금 당장 금융계의 모든 분야를 한꺼번에 숙지하지 않아도 된다. 그 대신 어떤 결정을 할 일이 생길 때 거기에 필요한 정보를 찾으면 된다.

한 가지 문제는 금융 지식을 갖춘 사람들이 당신에게 언제 교육이 필요한지를 모른다는 것이다. 사람들이 마주할 갖가지 재무 결정과 관련한 내용을 무료 또는 저렴한 비용으로 상세히 알려주는 교육 수단이 이미 수천 가지나 개발됐다. 하지만 이런 수단을 만든 사람들은 누가 언제 집을 사려 할지, 개인연금 계좌를 개설하려 할지, 대학 등록금용 적금을 부을지, 단기 소액 대출을 받으려 할지, 식비를 아끼려 할지 모른다. 그러므로 필요한 사람이 스스로 정보를 찾아야 한다. 이때 탐욕스러운 금융 '서비스' 업자나 사기꾼이 뛰어들어 당신이 알아차리기도 전에 제 잇속만 차리는 농간을 부릴 위험이 있으니 조심해야 한다.

질 나쁜 금융 조언에서 당신을 지키는 최선은 자료를 많이 찾아내거나, 은행을 포함한 금융 기관과 관련 없는 정보 제공처에서 조언을 찾는 것이다. 마이머니(https://www.mymoney.gov/), 점프스타트(https://www.jumpstart.org/) 같은 정부 웹사이트와 그 밖의 여러 정보 제공처가 그런 정보를 무료로 제공한다[우리나라에는 서민을 위한 금융 교육 포털인 서민금융진흥원(www.kinfa.or.kr), 금융감독원에서 운영하는 e-금융교육센터(www.fss.or.kr/edu) 등이 있다—옮긴이]. 돈 때문에 특정 결정을 내려야 할 때는 이런 곳들을 출발점으로 삼아라.

경험칙

효과적으로 재무 교육을 받는 또 다른 전략은 경험칙을 이용하는 것이다. 특히 금융 이해도가 그리 높지 않은 사람, 즉 대부분 사람이 시작하기에는 복잡한 개념을 배우기보다 경험칙을 배우는 쪽이 더 나은 전략이다. 도미니카 공화국에서 진행한 한 조사에서 회계 과정을 수강한 두 경영주 집단의 성과를 비교했다. 한 집단은 '소기업에 재무 회계의 기본을 가르치고 훈련하는 표준 접근법'을 쓰는 전형적인 교육과정을 이수했다. 이 과정은 결과에서 눈에 띄는 효과가 없었다. 반면 또 다른 집단은 간단한 경험칙을 배웠는데, 이 집단은 기업 재무를 관리하는 방식이 의미 있게 개선됐다.[59]

경험칙은 대단한 도구다. 기억하기 쉽고 서로 다른 온갖 상황에 적용할 수 있다. 내가 보기에 경험칙이 잘 작동하는 까닭은 인간의 타고난 성향을 활용해 세상을 단순화하기 때문이다. 다만 앞서 살펴봤듯이, 행동경제학자들이 휴리스틱이라고 부르는 경험칙은 우리에게 불리하게 작용하기도 한다.

이 대목에서 좋은 소식이 있다. 마음속 잡동사니를 정리한 뒤 검증되지 않은 휴리스틱과 편견이 만든 핵심 신념에 맞서고 나면, 그 핵심 신념의 자리에 건전한 경제 원칙과 심리 원칙에 근거한 더 '쓸모 있는' 경험칙을 세울 수 있다. 우리는 대출을 하나도 빠짐없이 배우고 기억하려 애쓰느라 몇 년을 흘려보내곤 한다. 예컨대 '학교에 다니려면 학자금을 대출받아야 할까?' 같은 고민을 하고 있다고 해보자. 이럴 때는 경험칙이 정말로 쓸모 있을 것이다. '대학을 졸업한 첫해의 예상 소득보다는 많이 빌리지 마라'라는 경험칙을 적용해 이 사례를 단순하게 생각하면 인생이 걸린 거대한 결정을 처리하기가 한결 쉬워진다. 금융 제도의 기술적 측면에 빠져 꼼짝도 하지 못하는 대신 경험칙을 이용해 재무 행태를 훨씬 더 단순하게 가다듬을 수 있다.

이 책의 나머지는 돈 관리법을 소개하는 데 할애했다. 심리학과 경제학을 결합한 이 방법은 돈을 바라보는 간단하고 통제력 있는 새 방식을 만들어, 당신이 마침내 돈과 매우 만족스러운 관계를 쌓게 해줄 것이다. 이 과정에서 나는 재무 살림이 나아지기 시작할 때 마주할 여러 선택 앞에서 길잡이가 되어줄 경험칙을 몇 가지 소개하려 한다.

변화를
꾀하려면

지금까지 다양한 분야를 오가며 재무 습관 아래 숨어 작용하는 여러 힘을 다뤘다. 태어날 때부터 우리를 에워싸는 돈 메시지를 논의했고, 좋든 나쁘든 돈 메시지가 우리 삶에서 만들어내는 돈 체험담을 이야기했다. 가난이 육체 건강과 정신 건강에 어떤 부정적 영향을 미치는지, 돈을 떠올리는 것이 행동에 어떤 긍정적 영향과 부정적 영향을 미치는지를 생각해봤다. 또 우리가 속한 사회경제적 집단에서 돈이 부추기는 사회의 지향성을 살펴봤다. 물질적 소유물이 우리 정체성과 어떻게 상호작용하는지를 봤고, 미래의 가치를 깎아내리는 것이 어떻게 우리 마음을 속여 우선순위를 바꿀 수 있는지도 봤다. 삶의 통제 주체를 누구로 보느냐는 관점이 소득과 상관없이 우리가 돈을 어떻게 느끼는가에 영향을 미칠 수 있다는 점도 살폈다. 이 과정에서 이런 심리 요인 하나하나가 우리 행동에 미치는 악영향에 맞서거나 영향을 줄이도록 우리 마음에 개입할 방법들을 찾아봤다.

이 모든 논제를 쉽게 참조할 길잡이이자 개요로 [도표 2-7]을 이용하라. 당신이 재무 행태를 바꿀 생각이든, 돈에 느끼는 감정을 바꿀 생각이든, 둘 다를 바꿀 생각이든 다음 표가 더 나은 결과를 얻도록 마음을 재훈련하게 도와줄 것이다.

[도표 2-7]에 기록된 자기 평가는 모두 부록에 들어 있다. 부록에는 핵심 신념을 탐구해 맞서고, 미래 및 미래의 나와 연결성을 높이고, 연민을 훈련하고, 핵심 가치관을 확인하게 도와줄 간단한 개선 활동도 몇 가지 들어 있다. 이 간단한 활동들이 당신 마음속에 뒤엉킨 잡동사니를 어느 정도 정리하도록 도울 것이다. 한발 더 나아간다면 미래를 보는 관점과 돈을 바라보는 핵심 신념이 골치 아픈 영향을 끼치지 못하도록 재무 행태를 다시 훈련하게 도와줄 것이다.

우리가 돈을 어떻게 경험하느냐를 결정하는 심리 요인 가운데 몇 가지는 바꾸기가 더 까다로워서 돈이 우리 일상에서 어떻게 이동하는지를 바라보는 사고방식을 새로 익혀야 한다. 어떤 핵심 신념은 금융 현실을 바라보는 새로운 방식과 경험을 거쳐야 바뀐다. 내 운명을 내가 통제한다고 믿느냐 믿지 않느냐는 쉽게 바뀌는 신념이 아니고, 새로운 경험칙은 하늘에서 뚝 떨어지지 않는다. 당신이 해결해야 할 재무적 난관이 모두 쉽게 바뀌는 신념 및 미래 관

행동/경험	자기 평가	부록 1 (자기 평가)	개입 대책과 실천 과제	부록 2 (대책/과제)
재무 행태	재무 관리 및 행동 평가	√	작용하는 심리 요인을 파악하고 다음 해결책 사용하기	
재무 감정	헬로월렛 예비 조사	√		

심리 요인	자기 평가		개입 대책과 실천 과제	
핵심 신념	체험담 과제 체험담 통합	√ √	체험담 바꾸기 반례 찾기 '풍족한 예산' 세우기 실천	√ √ √
충동 행동	자기 통제 간단 평가	√	나이 변환 영상	√
가치 폄하	자기 통제 간단 평가	√	미래 떠올리기/심리 대비	√
미래 자기의 연속성	미래 자기의 연속성 평가	√	나이 변환 영상	
미래 관념	목표 시점 & 선명성	√	미래 떠올리기/심리 대비	
해석 수준	행동 식별 척도	√		
통제의 중심	통제의 중심 평가	√	'풍족한 예산' 세우기 실천	
'돈 생각'			자비 명상 평등에 대해 적기 경외심 느끼기 자연과 가까이하기	√ √ √ √
자아 고갈 & 감정적 소비			핵심 가치관 확인 '풍족한 예산' 세우기 실천	√
지식	금융 이해도 5대 질문	√	적기 교육 찾아 나서기 경험칙('풍족한 예산' 세우기)	√
'풍족한 예산' 세우기			현금 흐름 평가표 재원 평가표 지출과 욕구 평가표 개인 경제 평가표	√ √ √ √

도표 2-7 평가, 개선 활동, 평가표

념과만 관련 있다면, 당신의 재무 살림을 바꾸는 데 필요한 것은 이 책 뒤에서 제시하는 개입 대책만으로도 충분하다. 이와 달리 건전한 경제적 경험칙에 근거한 새로운 돈 관리법을 배우고 싶다면, 재무 살림을 통제한다는 인식과 재무적 융통성을 더 강하게 느끼도록 고안된 방법을 배우고 싶다면, 그러면서도 가진 돈에 꽤 크게 만족하고 싶다면 '풍족한 예산' 세우기가 맞춤형 해법이다.

이제부터는 추상적인 심리 세계는 다루지 않는다. 앞으로는 심리학과 경제학을 조합해 돈과 건강한 자율적 관계를 맺도록 촉진하는 간단한 돈 관리법을 설명할 것이다. 우리가 지금처럼 행동하는 이유를 따지는 추상적 추론에서 벗어나, 하루하루 돈과 어떻게 상호작용하는지를 알려주는 세부 내용을 심리적 거리 관점에서 구체적으로 파고들 것이다. 이 돈 관리 전략의 목적은 당신이 돈을 통제한다고 인식하게 하고, 감정에 휘둘리는 소비 습관을 깊이 들여다보고 소비 습관을 바꿀 전략을 구체화하는 것이다. 이 과정에서 갖가지 상황에서도 건전한 재무 결정을 내리도록 도와줄 간단한 경험칙을 제시하겠다.

지금까지는 돈이 거북한 주제인 여러 이유를 간단히 다뤘다. 이제는 주제를 옮겨 당신에게 돈이 모자라지 않는다고 느끼며 돈을 쓰게 할 길을 논의하려 한다. 궁극적으로 '풍족한 예산' 세우기는 추상적 개념과 구체적 방안을 조합해, 예산 수립 방법과 만족의 '원인'을 통합하여 돈을 관리할 포괄적 전략을 형성한다. 그 결과, 개인 맞춤형 돈 관리 계획이 나온다. 이 방법은 간단한 경제 원칙에 기반하므로 돈 문제에서 바람직하고 확실한 선택을 하도록 도울 것이다.

하지만 심리학을 활용했으므로 이 방법을 이용해 세우는 재무 계획은 다른 많은 예산안과 달리 제약이나 자기 부정을 느끼지 않게 한다. 예전에 예산안을 세워봤지만, 그 예산안 때문에 궁핍하다거나 숨 막힐 것 같은 기분을 느꼈는가? 과거에 소비 행태를 바꾸려 해봤지만 실패했는가? 돈에 한계가 있다는 느낌이 아니라 매우 만족스럽다는 느낌이 들도록 예산을 세우고 싶은가? 그렇다면 '풍족한 예산' 세우기가 당신을 도와줄 것이다.

나는 실제로 이 돈 관리 전략을 이용해 내 재무 살림을 완전히 바꿨다. 다시는 전통적인 돈 관리법으로 돌아가지 않을 것이다. 부자가 되려고 이 방법을 쓰겠다면, 이 방법은 당신에게 맞지 않는다. '풍족한 예산'은 재무 살림의 체계를 갖추고 이해하는 법을 알려준다. 따라서 당신이 다루는 재무 수치가 크든 작든, 이미 가진 재원을 창의적으로 활용해 욕구를 채우고 깊은 만족을 느끼게 도와줄 것이다.

당신이 주체가 되는
돈 관리 계획

돈을 보는 사고방식을 소득 관점에서 자산 관점으로 전환한 사람이
부에 제대로 적응해 재산을 유지했습니다.

제임스 그럽먼

L
O
A
D
E
D
—

지금까지는 아주 개인적 의미에서 돈을 어떻게 생각하고 느끼는 지를 이야기했다. 우리가 돈과 어떤 복잡한 관계를 맺는지, 가난과 부에 어떤 고정관념이 따라붙는지, 심리 요인과 인지 요인 가운데 어떤 것이 재무 행태에 영향을 미치는지를 다뤘다.

돈과 건강한 관계를 맺으려면, 먼저 제 발목을 잡는 버릇에 깔린 부정적이고 해로운 신념과 관점을 없애야 한다. 지금쯤 당신은 스스로 재무 살림에 안심하지 못하도록 발목을 잡았던 특정 사고방식과 감정, 신념을 콕 집어내 맞서기 시작했을 것이다. 나는 당신이 지금까지 이해한 내용을 앞으로 몇 주에서 몇 달 동안 꾸준히 실행했으면 좋겠다. 버릇은 고치기 어렵다지만, 그래도 진득하니 노력하면 나쁜 버릇을 정말 고칠 수 있다는 걸 실감하게 될 것이다. 몸에 밴 사고방식도 마찬가지다.

　다음 단계는 몸에 밴 오랜 사고방식을 새 사고방식으로 바꾸는 것이다. 이 단계에서는 추상적 개념에서 실질적 방안으로 나아간다. 3장에서는 우리 생활에서 돈이 어떻게 움직이는지, 즉 어떻게 생성되어 어떻게 쓰이는지를 살펴볼 수 있는 새 방식을 말하려 한다. 전통적인 예산 접근법에서 출발해 이 방법이 심리적 관점에서 왜 문제가 되는지를 보이고, 돈을 떠올릴 때 통제력을 느끼게 도와줄 새 방식을 제시하려 한다. 이 개념들을 당신의 재무 살림에 적용할 수 있는 평가표도 함께 소개하겠다.

　3장의 목표는 인식 체계의 전환이다. '풍족한 예산' 세우기는 재무 살림에서 돈이 아니라 당신을 중심에 놓고, 당신의 우선순위에 맞춰 예산을 세운다. 그러므로 평가표를 이용해 당신의 자금 사정을 매우 명확히 밝히기를 강력히 권한다. 여기에 나오는 개념 대다수는 여러 상황에 적용할 수 있는 간단하면서도 알찬 경험칙이다.

현금 흐름 예산은
무엇이 문제일까?

대부분 사람은 예산을 세울 때 현금 흐름 방식을 이용하라고 배웠다. 그러니 단순하기 짝이 없는 다음의 2열 예산 계획이 낯설지는 않을 것이다([도표 3-1]).

소득	지출
~	~
~	~
~	~
	~
	~
	~
	~
저축	~

도표 3-1   현금 흐름

현금 흐름 예산에서는 소득의 총합에서 지출을 뺀다. 남은 것은 모두 저축으로 보낸다. 어떤 사람들은 '먼저 네 몫을 떼놓아라'를 실천해 지출 목록 맨 앞에 저축을 적기도 한다. 어떤 방식을 쓰든, 이것은 아주 기본적인 돈 관리법이다. 열을 두 개 만들고 수치를 적으면 끝이다.

소득과 지출: 현금 흐름 예산은 어떤 해를 끼치는가

소득과 지출을 정리하는 현금 흐름 예산법은 분명 실용적이지만, 심리학의 눈으로 들여다보면 문제가 좀 있다. 대체로 현금 흐름만을 다뤄 한눈에 내용을 알 수 있지만, 돈이 흘러 들어오는 곳은 도대체 어디이고 돈이 흘러 나가는 곳은 도대체 어디인지 알 길이 없다.

현금 흐름 예산 모형에서는 돈이 강과 같다([도표 3-2]) 소득으로 흘러 들어왔다가 지출로 흘러 나간다. 이 모형에 따르면 돈은 우리 인생으로 흘러 들어왔다가 흘러 나가고, 우리 역할은 흐름의 방향을 정하는 것뿐이다. 운이 따른다면 물길의 한 갈래를 당신을 위한 작은 연못, 즉 저축 쪽으로 돌릴 수 있을 것이다.

하지만 이런 방식으로 돈을 생각하면 돈 문제에서 통제권을 잃는다. 재무 관리 강습에서 사람들에게 돈이 어디에서 나오느냐고 물으면 대개 '내 일'이라고 답한다. 더러 재무부(정부지원금)나 '부모님'이라는 답도 나온다. 이 대답들에는 공통점이 있는데, 자기 삶에

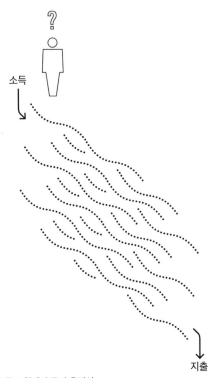

도표 3-2 현금 흐름 모형에서 돈의 움직임

들어오는 돈의 원천이 외부에 있다고 보는 것이다.

돈을 어느 머나먼 곳에서 나오는 것으로 보면 소득과 우리 사이에 심리적 거리가 생긴다. 알다시피 심리적 거리는 재무 행태에 많은 영향을 미친다. 이 경우에는 당신이 돈을 통제한다고 느끼지 못하게 가로막는 역할을 한다. 기억하는가? 삶을 자신이 통제한다는 인식이 강하지 못한 사람은 소득 수준과 상관없이 돈을 부정적으로 경험하는 경향이 더 컸다. 당신이 돈을 '저 바깥' 어딘가에서 나와 당신 인생으로 들어오는 것으로 보도록 배웠다면, 당신도 여기에 해당한다.

현금 흐름 예산은 불완전하기 짝이 없다. 이 방법으로 재무 상태를 이해해도 틀리지는 않겠지만, 그것으로 끝일 뿐 전체 그림이 없다. 재무 살림에서는 그림의 나머지 부분을 보는 것이 매우 중요하다.

소득이 아니라
자산이 중요하다

The LOADED Budget

임금을 예로 들어보겠다. 당신이 월급쟁이라면 소득이 회사에서 나온다고 생각할 것이다. 그런데 그렇게 생각하는 순간, 자신의 재무 살림을 통제할 수 없다는 마음이 되기 쉽다. 여기 소득의 원천을 달리 생각해볼 길이 있다. 그 길을 따라갈 때 당신의 관점, 일에 접근하는 방식, 미래 소득이 크게 달라질 것이다.

처음 재무 설계를 공부하기 시작했을 때, 나는 돈 관리에 심리학을 적용한 강좌를 들었다. 담당 교수는 앞서 소개한 제임스 그럽먼 박사였다. 심리학자이자 재무 전문가인 그럽먼 박사는 큰 재산을 관리하는 데 어려움을 겪는 사람들을 여러 해 동안 상담했다. 장차 내 삶의 행로를 급격히 바꿀 강의에서 그럽먼 박사는 학생들에게 이렇게 설명했다.

"사업에 성공해서든 생각지 않은 횡재를 만나서든 얼떨결에 벼락부자가 됐을 때, 어떤 사람은 그 재산을 유지하고 다음 세대에 물려주기까지 하지만 어떤 사람은 자신도 모르게 순식간에 원래 자리로 돌아갑니다." 그러고는 중요한 질문을 던졌다. "그렇다면 얼떨결에 얻은 부를 유지한 사람과 그렇지 못한 사람 사이에 '심리적'으로 어떤 차이가 있을까요?"

우리는 조심스럽게 어설픈 추측을 몇 가지 내놓았다. 그때 그럼먼 박사는 지금까지 내가 들어본 가운데 가장 단순하면서도 놀라운 설명을 내놓았다. 엄청난 재산을 유지하는 사람과 잃는 사람을 가르는 요인은 무엇일까? 그럼먼 박사가 20년 넘는 경험에서 깨달은, 재무 설계 책자들은 알려주지 않는 사실은 이것이었다.

"내가 보아온 바로는, 돈을 보는 사고방식을 소득 관점에서 자산 관점으로 전환한 사람이 부에 제대로 적응해 재산을 유지했습니다."

오랜 관찰에서 얻은 군더더기 없는 식견이 내 머릿속을 떠나지 않았다. 그래서 나는 그럼먼 박사의 고객들에서 차이를 일으켰을 심리 요인이 무엇일지를 지난 몇 년 동안 연구했고, 마침내 원인을 알아냈다. 그럼먼 박사의 통찰에서 가장 대단한 부분은, 재산을 유지하는 원인이라고 봤던 간단한 사고 전환이 경제적 안정을 구축할 때도 출발선과 상관없이 매우 강력한 도구가 된다는 것이다.

자산 관점에서 돈을 생각하는 것이 재산을 유지하고 불리는 데 도움이 된다고 볼 근거는 매우 탄탄하다. 이유는 현금 흐름 예산법이 부적절한 까닭과 똑같다. 현금 흐름 예산은 돈의 유입과 유출을 간단히 기록하지만, 소득의 원천이나 지출의 목적에는 조금도 주목하지 않는다. 그럽면 박사가 소득에서 자산으로 사고 관점을 바꾼 사람들에게서 발견한 특징은 이들이 자기 돈이 어디에서 나왔는지를 이해했다는 것이다. 그들은 소득 관점에서만 생각하는 사람보다 그림을 더 크게 봤다.

도대체 그들이 본 더 큰 그림은 무엇이고, 자산과는 어떤 관련이 있을까? 소득이 강이라면, 자산은 샘이다. 샘이 마르지 않게 하는 데 집중하면, 강물은 늘 한결같이 흐르기 마련이다.

소득과 자산

현금 흐름 예산에서 소득 흐름의 모든 원천은 돈 가치가 있는 자산으로 거슬러 올라갈 수 있다. 이를테면 임금에서 소득을 낳는 자산은 노동자가 고용주에게 제공하는 노동이다. 노동자의 시간, 체력, 지능이 모두 합쳐져 고용주에게 가치 있는 노동(도표 3-3)을 만들어낸다. 여기에 전문 지식이나 실전 경험이 더해지면 자산 가치가 늘어나 잠재 소득의 흐름이 커진다.

당신이 월급쟁이라면, 그 월급은 과연 고용주에게서 나올까? 천만의 말씀! 고용주는 그저 당신의 시간과 기술을 빌릴 따름이다. 월급은 당신이 노동이라는 형태로 고용주에게 빌려주는 재원을

자산	소득	지출
전문 기술 ·······▶	~	~
	~	~
	~	~
		~
		~
		~
		~
		~
저축		~

도표 3-3　자산이 소득을 낳는다

값어치 있는 자산으로 바꾼 결실이다. 그러니 당신의 기술이 곧 당신의 자산이다. 달리 말해, 당신이 받는 월급은 누구도 아닌 바로 당신 자신에게서 나온다.

이 구분이 왜 이토록 중요할까? 첫째, 자기 운명을 자기가 통제한다고 인식한 사람들이 대체로 돈을 더 긍정적으로 경험한다는 사실을 떠올려보라. 소득에서 초점을 고용주가 아니라 소득 발생에 기여하는 자신의 역할로 옮기기만 해도, 재무 상황을 바꾸지는 못할지언정 긍정적 감정을 느끼게 되는 이득을 얻는다. 둘째, 소득의 흐름이 아닌 소득의 원천에 주목함으로써, 앞으로 돈과 관련한 여러 상황에서 이로운 결정을 내릴 준비를 한층 단단히 할 수 있다.

경험칙 ▶ 흐름이 아니라 샘에 주목하라

소득 흐름을 생성하는 재원과 자산을 지키고 불리는 데 집중하면 소득을 오랫동안 안정되게 유지하기가 더 쉽다.

만약 당신이 일자리를 잃는다면 무슨 일이 벌어질까? 해고당하는 상황에서는 노동으로 얻는 소득이 흐름을 멈춘다. 하지만 자산에는 무슨 일이 일어났는가? 소득의 원천을 실제로 잃었는가? 아니다. 당신의 노동을 살 사람을 잃었을 뿐이다. 당신의 자산은 고스란히 남아 있다. 시간, 체력, 지능이 그대로 있다. 기술과 경험이 여전히 당신 것이다. 일을 시작한 뒤로 기술과 경험을 차곡차곡 더 탄탄히 다졌을 테니, 실제로는 처음 채용됐을 때보다 자산 가치가 훨씬 더 커졌을 것이다. 그동안 직장에서 쌓은 인맥과 대인관계 또한 경력을 향상하는 데 쓸 수 있는 값진 재원이다. 이 내용을 잊지 않는다면, 당신의 자산 가치가 이전 어느 때보다 크다는 자신감을 안고 당신의 재능을 살 새 구매자를 찾아 나설 수 있다.

이런 사고방식은 우리가 자산으로 얻는 소득의 흐름만 감독하기보다 자산을 지키고 불릴 길을 생각하는 데 도움이 된다. 기술은 갈고닦지 않으면 시간이 지날수록 가치를 잃는다. 그러니 당신의 자산 가치를 지키려면 끊임없이 새로운 기술과 지식을 배우고 익히는 것이 슬기로운 선택이다. 임금을 생성하는 자산의 기본 가치에 관심을 쏟지 않는다면, 좋아하는 일자리를 얻더라도 줄기차게 배우고 인맥을 쌓고 실력을 키우는 노력이 얼마나 중요한지 깨닫지 못할 것이다.

세 가지 소득 원천

설사 노동을 자신이 파는 자산으로 생각해본 적이 없더라도, 노동이 소득의 원천이라는 사실은 웬만하면 다 안다. 우리는 어릴 적부터 "크면 뭐가 되고 싶니?"라는 질문을 받는다. 이 질문의 진짜 의미는 "어떻게 먹고살래?"다. 드물지만 어떤 사람들은 어릴 때부터 노동 말고도 다른 소득 원천 두 가지, 즉 토지와 자본을 생각하도록 배웠다. 경제학 입문 과목을 들어봤다면 생산의 3요소가 토지, 노동, 자본이라고 배웠을 것이다. 현금 흐름표에서 모든 소득 흐름을 거슬러 올라가면, 소득의 원천은 이 셋 중 하나다.

우선 노동은 당신이 시간, 체력, 재능을 돈과 맞바꿀 때 소득을 생성한다.

토지는 온갖 방식으로 소득을 생성할 잠재력이 있다. 농사를 짓거나, 가축을 키우거나, 광물을 캐내거나, 나무를 심어 팔거나 과실을 거두거나, 그 자체로 빌려주거나 팔거나, 부동산을 지어 임대할 수도 있다. 때로는 가만히 놔둬도 주변의 다른 부동산이 개발되면 시간이 갈수록 가치가 커진다. 이때는 자산을 산 가격보다 더 비싼 값에 팔 수 있으니 땅값 상승도 소득이다.

자본은 정의하기가 조금 까다롭지만, 토지와 노동이 아니면서 금전 가치를 내재한 것은 모두 자본으로 볼 수 있다. 자본은 물적 자본, 금융 자본, 사회 자본 등 세 가지로 나뉜다.

물적 자본은 옷장에 든 옷가지부터 헛간에 있는 경운기까지 무엇이든 해당한다. 물적 자본은 팔거나 임대해서 돈이나 다른 상품으로 바꿀 수 있으므로 잠재 소득을 나타낸다.

금융 자본은 간단히 말해 돈이다. 형태가 저축이든 투자든 현금이든 채권이든 금이든, 개인이나 은행 또는 정부에 빌려주고 이자를 받으면 돈 자체로 돈을 벌 수 있다.

사회 자본은 돈으로 바꿔 손에 쥐기는 어렵지만, 그래도 자금 상태에 차이를 만들 수 있다. 평판이 좋은가? 그렇다면 일자리를 구할 때 추천서를 써주겠다는 사람이 많을 것이다. 남이 어려운 시기를 겪을 때 도와줬는가? 당신에게 절실히 도움이 필요할 때 그들이 도와줄 것이다. 사회 자본에는 소득을 생성하고 지출을 줄일 엄청난 잠재력이 있다. 무언가를 사지 않고 공짜로 빌릴 수만 있어도 소득이 더 늘어날 테니 말이다. 직업과 관련한 인맥이 탄탄하다면, 탐나는 일자리나 승진 기회가 있을 때 먼저 귀띔받을 것이다. 공동 육아 협동조합을 이용할 때도, 친구나 이웃과 품앗이할 때도 우리는 사회 자본을 꽤 자주 교환한다. 전문 기술을 맞바꾸고 협업 체계를 구축하는 것은 그저 유용하거나 돈을 아끼는 데 그치지 않는다. 이런 기회를 통해 훨씬 돈독한 인맥까지 쌓을 때가 많다.

보스턴의 한 신생 회사는 은행 및 지역 사업체와 협업해 주민들이 지역 사회에 재능을 기부하면 생활용품이나 지역의 공공 서비스를 할인받을 수 있는 포인트를 제공한다. 우리가 가진 사회 자본을 글자 그대로 자본처럼 현금으로 바꾸지는 못하더라도, '무엇을 아느냐가 아니라 누구를 아느냐가 중요하다'라는 오랜 격언이 맞을 때가 아주 많다. 인맥은 질 좋은 일자리와 믿을 만한 공공 서비스를 찾을 때 큰 차이를 낼 수 있다. 사회적 인맥은 카풀로 돈을 아끼게 해서든, 중요한 면접 기회를 얻게 해서든 재무 상태에 큰 영향을 미칠 수 있다.

무엇이 자산인지 어떻게 알아낼까?

소득을 생성하는 데 자산이 매우 중요한 역할을 하므로 무엇이 자산인지 명확히 정의하는 것이 중요하다. 사전에서 자산이라는 단어를 찾으면 '쓸모 있거나 가치 있는 물건, 사람, 자질'처럼 매우 포괄적인 정의가 나올 것이다. 맞는 말이지만 너무 모호하다. 게다가 실질적인 소득 잠재력은 아예 언급도 하지 않는다. 회계사나 재무 관리자에게 물으면 '개인이나 법인이 소유한 재산으로, 가치가 있고 부채를 갚거나 위임하거나 유산이 될 수 있는 것'이라는 더 전문적인 정의를 얻을 것이다. 이 말도 정확하지만, 굉장히 전문적이고 물적 재산에 한정되므로 우리 목적에는 전혀 맞지 않는다.

나는 복잡하기 짝이 없는 금융 세계를 단순화한 경험칙을 이용해 자산을 정의하고 싶다. 내가 보기에 가장 탁월하고 유익한 정의는 이것이다. '자산은 들어가는 돈보다 벌어들이는 돈이 더 많은 것.' 전문적인 세부 내용을 얼렁뚱땅 얼버무린 이 정의에 황당해할 회계사가 분명히 있겠지만, 상관없다.

> **경험칙** →
> 들어가는 돈보다 벌어들이는 돈이 적으면 자산이 아니다.

이 정의를 빌리면 노동 외에 다른 자산을 구축하는 것이 왜 중요한지도 이해할 수 있다. 언제고 일을 그만둘 생각이라면 지출을 충당할 다른 소득 형태가 있어야 한다. 달리 말해, 노동으로 얻는 소득을 대신할 토지나 자본 또는 둘 다가 넉넉히 있어야 한다. 이런 상태를 더러는 은퇴 생활이라고 부르고, 더러는 일을 안 해도 먹고살 만큼 부유하다고 말한다. 모두 같은 말이다.

노동 외의 자산에서 얻는 소득이 모든 지출을 충당할 만큼 넉넉하다면 안심하고 일을 그만둘 수 있을 것이다. 어떤 사람은 날 때부터 원하기만 하면 평생 일하지 않아도 될 만큼 자산이 넉넉하다. 어떤 사람은 갓 어른이 됐을 때 이런 상태에 이른다. 하지만 대다수는 갖은 애를 쓴 끝에 60대 중후반에 이르러서야 일을 그만둘 수 있다. 더러는 세상을 떠날 때까지 일해야 하는 사람도 있을 것이다. 지금 당신이 어떤 길에 서 있든, 현금 흐름 예산에는 이 점이 완전히 빠져 있다. 원천이 아닌 흐름에만 주목하면 더 큰 그림을 놓친다. 현금 흐름 예산만 이용하는 재무 살림은 머나먼 길을 달랑 손바닥만 한 지도 한 장에 의지해 여행하는 것과 같다. 어딘가에는 닿겠지만, 그곳이 정말 당신이 가고 싶었던 곳일까?

더 큰 그림을 보는 것이 재무 살림을 챙기는 중요한 단계지만, 아직 더 알아야 할 내용이 있다. 진짜 마술은 우리가 시야를 조금 더 넓힐 때 일어난다. 알다시피 자산은 소득을 낳고 일반적으로 소득에는 세 가지 원천, 즉 토지, 노동, 자본이 있다. 날 때부터 이런 자산이 넉넉한 행운아도 있지만, 대부분 사람은 그렇지 않다. 그렇다면 자산을 타고나지 못한 우리가 자산을 손에 넣을 방법은 무엇일까?

재원을
자산으로 만들라

자산은 재원에서 나온다. 당신에게 아름다운 목재 한 판과 목공 도구, 목공 기술이 있다면 재원이 넘치는 것이다. 이제 나무를 다듬어 수제 의자를 만들었다면, 당신은 자산을 만들어낸 것이다. 자산은 이런 식으로 재원을 조합해 남에게 가치 있는 무언가로 만들어낸 것이다.

처음부터 누구나 자산을 쥐고 태어나지는 않지만, 누구에게나 재원은 있다. 누구나 시간, 체력, 지능은 갖고 태어나니 말이다. 이 재원들을 조합해보라. 당신에게는 자산인 노동이 있다. 여기에 교육이나 훈련을 어느 정도 보태보라. 이제는 자산인 전문 기술이 있다. 돈벌이의 핵심은 재원을 결합해 남이 가치 있게 여기는 무언가를 만들어내는 법을 배우는 것이다. 남보다 재원이 많을 수도 적을

수도 있겠지만, 참으로 멋지게도 대부분 사람은 꽤 쓸 만한 재원을 가지고 있다.[1]

무엇이 재원일까?

이 맥락에서 볼 때 재원이란 내 목적에 맞춰 이용할 수 있는, 내가 가진 모든 것이다. 상상력, 유머 감각, 친구, 미소, 인터넷이 연결되는 공공 도서관, 지역 문화 회관, 심지어 햇살까지 당신이 끌어다 쓸 수 있는 재원이다.

어떤 재원은 공공재여서 누구나 이용할 수 있다. 예컨대 도서관, 학교, 도로, 박물관, 기록 보관소, 공원, 병원, 지역 주민을 위한 강습장 등이 그렇다. 이 재원들은 대부분 무료이거나 아주 적은 비용으로 이용할 수 있다. 다른 재원들은 극히 사적이어서 한 개인에게만 속한다. 당신이 지닌 특별한 재능, 상상력, 당신만의 개인사와 경험이 모두 당신이 끌어와 세상에 멋지고 가치 있게 이바지할 수 있는 재원이다.

넘치는 재원을 관리할 창의적 방법

예산 관리를 생각할 때 우리는 흔히 경비 절감을 떠올린다. 하지만 무언가를 시도해 소득을 더 많이 올릴 수 있다는 생각은 하지 못할 때가 많다. 재원을 창의적으로 이용하면 자산이 된다는 것을 이해할 때 비로소 재무 살림이 바뀔 수 있다는 걸 깨달을 수 있다. 이때는 창의성과 융통성을 발휘할 여지가 생긴다. 그때 당신이 가진 재원을 하나하나 찬찬히 생각해보면, 재원 대다수가 소득에 새로운 흐름을 가져올 가능성이 엄청나다는 사실을 알게 될 것이다.

집에 남는 방이 있는가? 세를 주면 다달이 적어도 몇백 달러가 들어올 것이다. 지하 창고나 다락에 기부하려고 보관한 물건이 있는가? 온라인 경매 업체나 온라인 벼룩시장에 사진 두세 장과 글을 남기면 한 달에 몇십 달러가 더 생길 것이다. 다른 사람에게 가르쳐줄 기술이나 재능이 있는가? 한 달에 한 번만 강의해도 온라인 비디오 이용료를 내기에 충분하다. 안 입는 옷을 위탁 판매소에 맡겨 돈을 벌면 다음 쇼핑이 조금 더 여유로워진다.

재원을 이런 식으로 생각할 때, 우리는 돈 때문에 막다른 골목에 몰렸다고 느끼지 않고 어느 정도 숨 돌릴 틈을 찾아낸다. 돈벌이가 억지로 해야 하는 일이나 무거운 짐이 아니라 창의적 도전이 된다. 이미 가진 재원을 어떻게 이용해야 더 큰 소득 흐름을 만들 수 있을까? 상상력과 창의성을 어느 정도 발휘하면, 아무리 부족한 재원도 무언가 가치 있는 자산으로 바뀔 수 있다.

카산드라 이야기

카산드라는 이혼 절차를 밟으며 혼자 아이들을 키우는 삶에 적응하고 있었다. 학생이라 벌이는 거의 없었다. 가족이 몇 년 동안 살았던 집을 세놓아 얻는 소득은 예전 소득의 3분의 1뿐이라 지출이 더 많았다. 학자금 대출이 보탬이 됐지만, 아이들을 풍족하게 부양하기에는 모자랐다. 그렇다고 정부 보조를 받기에는 소득이 높았다. 일단 학교만 졸업하면 아이들을 더 잘 부양할 수 있으리라고 생각했지만, 과연 결승선에 이를 수 있을지 의심스러웠다.

이런저런 상황을 따져보느라 잠 못 이룬 밤이 하루 이틀이 아니었다. 주말에 다시 일한다면 어떨까도 생각해봤다. 연구 계약 조건 때문에 불가능했지만, 가능했더라도 그 시간에 아이돌보미를 써야 하니 번 돈이 대부분 거기로 들어갈 것이다. 학생용 주택으로 이사하면 지출이 조금 줄겠지만, 그곳은 반려동물을 데려갈 수 없다. 이혼 과정에서 아이들이 이미 많은 상실을 겪은 뒤라 반려동물과 헤어지게 할 순 없다. 게다가 이사를 하는 데도 돈이 들 것이다.

실제로 한 푼이라도 여윳돈이 생기려면 1년은 걸릴 듯했다. 학교를 그만두고 직장 생활만 할까도 심각하게 고민했지만, 대학원 졸업장 없이 학자금 대출을 갚기란 말 그대로 불가능했다. 가족이 안전하게 살 곳은 필요했지만, 한때 너무 작다고 느꼈던 집이 이제 짐처럼 무거웠다. 혼자 감당하기에는 집이 너무 컸다. 그게 답이었다. 집이 너무 컸다!

카산드라는 한때 남편의 사무실로 썼다가 이혼 뒤 아이들 놀이 방으로 쓰던 방을 깨끗이 치웠다. 새로 페인트를 칠하고 새 커튼을 단 뒤, 온라인에 방을 세놓는다는 광고를 올렸다. 한 달이 채 지나지 않아 완벽한 세입자를 찾았다. 아이들을 좋아하고 가정집에서 살고 싶어 하는 간호학과 학생이었다. 방을 세주자, 집을 감당할 수 있을 만큼 소득과 지출이 딱 맞아떨어졌다. 이 전략은 카산드라에게 필요했던 보금자리를 지키는 데만 도움이 된 것이 아니다. 의지할 수 있는 새 친구가 생겼고, 집에 간호사가 있으니 마음도 놓였다. 또 가족이 돈에 쪼들리거나 상실을 겪게 하지 않으면서도 학업을 이어갈 길을 찾은 덕분에 강한 주도권과 성취감도 느꼈다.

재원과 자산을 창의적으로 연결하는 법: 실천 과제

재원과 자산을 창의적으로 생각하는 첫발을 디디려면, 다음 과제를 실행해보라. 이 과제들로 당신의 창의성이 움직이기 시작할 것이다. 게다가 잘만 된다면, 당신이 가진 재원을 창의적으로 쓸 아이디어 몇 가지가 번쩍 떠오를 것이다.

소득을 추적해 원천 재원을 밝혀라

이 개념을 처음으로, 그리고 가장 뚜렷이 적용하는 방법은 지금 당신이 재원을 어떻게 자산으로 바꾸고 있는지, 그래서 얼마나 많은 소득을 생성하는지 살펴보는 것이다. [도표 3-4]에서 보듯, 현금 흐름 예산의 소득 칸에서 시작해 소득 흐름을 하나하나 원천까지 되짚어보라.

재원	자산	소득	지출
시간 →	전문기술 →	~	
체력			~
지능			~
경험			~
지식			~
학위			~
			~
남는 방 →	임대 공간 →	~	~
능숙한 프랑스어 →	과외 능력 →	~	
지하 창고의 물건 →	이베이에 팔 물건 →	~	
		~	~
	저축	~	

도표 3-4 재원이 소득으로 이어지는 과정

이제 자신에게 물어보라. 당신은 재원의 잠재력을 오롯이 이용하고 있는가? 재원으로 더 많은 소득을 만들 수는 없는가? 목록에 올릴 만한 다른 재원은 더 없는가?

재원 목록

현재 자산을 생성하는 데 사용하는 재원 외에 목록에 보탤 재원이 더 있는가? 그 재원들을 하나하나 찬찬히 검토하면 잠재 소득을 한층 더 끌어올릴 수 있다.

부록 2에 있는 재원 평가표를 이용해 쓸모 있는 재원을 되도록 많이 적어라. 당신이 가진 것은 무엇인가? 누구를 아는가? 무엇을 아는가? 어떤 일을 잘하는가? 지자체에서 운영하는 성인 교육과정을 이용해 소속 지역 사회에서 가르칠 만한 기술이 있는가? 당신이 사는 곳의 지자체가 주민들이 더 나은 일자리를 얻는 데 필요한 새로운 기술과 인맥을 쌓도록 제공하는 무료 강좌와 활동은 무엇인가? 당신에게는 넘치는 재원이 있다. 그러니 잘 살펴보라.

당신이 가진 내부 재원이 무엇인지 떠오르지 않는다면, 몇몇 친구에게 당신의 강점이 무엇인지 물어봐도 좋다. 때로는 다른 이의 눈으로 바라볼 때 자신이 창조하는 가치가 더 잘 보이기도 한다. 당신이 어떤 재원을 가졌을지 번뜩 떠오르게 할 다른 방법은 사람들이 당신에게 가장 자주 부탁하는 일이 무엇인지 생각해보는 것이다. 당신에게 픽업트럭이 있다면, 장담컨대 무엇을 나르거나 끌어달라는 부탁을 자주 받았을 것이다. 그 트럭을 차량 공유 사이트에 올려도 좋고, 하루치 이용료를 내고 싶지 않은 사람이나 그저 한 시간가량만 트럭이 필요한 사람에게 시간 단위로 빌려줘도 좋다. 이것도 기억하라. 소득을 생성하려고 반드시 대단한 노력을 쏟아부을 필요는 없다. 깨끗하게 입은 옷가지를 버리지 않고 위탁 판매소에 맡기기만 해도 이따금 가욋돈을 벌 수 있다.

개인 재원에 더해, 당신에게 꼭 들어맞을 공공 재원도 있다. 인터넷은 부수입을 올리기 쉬운 꽤 흥미로운 원천을 제공한다. 집에 인터넷이 연결되어 있지 않다면 공공 도서관에서 무료로 이용해도 된다. 미케니컬터크Mechanical Turk 같은 온라인 인력 장터는 도움이 필요한 연구자와 회사를 위해 한가한 시간에 설문에 답하거나 그림을 분류해 조금이나마 가욋돈을 벌 수 있는 멋진 곳이다. 전문 기술이 있다면 파이버Fiverr나 업워크Upwork처럼 작은 일거리를 맡아줄 전문가를 찾는 구인 플랫폼에서 프리랜서로 일할 기회를 구할 수 있다[우리나라의 대표적인 프리랜서 마켓으로는 숨고(soomgo.com), 크몽(kmong.com) 등이 있다-옮긴이].

당신이 사는 곳의 지자체, 대학의 협동조합 소속 기관, 지역 상공회의소 웹사이트에 들어가 보라. 지역 사회에서 제공하는 전문가 강연, 무료 직업 상담, 지역 주민 대상 강습회, 훈련 등을 찾아보라. 내 경험으로 보건대 많은 단체가 공동체에 엄청난 재원을 제공하고자 노력을 꽤 많이 기울이지만, 그런 강습회를 홍보하거나 소문내는 데는 젬병인 경우가 많다. 손품을 들여 알아봐야겠지만, 배우거나 훈련하거나 성장하거나 협업하거나, 아니면 그저 가진 것을 최대한 활용할 아이디어를 얻는 데 쓸 만한 엄청난 기회가 이미 당신 주변에 있을 것이다.

재원 카드

재원 평가표에 쓴 모든 항목을 색인 카드에 하나씩 따로따로 적어라. 그런 다음 카드를 섞은 뒤 아무 카드나 석 장을 집어라. 카드석 장에 적힌 재원만을 이용해 자산을 만들거나 지출을 줄일 방법을 빨리 생각해보라. 대단히 현실적인 전략이 아니어도 좋고, 정말로 써먹을 생각이 드는 것이 아니어도 좋다. 여기서 목적은 그 생각이 불쏘시개가 되어 상상력에 불을 지피게 하는 것이다.

일단 상상력이 달아오른 뒤에는 재원을 더 실용적으로 사용할 방법을 생각해보라. 바쁘지 않을 때 당신 차를 이용해 승차 공유를 하는 것은 어떤가? 당신의 업계 인맥과 전문 기술을 지렛대 삼아 임금이 더 높은 일자리를 찾아보는 것은 어떤가? 집에 남는 방과 살가운 가족, 띄엄띄엄한 프랑스어 실력을 이용해 외국인 교환 학생이 머물 민박(교환 학생 대상 민박집도 수당을 받는다)을 운영하는 것은 어떤가?

다음 이야기로 옮겨가기에 앞서, 개인 재원을 검토하는 것과 관련해서 마지막으로 한 가지를 더 짚고 싶다. 지금까지는 개인 재원의 소득 잠재력에 초점을 맞췄지만, 설사 잠재 소득이 보이지 않더라도 당신의 강점·재능·관심사를 찬찬히 살펴봐야 할 중요한 이유가 더 있다. 바로 뒤에서는 지출과 욕구를 살펴보고, 욕구를 충족할 새 전략을 세워 지출을 줄이는 법을 다룰 것이다. 이 점을 기억한다면, 쉽게 현금으로 바뀌는 재원이 아니라도 되도록 많은 재원을 나열하는 것이 무척 중요하다. 예를 들어 사람들을 한데 모아 단체를 꾸리는 재주가 있다면, 그 재능을 적어라. 그런 재원이 당장 무슨 쓸모가 있을까 싶겠지만, 지금은 걱정을 접어두라. 재원 목록을 적는 목적은 당신이 가진 물질, 당신이 지닌 품성, 당신이 갖춘 역량을 하나도 빠짐없이 검토하는 것이다. 당신의 재원 목록을 볼 때 풍족하다는 느낌이 들지 않는다면, 계속 목록을 작성하라.

이 실천 과제는 간단하다. 하지만 쉽다는 뜻은 아니다. 이런 사고는 대부분 사람에게 익숙하지 않으니, 몸에 밸 때까지 시간이 조금 걸릴 것이다. 가욋돈을 벌 만한 재원이 도무지 하나도 생각나지 않더라도 잊지 말고 당신만이 지닌 강점, 물적 자본(소유물), 금융 자본, 인맥, 남는 시간을 적어라.

욕구를
파악하라

이제 현금 흐름표의 다른 측면을 살펴보자. 모든 소득 흐름을 거슬러 가면 소득을 생성하는 재원을 밝힐 수 있듯이, 모든 지출을 거슬러 가면 욕구를 밝힐 수 있다. 욕구는 조금 뒤에 깊숙이 다룰 예정이고, 지금은 자산이라는 개념과 균형을 잡고자 부채부터 이야기하려 한다. 현금 흐름 예산에서 지출 칸에 적힌 항목 대다수가 부채에서 생기기 때문이다.

지출과 부채

간단히 말해 부채는 자산과 반대다. 자산은 가치를 높이거나 비용보다 더 많이 벌어들여 소득을 생성한다. 부채는 시간이 흐를수록 가치를 잃거나, 생성하는 소득보다 들어가는 돈이 더 많아 소득을 바닥낸다.

자산을 다룰 때 그랬던 것처럼, 나는 부채 역시 전문 사전에 나오는 대로 정의하지 않고 경험칙을 적용할 것이다. 경험칙에 따른 정의는 무엇이 재무 살림에 유익한지 아닌지, 즉 재원을 바닥내는지 아닌지를 이해하는 간단하고 실용적인 방법이다.

경험칙 ➡
부채란 벌어들이는 돈보다 들어가는 돈이 많은 것이다.

이 정의에 따르면 우리가 일상에서 마주하는 많은 것이 부채로 평가된다. 아이들, 반려동물, 친구, 사회생활, 취미가 모두 부채다. 부채는 본질적으로 나쁘지도, 쓸모없지도 않다. 그저 우리 생활에서 벌어들이는 돈보다 들어가는 돈이 많은 것일 뿐이다. 평생 땡전한 푼 안겨주지 못해도 가치 있는 것들은 셀 수 없이 많다. 여기에서는 무엇이 어떤 범주에 들어가는지를 아는 것이 중요하다. 들어가는 돈보다 벌어들이는 돈이 많으면 그것은 자산이다. 자산을 소유하면 재무 상태에 도움이 되기 마련이다. 벌어들이는 돈보다 들어가는 돈이 많으면 그것은 부채다([도표 3-5]). 무엇을 사거나 부채를 유지하려면 소득을 어느 정도 내줘야 한다. 지출을 거슬러 가면 원인은 대부분 부채다.

소득	지출	부채
~		**집**
~	~ ◀⋯⋯	주택융자금 상환
~	~ ◀⋯⋯	공과금
	~ ◀⋯⋯	보험
	~ ◀⋯⋯	유지보수
		차
	~ ◀⋯⋯	할부금
	~ ◀⋯⋯	보험
	~ ◀⋯⋯	주차비/통행료
	~ ◀⋯⋯	세금
	~ ◀⋯⋯	기름값
	~ ◀⋯⋯	유지보수
~	~	
저축	~	

도표 3-5 부채가 지출을 만든다

부채를 애써 모조리 없애야 할까? 아니다. 예컨대 사교 생활을 생각해보라. 그 인간관계에 직업과 관련한 인맥을 쌓을 기회가 섞여 있을지도 모른다. 가족이나 친구와 시간을 보내려면 대개 돈이 들기 마련이지만, 그만한 가치가 있다. 사교는 인간의 깊은 욕구를 채운다. 그러니 재무 상태에 보탬이 안 된다는 이유로 삶에서 사교 생활을 없애는 것은 합리적이지 않다.

부채를 이렇게 정의해서 얻는 쓸모는 벌어들이는 돈보다 들어가는 돈이 더 많은 모든 것에 나쁘다거나 피해야 한다는 꼬리표를 붙이는 데 있지 않다. 재무 살림을 자산과 부채 관점에서 생각해보는 것이 쓸모 있는 까닭은 돈과 관련한 중요한 결정을 더 쉽게 내릴 수 있게 해주고, 어떤 지출이 가치 있고 어떤 지출은 그렇지 않은지에 관해 실마리를 던지기 때문이다.

지출과 욕구

현금 흐름 예산에서 소득과 지출의 균형을 맞추는 건 무척 간단해 보인다. 소득이 넉넉지 않을 때는 지출만 어느 정도 줄이면 된다. 어쨌든 돈 관리에서 핵심은 버는 액수보다 덜 쓰는 것이니 말이다. 그렇다면 이 단순한 원칙을 지키기가 왜 그토록 어려울까? 내 생각에는 인간이라는 존재가 그리 단순하지 않아서다.

내가 많은 재무 교육가와 갈라지는 지점이 여기다. 흔히들 "욕망과 욕구의 차이를 알아야 한다"라고 말하지만, 나는 이 조언에 눈곱만큼도 동의하지 않는다. 동기부여 이론을 몇 가지 공부한 뒤로, 나는 우리가 내리는 모든 결정이 필요한 욕구를 채우려는 시도라고 확신하기에 이르렀다. 알다시피 우리가 사들이는 물건 상당수가 실제로는 필요하지 않은 것이다. 우리가 그런 물건을 원하는 까닭은 마음 깊숙한 곳에 있는 어떤 결핍을 채울 수 있다고 믿기 때문이다. 충동에 이끌려 구매하는 하찮은 물건마저도 재미, 위안, 여유, 휴식처럼 근본적으로 필요한 욕구를 충족하려는 시도다. 우리가 알아야 할 것은 욕망과 욕구의 차이가 아니다. 욕구와 전략의 차이다. 이렇게 단어 하나만 바꿔도 관점이 크게 달라진다.

'욕망과 욕구의 차이를 알아야 한다'라는 말은 생존에 쓸모없는 것과 쓸모 있는 것을 가른다. 이 논리에 따르면 어떤 것이 생존에 쓸모없다면 필요하지 않은 것이고, 필요하지 않은 것이면 사선 안 된다. 생각해보면 매우 강력한 돈 메시지다. 이 메시지에는 엄격하기 짝이 없는 가치관이 작동한다. 당신이 그 가치관에 동의할지 안 할지는 모르겠지만, 잠시 기본 논리를 살펴보자. 생존에 쓸모 있는 것만 욕구로 정의해야 한다는 말이 과연 맞을까? 인간 행동을 설명하는 유명한 모형을 하나 살펴보자. 아마 당신도 이미 들어봤을 것이다. 바로 에이브러햄 매슬로_{Abraham Maslow}의 욕구 단계설이다.

욕구를 정의하라

심리학에 발을 들여본 사람이라면 매슬로의 욕구 단계가 눈에 익을 것이다([도표 3-6]).

매슬로가 처음 발표한 내용에서는 다섯 가지 욕구(기본, 안전, 소속 및 애정, 존중, 자아실현)가 단계로 구성된다. 이 이론은 막연하게 사람이 기본 욕구를 충족해야만 상위 욕구에 관심을 보인다고 주장한다. 매슬로의 글을 살펴보자.

사람이 빵만으로 산다는 말은 더할 나위 없이 맞다. 단, 빵이 없을 때만 그렇다. 그런데 빵이 넘쳐나고 배가 터질 만큼 부르다면, 사람의 욕망에 무슨 일이 일어날까? 곧바로 생리적 배고픔이 아닌 다른 '상위' 욕구가 출현해 인체를 지배한다. 이 욕구들이 차례로 충족되면, 다시 더 '상위'인 새 욕구가 출현하기를 반복한다. 인간의 기본 욕구가 상대적으로 우세한 위계에 따라 정렬된다고 말하는 이유다.

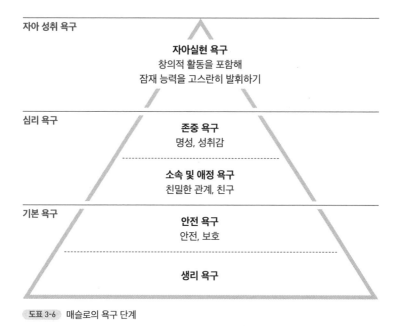

자아 성취 욕구

자아실현 욕구
창의적 활동을 포함해
잠재 능력을 고스란히 발휘하기

심리 욕구

존중 욕구
명성, 성취감

소속 및 애정 욕구
친밀한 관계, 친구

기본 욕구

안전 욕구
안전, 보호

생리 욕구

도표 3-6 매슬로의 욕구 단계

매슬로의 이론은 시간이 흐르며 발전했고, 이 이론을 기반으로 다른 이론들이 세워졌다. 그래서 오늘날에는 의미를 추구하는 인지 욕구와 아름다움을 추구하는 심미 욕구까지 포함해 욕구의 범주가 적어도 일곱 가지로 늘었다.

이 이론은 뛰어난 만큼 결점도 많다. 당신도 욕구의 단계를 휙 뒤집는 사람들을 몇 명 정도는 알고 있지 않은가? 어떤 이들은 목적이나 의미를 추구하는 욕구를 희생하느니 차라리 굶고 만다. 신념을 고수하는 많은 사람이 자주 굶주림을 겪는다. 소속 욕구와 존중 욕구를 안전 욕구보다 위에 두는 사람을 찾겠다고 멀리까지 갈 것도 없다. 차를 몰면서 문자를 보내는 사람을 생각해보라. 어떤 이들은 안전한 교외에서 무미건조하게 사느니 강렬한 색채의 미술품과 활기 넘치는 음악을 가까이 느끼고자 상대적으로 위험한 도심에서 살고 싶어 할 것이다. 흔히 신체 욕구를 더 우선으로 치지만, 사다리를 올라가듯 언제나 섹스가 먼저이고 의미가 나중인 형태로 욕구를 채우려 하지는 않는다. 매슬로도 말년에 이르러서는 욕구 단계를 느슨하게 해석했지만, 원래 개념은 바꾸지 않았다.

내가 보기에 욕구를 단계로 떠올릴 때 생기는 문제는 우리가 느끼는 감정 욕구와 지적 욕구를 마치 행복에 필수가 아닌 하찮은 욕구로 여긴다는 것이다. 고인이 된 비폭력 대화의 창시자 마셜 로젠버그Marshall Rosenburg 박사는 "우리 문화에서는 사람들 대다수가 욕망을 무시하고 욕구를 깎아내리도록 훈련받았다"라고 말했다. 심리학자인 로젠버그 박사는 욕구가 어떻게 행동을 유발하고, 우리가 욕구를 충족하려고 쓰는 전략이 어떻게 갈등을 일으키거나 해소할 수 있는지 평생을 바쳐 연구했다. 그에 따르면 욕구는 상하 단계로 정렬되지 않는다. 오히려 시점에 따라 그때그때 다양한 욕구가 더 중요하거나 덜 중요해지는 양상을 보인다. 그리고 그 정도는 사람마다 다르다. 실비아의 경험을 예로 들어보겠다.

실비아 이야기

소규모 자영업자인 실비아는 남편 앤디와 메인주 시골에서 30년 동안 살고 있다. 우리가 만났을 때 앤디는 일곱 번째로 실직한 상태였다. 실비아는 이렇게 말문을 열었다.

"사람들은 성공해보겠다고 자기가 할 수 있는 일을 하죠. 지난번 실직 때 진 빚을 갚기 시작하고, 그러다가 또 일자리를 잃어 휘청거리고, 차 타이어도 갈아야 하고…. 그리고 중년에 이를 즈음에야 깨닫죠. 대통령이 되어 세상을 바꾸겠다는 꿈이 한낱 망상에 지나지 않았구나. 기쁨은 현재에서 찾아야 해요. 부자가 되어 이름을 날리고 편히 사는 날은 오지 않을 테니까. 산다는 건 그런 거죠."

실비아는 믿기지 않을 만큼 손재주와 감각이 넘친다. 덕분에 쥐꼬리만 한 예산으로도 집을 기막히도록 멋지게 꾸몄다. 여러 해 동안 벼룩시장이나 고물상을 제집처럼 드나들며, 누군가가 버렸을 보물 같은 물건을 샅샅이 찾아냈다. 길고 삭막한 겨울을 견디기 쉽도록 실내에 식물을 가꾸고 키웠다. 주변에서 솜씨가 뛰어나다고 칭찬이 자자했지만, 정작 실비아는 자기가 조금은 정신 질환에 가까울 만큼 아늑한 집에 집착한다는 생각을 떨치지 못했다. 실비아는 자신의 욕망이 어마어마하게 강렬하지만, 생존에 필요한 욕망은 아니라는 것을 알았다. 그 욕망이 살면서 굴복할 수밖에 없다고 느낀 어떤 심란한 일 탓이라고 생각했지만, 유독 자기만 생존에 필요도 없는 욕망에 그런 이상하고 강렬한 충동을 느낀다고 확신했다.

실비아는 인간의 욕구에 위아래가 없다는 사실을 알고서야, 아름다움이 자신의 깊은 욕구라는 것을 처음으로 깨달았다. 아름답고 아늑한 집이 있는 덕분에, 그동안 삶이 혼돈에 휘말릴 때도 안전을 느꼈다는 것을 깨달았다.

실비아를 보니 아름다움을 사랑한 또 한 사람, 코코 샤넬이 떠오른다. 샤넬은 이런 말을 했다. "사람들은 호화로움이 가난의 반대라고 생각해요. 하지만 아니에요. 호화로움은 천박함의 반대예요."

창의적이라면 아주 적은 돈으로도 호화롭게 살 수 있다. 재주가 좋다면 별것 아닌 것에서도 깨끗하고 아늑하고 아름다운 공간을 만들어낼 수 있다. 실비아는 "혹시 가난해지더라도 사는 곳만큼은 기막히게 멋져야 해요"라고 말했다. 나는 이 말에 진심으로 동의한다.

실비아는 생활에 아름다움을 곁들이는 것이 생존과는 상관없어도 자기에게 정말 필요한 욕구라는 사실을 깨달은 뒤로 삶이 바뀌었다고 한다. "덕분에 생각이 깨었죠. 이제는 집을 꾸밀 작은 보물덩이를 찾아 벼룩시장이나 쓰레기장에 갈 때 미쳤다는 기분이 들지 않아요. 오히려 자부심을 느끼죠."

실비아는 예산에서 아름다움을 가장 높은 우선순위에 뒀다. 소득은 앞으로도 들쭉날쭉하겠지만, 아름다움에 둘러싸여 살기에 더 힘든 날들도 헤쳐나간다. 이제는 자신을 뿌듯하게 여길 이유가 있다. 실비아는 재무 상태가 더 안정되어 호화롭게 살기를 기다리지 않는다. 그렇다고 호화롭게 사느라 통장을 바닥내지도 않는다.

"사람들이 내 거실에서 결혼하고 싶대요. 그런데 나는 집을 그렇게 멋지게 꾸미는 데 한 푼도 들이지 않았어요."

실비아에게는 아름다움을 좇는 욕구가 다른 무엇보다 중요하다. 그리고 타고난 재주 덕분에, 통장을 바닥내지 않고도 욕구를 충족한다. 우리가 몸에 익혀야 할 기술이 바로 이런 것이다. 욕구를 욕망이라고 부르고서 중요하지 않다고 비난하지 말라. 오히려 안전이나 평안 등을 바라는 다른 욕구를 가로막지 않으면서도 당신에게 중요한 욕구를 충족하는 전략을 써서 그런 욕구를 인정하고 존중하라. 이런 욕구를 채우지 못하면 완전한 성취감을 느끼지 못한다. 게다가 무언가를 빼앗긴다는 느낌이 드는 곳에 예산을 지속적으로 쓰기는 어려운 법이다.

우리가 느끼는 욕구가 모두 가치 있다는 사실을 아는 것이 왜 그리 중요할까? 욕구는 무시한다고 해서 사라지는 것이 아니기 때문이다. 사실 깊은 욕구를 외면할 때 욕구가 더 커지고 욕망이 점점 더 목소리를 높인다. 어떤 지출을 줄이려다가 자신도 모르게 돈을 펑펑 쓰고 만 적이 얼마나 많았는가? 이런 일이 일어나는 까닭은 우리가 욕망이라고 부른 것이 사실은 욕구이기 때문이다. 로젠버그 박사가 연구에서 전한 가장 중요한 가르침은 사람의 모든 행위가 의식하든 못 하든 기본 욕구를 채우려는 의도에서 나오고, 욕구는 누구에게나 있다는 것이다. 특정 상황에서 어떤 욕구를 중요하게 느끼느냐는 사람이나 환경에 따라 다를 것이다. 어느 날은 친밀감 욕구를 강하게 느끼다가도, 다음 날에는 기를 쓰고 고독을 즐길 것이다.

로젠버그 박사의 이론은 내 경험과도, 다른 이들을 관찰한 결과와도 아주 정확하게 맞아떨어진다. 이 밖에도 로젠버그 박사는 우리가 한 가지 욕구를 충족하고자 쓰는 전략이 다른 욕구와 맞부딪힐 때 갈등이 생긴다고 봤다. 우리의 재무 살림은 욕구를 외면할 때가 아니라 더 나은 전략을 세울 때 평안해진다.

우리가 얻으려는 것은 욕구를 모두 채워줄 재무 계획이다. 그런데 욕구에 위아래가 없다면서 왜 매슬로의 욕구 단계에 신경 써야 할까? 매슬로의 욕구 단계를 살펴봄으로써 어떤 욕구가 다른 욕구보다 재무 전략에 더 적합한지를 알 수 있기 때문이다([도표 3-7]).

매슬로의 욕구 단계에서 맨 아래에 있는 욕구, 즉 기본 생존 욕구는 우리 몸과 관련하므로 물질적이다. 신체 욕구는 대개 먹거리, 주거지, 옷가지 같은 물질로 충족된다. 특성상 실체가 있으므로, 신체 욕구를 채우려면 돈을 쓰는 전략이 있어야만 한다. 제 손으로 먹거리를 사냥하거나 기르는 농장주나 농부가 아닌 한, 대부분 사람은 먹거리를 산다. 농장주나 농부도 살아갈 땅은 사거나 빌려야 한다. 따라서 일반적으로 매슬로의 피라미드 밑바닥에 있는 욕구를 충족하려면 돈을 치러야 한다. 욕구에 얼마를 치를지는 어느 정도 통제할 수 있다. 절약과 낭비 중 무엇을 전략으로 삼을지 선택할 수 있기 때문이다. 하지만 이 욕구들을 한꺼번에 충족할 때 재무 살림에 일어날 일은 피할 길이 거의 없다.

욕구

먹거리 운동 휴식 성생활 주거지 이동 수단	생존
평안 안전 안정 질서	안전
수용 모험 애정 소속 의사소통 우정 재미 친밀감 사랑	심리
보살핌(나 또는 남) 감사 인정 존경 영향력	존중
베풂 성장 독립 개인 공간 자기표현	자아실현
자각 창의성 발견 희망 의미 목적 이해	인지/정신

도표 3-7 욕구와 돈

다른 욕구 범주는 대체로 실체가 없다. 그런데도 대부분 사람은 그런 욕구를 돈으로 채우려는 버릇이 있다. 주위를 둘러보라. 남에게 존중받고 존경받고 싶다는 욕구를 채우려고 물건을 이용하는 사람이 셀 수 없이 많을 것이다. 옷은 비바람에서 몸을 지키려는 신체 욕구도 채우지만, 대다수에게는 자기를 표현하는 도구이기도 하다. 어떤 사람의 옷차림새는 그 사람의 생활 방식, 가치관, 성격을 다른 이들에게 알리는 신호다. 많은 사람이 깊은 인상을 남기려고 옷을 입는다. 그래서 이런 생각이 존경 욕구나 지위 욕구를 채우는 매우 값비싼 전략이 되기 쉽다. 소속 욕구와 애정 욕구를 채우려 할 때 역시 자신도 모르게 돈이 들어가는 전략을 자주 쓴다.

내면에 깔린 욕구와 그 욕구를 충족하려고 쓰는 전략을 구별할 줄 아는 것은 매우 중요하다. 우리는 대개 우정을 나누고 사람들과 교류하고 싶은 욕구를 채우고자 음식점에 간다. 운동하고 싶은 욕구를 채우고자 체육관 회원권을 사고, 이동하고 싶은 욕구를 채우고자 차를 몬다. 그런데도 음식점에 가고, 체육관에 가고, 차를 모는 것을 욕구로 여긴다. 이런 것들은 전략일 뿐이다. 따라서 각자 음식을 챙겨 와 같이 먹거나, 숲길을 걷거나, 버스를 타도 똑같이 욕구를 채울 수 있다. 욕구는 누구에게나 있고 바뀌지도 않는다. 그리고 우리가 쓸 수 있는 전략은 그지없이 많다. 하지만 안타깝게도 대부분 사람은 현재 사용하는 전략, 즉 돈을 쓰는 전략에 믿기 어려울 만치 집착한다.

조 이야기

'조 할배'는 명절마다 손주들에게 산더미 같은 선물을 안기길 좋아했다. 자녀들마저 조가 선물을 지나치게 많이 사느라 곤란해지고 있다고 걱정하며 선물값을 줄이라고 했지만, 조는 껄껄 웃어넘겼다. 조는 사랑하는 이들이 선물을 받고 기뻐하는 얼굴을 보며 자신에게 가장 중요한 욕구인 사랑, 소속, 보살핌을 채웠다. 선물은 조가 자신을 위해 유산을 남기는 수단이었다. 조는 인심이 후한 사람으로 보이고 싶었고, 손주들이 입이 귀에 걸린 얼굴로 자신을 반갑게 맞이하는 모습이 기뻤다.

우리 모두 조의 욕구를 이해할 수 있다. 그렇지만 조가 사랑과 따뜻한 감정을 느끼고자 쓰는 전략은 다른 욕구와 정면으로 부딪혔다. 자신의 재무 안정을 무너뜨리지 않으면서도 이런 선물을 모두 살 수 있다면, 이 전략도 괜찮았을 것이다. 하지만 '조 할배'라는 흥 넘치고 인심 좋다는 허울 밑에는 심각하게 불어나는 빚이 있었다. 감정 욕구를 돈을 쓰는 전략으로 채울 때 나타나는 문제는 순식간에 재원을 탕진할 위험이 있다는 것이다.

선물을 주는 습관이 자녀, 손주들과 교류하고 싶다는 깊은 욕구를 충족하려는 전략이라는 것은 조도 쉽사리 이해했다. 또 이런 욕구를 채울 다른 방식이 있다는 것도 알았다. 이를테면 선물에 쓰는 돈은 줄이고, 전화를 하거나 만나는 시간을 늘리는 방식이다. 그런데도 조는 이런 대안에는 시큰둥했다. 아마도 조는 손주들이 선물을 열어보면서 짓는 기쁜 표정을 다른 방식으로는 절대 보지 못하리라고 믿었던 듯하다. 아마 선물을 줄이면 손주들이 자신을 달가워하지 않을까 봐 두려워했을 것이다. 빈손으로 찾아 가도 인심 좋게 선물을 사 갔을 때만큼 자기를 반길지 의심스러웠을 것이다. 안타깝게도 조는 다른 전략으로도 자신의 감정 욕구가 채워질지 확신하지 못했다. 새 전략을 찾지 않는다면 끝내는 자녀들에게 손을 벌려야 하리라는 사실을 보지 못했다. 앞으로 언젠가 조는 손주들에게 선물을 주기는커녕 자녀들이 주는 돈에 기대 살아야 할 것이다.

조만 그런 것이 아니다. 대부분 사람은 현재 쓰는 전략이 너무 몸에 밴 나머지 웬만해서는 다른 대안을 찾아보려 하지 않는다. 창의적인 재원 관리는 간단한 아이디어지만, 그렇다고 쉽다는 뜻은 아니다. 그래도 돈 걱정에서 벗어나고 싶다면 꼭 알아야 할 중요한 기술이다. 어떤 욕구에서는 돈을 쓰는 전략이 크게 제 몫을 하지만, 어떤 욕구에서는 그렇지 않다. 끝도 없이 많은 재원을 이용할 수 있다면 모를까, 돈을 쓰는 전략으로 감정 욕구를 채우는 방식은 정말로 위험하기 짝이 없다.

욕구를 채울 새 전략을 찾아라

지출 칸에서 항목 하나를 지우면 재무 수치의 균형이 맞겠지만, 욕구는 그리 쉽게 지워지지 않는다. 사실, 욕구는 지울 수 있는 것이 아니다. 휴대전화 문자 요금은 줄일 수 있어도, 남과 연결되고 싶다는 욕구는 사라지지 않는다. 케이블 TV 시청은 끊을 수 있어도, 느긋하게 쉬고 싶다는 욕구는 없어지지 않는다. 그러므로 예산은 기존의 지출 방식보다 더 낫다고 느껴져야 한다. 그래야만 예산을 지킬 수 있다.

소득과 지출의 균형을 맞추려 할 때, 사람들이 처음에 아주 흔히 찾는 전략이 지출 줄이기다. 그야말로 본능에 충실한 전략이고, 정말로 소비를 줄이고 싶을 때도 많다. 하지만 이런 접근법을 쓸 때 그 지출이 어떤 욕구를 충족하는지를 찬찬히 살펴보지 않으면, 새 예산을 매우 불편하게 느끼게 되는 문제가 생긴다. 살을 빼겠다고 지나치게 음식을 줄였다가 결국은 한밤중에 미친 듯이 피자 한 판을 먹어 치우듯, 지출을 줄일 때 욕구를 무시했다가는 재무 상태에 이득보다 해를 더 끼칠 위험이 있다.

지치는 오후 서너 시쯤 카페에 들르는 일만 건너뛰어도 엄청난 돈을 아낄 수 있다는 재무 조언을 귀에 못이 박히게 들어봤을 것이다. "1년이면 1,500달러를 아낄 수 있습니다!"라는 말에 '와! 그 돈이면 건강 보험에 특약을 추가할 수 있겠네. 좋았어, 도전!'이라 생각하고 휴게실에서 커피를 내리기 시작한다. 효과는 있다. 이틀 정도는. 그러다가 차가운 형광등 불빛 아래에서 윙윙 돌아가는 선풍기 소리를 들으며 당신만큼이나 따분한 얼굴로 앉아 있는 동료들을 바라보다가 깨달을 것이다. '아, 막 갈아낸 커피 향을 맡으며 한가로운 재즈 음악을 듣고 싶다. 카페 사람들이 재잘대는 목소리를

들고 싶다. 사무실로 걸어오는 길에 얼굴을 스치는 시원한 바람을 맛보고 싶다.'

커피값을 아끼려다가 실패한 적이 있다면, 아마도 당신의 욕구가 애초에 커피가 아니었기 때문이다. 당신 손으로 커피를 내려 지출을 없앴지만, 진짜 욕구는 채워지지 않았기 때문이다. 몇 시간 동안 컴퓨터를 들여다본 뒤에는 사람들과 교류하기를 바랄 것이다. 휴식이나 아름다움이나 재미가 필요할지도 모르고, 아니면 그저 그날의 단조로움을 깨고자 일상의 속도를 바꾸고 싶을지도 모른다. 자연과 교감하고 싶다는 욕구가 있을 수도 있고, 신선한 바람을 찾는 욕구가 있을 수도 있다. 동료와 함께 가고 싶다면 사교 욕구를 채우는 것일지도 모른다. 그 욕구가 무엇이든, 욕구를 채울

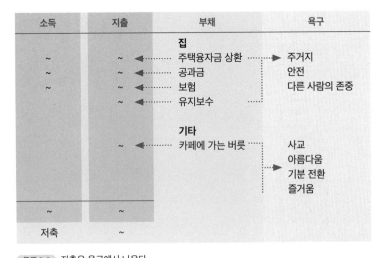

도표 3-8 지출은 욕구에서 나온다

새 전략을 궁리하지 않은 채 지출을 줄인다면 결국은 만족하지 못할 것이다([도표 3-8]).

욕구를 특정 지출로 채워왔다는 사실을 알고 나면, 그렇게 많은 돈을 쓰지 않고도 그 욕구를 채울 새 전략을 짤 수 있다. 계속해서 커피를 예로 들어보겠다. 날마다 카페에 가는 것이 사교 욕구를 채우는 행동이라면, 동료에게 휴게실이나 산책길에서 커피를 마시자고 제안하면 어떨까? 도시의 풍경과 소리를 즐기는 것이 욕구라면, 커피잔을 들고 모퉁이를 돌아 도시에 흠뻑 젖어보라. 카페 자체에서 느끼는 향과 편안함이 욕구라면, 카페에 가서 가장 싼 음료를 주문하라. 어쨌든 이제 당신은 카페에 가는 목적이 카페인이 아니라 분위기라는 걸 알고 있으니 말이다.

많은 사람이 예산을 세우고 지키는 것을 구속으로 느낀다. 예산이라는 말만 들어도 고삐에 묶인 기분이 든다. 그러나 이제는 그렇게 느끼지 않아도 된다. 우리는 어떤 욕구가 채워지지 않을까 봐 두려울 때 구속받는다고 느낀다. 예산을 세울 때 이 점을 유념한다면 돈을 모두 바닥내지 않고도 신체 욕구, 감정 욕구, 지적 욕구를 포함한 모든 욕구를 충족하며 살아갈 수 있다. 그런 계획은 구속받는다기보다 매우 만족스러운 느낌을 준다.

이런 계획을 세울 수 있는 열쇠는 현금 흐름이 전부가 아니라는 사실을 기억하는 것이다. 우리가 해결해야 할 진짜 과제는 재원을 어떻게 이용해야 모든 욕구를 충족할 수 있는지를 알아내는 것이다. 이런 계획을 세우는 데 익숙해지면, 신체 욕구가 아닌 다른 욕구 대다수에는 돈을 쓰지 않는 전략이 더 효과가 있다는 사실을 알게 될 것이다. 그때는 돈이 가장 적합한 곳, 즉 신체 욕구를 채우는 데 마음껏 돈을 쓸 수 있다.

욕구는 누구에게나 있다

욕구를 채우는 특정 전략이 몸에 배면 무엇이 전략이고 무엇이 욕구인지 구분하기 어려울 수도 있다. 그러므로 여기서 이야기하는 욕구가 근본적이고 보편적인 욕구를 가리킨다는 것을 이해해야 한다. 달리 말해, 누구나 인간의 공통된 기본 욕구를 지닌다는 뜻이다. 우리는 기본 욕구가 채워질 때 행복을 느낀다. 기본 욕구가 채워지지 않으면 불안하고, 불편하고, 서글프고, 화나고, 두려운 느낌이 든다.

[도표 3-9]는 매슬로와 로젠버그가 제시한 인간의 기본 욕구를 합친 목록 일부다. 나머지 목록은 비폭력 대화 센터Center for Nonviolent Communication의 웹사이트를 참고하라.[2] 이 목록이 모든 욕구를 아우르지는 않지만, 이 욕구들이 얼마나 기본적이고 근본적인지 생각할 실마리를 얻을 수 있다.

목록을 대강 훑어만 봐도 어떤 욕구가 돈을 쓰는 전략에 잘 들어맞는지 아닌지가 한눈에 들어온다. 여기에 적힌 욕구는 모두 돈을 쓰는 전략으로 충족될 수 있다. 하지만 모든 욕구를 돈으로 채

분류	욕구	
생존	먹거리 운동 휴식	성생활 주거지 이동 수단
안전	평안 보호 안정	
감정	수용 모험 애정 감사 소속 의사소통 우정	재미 친밀감 사랑 보살핌(나 또는 남) 인정 존경 영향력
자아실현	도전 베풂 성장	독립 개인 공간 자기표현
인지/정신	자각 창의성 발견	희망 의미 목적

도표 3-9   인간이 만족을 느껴야 하는 욕구(목록 일부)

우려 했다가는 얼마나 빨리 소득이 바닥날지가 훤하다.

다시 한번 강조하건대, 목록에 적힌 모든 항목은 욕망이 아닌 욕구다. 살아 있고 만족스럽다는 기분을 충분히 느끼려면, 이 모든 욕구를 적어도 한 번은 채워야 한다. 욕구를 채우는 지출을 줄인다는 것은 사실상 욕구가 중요하지 않다고 말하는 셈이다. 하지만 단언컨대 욕구는 중요하다! 서로 다른 존재인 우리가 저마다 중요하게 여기는 욕구는 달라도, 욕구 하나하나마다 나름대로 무게가 있다. 어떤 이는 남에게 존경받거나 존중받는 데 그다지 신경 쓰지 않지만, 어떤 이에게는 그런 욕구가 태산같이 중요하다. 그러므로 예산을 맞추겠다고 욕구를 무시하는 전략을 쓴다면 큰 불행에 빠지고 말 것이다.

전략과 욕구를 구분하는 능력은 재무 건전성에도 중요하지만, 인간관계에서 돈 때문에 벌어지는 갈등을 푸는 데도 탁월한 도구가 된다. 로젠버그 박사가 연구한 비폭력 대화는 원래 협상 때 의사소통을 도울 수단으로 개발됐다. 알다시피 돈은 결혼 생활에서 갈등이나 이혼을 유발하기로 손꼽히는 사유다. 욕구와 전략을 이해하고 이를 배우자와 툭 터놓고 이야기할 줄 안다면, 이런 사고방식이 힘을 발휘해 돈을 둘러싼 갈등을 해소할 수 있다. 이 개념을 사용할 때 가장 중요하게 기억해야 할 사항은 욕구는 누구에게나 있어도 전략은 그렇지 않다는 것이다. 로젠버그 박사는 이렇게 말했다.

인간은 누구나 순간순간 자신의 욕구를 충족하고자 그 순간 알고 있는 최선을 다한다. 우리는 욕구에 도움이 되지 않는 일은 절대 하지 않는다. 욕구 수준에서는 지구상에 갈등이라는 것이 없다. 우리는 모두 같은 욕구를 가지고 있다. 문제를 일으키는 것은 욕구를 채우는 전략이다.

무엇이 욕구인지 아니면 전략인지 알아낼 일반 규칙이 있다. 자신에게 물어보라. '모든 사람이 동시에 지닐 수 있는 것인가?' 아니라면, 그것은 욕구가 아니라 전략이다. 그러니 더 깊이 파고들어 욕구를 찾아내라.

나는 여러 해 전 욕구와 전략을 구분하는 법을 배우는 강습에 참여했다가 처음으로 마셜 로젠버그 박사의 연구를 들었다. 그때 가족과 여러 문제로 부딪히던 나는 그에게 식구들과 말다툼할 때 상대의 욕구가 무엇일지 파악하게 도와달라고 부탁했다.

"제가 보기에는 우리 식구들이 옳다고 인정받으려는 욕구를 느끼는 것 같아요."

그는 이렇게 설명했다. "하지만 누구나 다 옳을 수는 없잖아요. 옳고 싶다는 것은 전략이니까…, 그렇다면 무엇이 욕구일까요?"

더 생각해보니 어쩌면 옳다고 인정받는 것이 자기가 중요하다거나, 소중하다거나, 유능하다고 느끼는 방식이었던 듯하다. 그런 욕구를 이해하니 식구들이 더 애처롭게 느껴졌다. 물론 내게도 그런 욕구가 있다. 그 깨달음은 가족 관계를 치유하는 데 매우 효과가 컸다. 이런 사고방식은 사람들이 돈 때문에 생긴 갈등을 이해하고 해결하려 할 때도 비슷한 변화를 일으켰다.

마리아와 마틴 이야기

마리아는 스크랩북 만들기를 정말 좋아했다. 그런데 공예용품을 너무 많이 사는 바람에 남편 마틴과 갈등을 빚게 됐다. 마틴은 그런 지출을 어이없게 봤지만, 마리아는 스크랩북을 만드는 창작 활동에서 값을 따지기 어려운 만족을 느꼈다. 스크랩북은 사랑하는 사람과 이어지고 싶다는 욕구를 포함해 창의적 표현, 아름다움, 재미, 의미를 얻고 싶다는 욕구를 채워줬다. 하지만 남편과의 사이에서 감도는 긴장이 마리아의 평안 욕구와 친밀감 욕구를 위협했다.

마틴도 마리아가 행복해하는 모습을 보면 정말 기뻤지만, 소득이 빤했으므로 불필요한 소비가 걱정스러웠다. 이미 장식장 하나가 공예용품으로 꽉 찼는데도 마리아가 새 용품을 사 들고 오면, 마틴의 안전 욕구와 평안 욕구가 위협받았다. 이 취미 하나로 은퇴 계획이 망가지지 않으리라는 건 알았지만, 마틴은 필수품이 아닌 곳에 돈을 쓰는 건 낭비라고 여겼다. 마틴이 보기에 마리아는 스크랩북 용품을 더 살 필요가 없었다. 마리아가 스크랩북에 끝없이 돈을 쓰는 행태가 마치 마틴 자신의 고된 노동과 가치관을 무시하는 것처럼 느껴졌다. 아내가 조금만 더 현실적일 수는 없는 것일까?

스크랩북 용품이 더 필요하지 않다는 것은 마리아도 알았다. 하지만 이미 써본 도안과 모양으로는 새로운 영감이 떠오르지 않았다. 마리아에게 스크랩북 만들기란 새로운 창작물로 바꿀 수 있는 용품을 찾는 모험이기도 했다. 다른 부문에서 씀씀이를 줄이고 아졌으므로, 삶에서 느끼는 이 단순한 재미를 왜 남편이 마뜩잖게 여기는지 이해하기 어려웠다. 마리아에게는 마틴의 반대가 결혼 후 자신이 가정에 바친 희생을 깡그리 무시하는 행동이자 모욕으로 느껴졌다. '내가 즐거움을 느끼도록 그냥 좀 내버려 두면 안 되나?'

여러 해 동안 다툼이 이어졌고, 두 사람은 갈등이 절대 풀리지 않으리라고 확신했다. 그러다가 마리아가 욕구와 전략의 차이를 배웠다. 사냥하듯 새로운 스크랩북 용품을 찾는 것은 재미 욕구와 창의적 표현 욕구를 채우려는 행동이었다. 이 사실을 깨닫자, 마리아는 마틴의 안정 욕구를 위협하지 않으면서도 자기 욕구를 충족할 방법을 빠르게 떠올렸다. 마리아는 활짝 웃으며 말했다.

"집으로 사람들을 초대해 스크랩북 맞바꾸기 행사를 열 거예요."

아니나 다를까, 쓰지 않은 용품이 넘쳐나는 사람은 마리아만이 아니었다.

이제 이따금 마리아네 집 주방은 탐나는 각양각색의 용품이 가득한 가게처럼 바뀐다. 게다가 도안 하나하나마다 그 도안으로 스크랩북을 만들었던 친구가 들려주는 이야기가 함께한다. 이 전략 덕분에 마리아는 모험 욕구와 창의성 욕구를 양껏 채웠고, 마틴도 이 전략이 매우 현실적이라고 여겨 안전과 평화를 한껏 느끼게 됐다. 이제 마리아가 새 스크랩북을 보여줄 때, 마틴은 가격표가 아니라 사진을 본다. 마리아가 사랑을 담아 간직한 소중한 기억을 함께 나누는 경험은 긴장을 일으키기보다 친밀감을 더한다.

당신 처지에 비하면 마리아와 마틴이 겪은 일은 시시하다고 여길지도 모르겠다. 하지만 단언컨대, 마리아와 마틴에게는 하찮은 일이 아니었다. 말다툼이 여러 해 동안 이어지면 억울하고 날 선 마음이 쌓여 자그마한 의견 차이가 극복하지 못할 것 같은 위기로 바뀌곤 한다. 이런 현상은 재무 전략이 서로 맞지 않는 부부에게서 아주 흔히 나타난다. 각자 쓰는 전략을 놓고 옳으니 그르니 말다툼이 일어나는데도, 그런 전략으로 채우는 욕구를 더 깊이 파고들거나 이야기하는 법을 이해하는 사람은 거의 없다. 우리가 욕구를 툭 터놓고 이야기할 줄 알 때, 진정한 해결과 이해로 가는 문이 열린다. 우리가 찾는 것은 타협안이 아니다. 두 사람 모두 결과에 충분히 만족할 해결책이다.

텐다이와 두냐 이야기

텐다이와 두냐는 결혼하고 몇 년 뒤부터 돈 때문에 말다툼을 벌이기 시작했다. 이민자의 딸인 두냐는 어릴 때 먹고살려고 아등바등 몸부림쳐야 했다. 이 경험 때문에 나이 들었을 때는 더 편히 살리라는 희망을 안고 알뜰하게 저축했다. 은행에 돈을 넣어두면 안전하다는 생각이 들었고, 통장에 적힌 숫자가 불어나는 것을 보노라면 마음이 흐뭇했다. 저축이 늘수록 다시는 어린 시절을 짓눌렀던 스트레스를 겪지 않아도 되겠구나 싶어 더 마음이 놓였다. 두냐는 저축으로 안전 욕구와 평안 욕구를 채웠다.

텐다이도 평범한 가정에서 자랐지만, 돈에 사뭇 다르게 반응했다. 돈이 없어 삶의 가장 큰 즐거움을 누리지 못한다고 생각했던 텐다이는 돈에서 자유와 모험을 떠올렸다. 대학을 졸업하고 금융 업계에 몸담은 후 마침내 어릴 때 꿈꿨던 모든 것을 경험할 수 있었다. 텐다이는 여윳돈으로 여행을 다니고, 음악회와 극장에 가고, 근사한 옷을 입고, 부촌에서 살았다.

돈에 관한 생각이 그렇게 다른 두 사람이 결혼을 했다. 결혼하고 처음 2~3년은 공동 계좌에 함께 자산을 모았는데, 텐다이와 두냐 모두 돈이 넉넉했기에 두냐의 안전 욕구와 텐다이의 자유 욕구를 동시에 채울 수 있었다. 이따금 우선순위를 두고 의견이 부딪혔지만, 정말 대수롭지 않았다. 그러다가 2007년, 금융 위기가 닥쳐 텐다이가 해고됐다.

두 사람은 이후 몇 달 동안 소비를 줄여나갔다. 더 이상 여행을 가지 않았고 콘서트홀과 극장 회원에서 탈퇴했다. 외식 대신 텐다이가 집에서 요리했다. 이 모든 노력 덕분에 저축을 그리 많이 바닥내지 않으면서도 주택 융자금을 갚고 고정 지출을 메꿀 수 있었다.

그런데 실직 기간이 더 길어지자, 텐다이와 두냐 모두 불안이 커졌다. 두냐는 저축이 바닥날까 봐 두려웠다. 어린 시절 기억이 자꾸 머릿속을 스쳤다. 통장 잔액이 줄어들자 절박함에 피가 마르는 기분이 들기 시작했다. 할인 쿠폰을 오리고 닥치는 대로 소비를 줄였다. 이런 행동이 텐다이에게 악영향을 미쳤다. 텐다이도 돈에 쪼들리는 과정에서 불편했던 어린 시절을 떠올렸지만, 두냐와 달리 안전하고 싶다는 욕망이 아니라 자유롭고 싶다는 욕망이 꿈틀거렸다. 좋아하는 많은 것을 이미 하지 못하는데 두냐가 할인 쿠폰을 오리는 모습까지 보니, 어릴 적 어머니가 돈에 짓눌리던 모습이 떠올랐다. 온몸으로 분노와 절망이 느껴졌다. 그래서 위안 삼아 고급 카푸치노나 새 넥타이같이 자그마한 호사를 즐겼다. 두냐에게는 이런 작은 사치가 무책임하기 짝이 없는 행동으로 비쳤다. 두냐가 텐다이에게 소비를 바싹 줄여야 한다고 큰소리를 낼수록, 텐다이의 마음속에서는 삶을 놓치고 산다는 두려움이 커졌다. 텐다이가 작은 즐거움마저 누리지 못한다면 삶은 살 가치가 없다고 소리를 높일수록, 두냐의 마음속에서는 텐다이 탓에 그나마 남은 보잘것없는 안전마저 사라질까 싶어 걱정이 커졌다. 갈수록 말다툼이 잦아지고 격렬해져, 이 갈등이 두 사람의 관계를 밑바닥부터 흔들기에 이르렀다.

다행히 텐다이가 일자리를 찾으면서 갈등이 잠시 미뤄졌다. 그러나 두냐가 임신하자, 다시 문제가 불거졌다. 두냐는 처음 2~3년은 집에서 아이를 돌보고 싶었다. 그런데 자기가 벌던 소득은 없어지고 아이를 키우느라 생활비가 늘면, 다시금 이혼 위기가 닥칠까봐 두려웠다. 텐다이도 자신이 어릴 적 겪었던 돈 걱정이라는 먹구름을 아이가 똑같이 겪게 하고 싶지 않다는 생각은 같았다. 하지만 이제는 실직 상태도 아닌데, 두냐의 저축 걱정이 다시 자기의 행복을 가로막을까 봐 두려웠다. 돈은 넉넉해서 두냐의 소득이 없어도 안락한 은퇴 생활을 누릴 길을 걷고 있었다. 텐다이는 두냐의 두려움이 너무 부풀려졌다고 봤고, 두냐는 텐다이가 무분별해 어떤 위기에든 대비해야 할 필요를 실감하지 못한다고 여겼다.

장차 아이가 생긴다고 생각하니, 두 사람 모두 두려움이 깊어졌다. 두냐가 아직 일을 그만두지 않았는데도 해묵은 말다툼이 고개를 들었다. 돈을 대하는 서로 다른 우선순위를 해결할 길이 전혀 없어 보였다. 두 사람 모두 불편했던 지난날을 다시 겪을지 모른다는 두려움에 반응했지만, 돈으로 채워진다고 배운 서로 다른 욕구 때문에 문제를 보는 관점이 달랐다.

이런 갈등 유형을 보면 단테의 《신곡》〈지옥〉 편에 나오는 4층이 떠오른다. 이 영역에서는 구두쇠와 낭비자들이 끊임없이 굴러와 부딪히는 바윗돌을 맞은쪽 사람에게 밀쳐내는 벌을 받는다. 한쪽에서는 방탕하게 살면서 돈을 헤프게 썼던 사람들이 맞은쪽으로 바위를 밀며 소리친다. "왜 그렇게 쌓아놓기만 하는데?" 맞은쪽에서는 손에 쥔 것을 죄다 꽉 잡고만 살았던 사람들이 바위를 밀어내며 외친다. "왜 그렇게 펑펑 써대는데?" 양쪽 다 한 발짝도 앞으로 나가지 못한 채 영원히 악담을 주고받아야 하는 운명이다.[3] 한 사람은 쓰고 한 사람은 아끼는 부부를 만날 때마다 나는 '왜 그렇게 쌓아놓기만 하는데?'와 '왜 그렇게 펑펑 써대는데?'가 맞부딪히는 불협화음을 듣는다.

두 사람이 돈 문제로 부딪힐 때, 진짜 의견이 갈리는 곳은 욕구를 채우고자 자산을 사용하는 방식이다. 전략에 초점을 맞춰 이야기를 나누는 한 갈등은 멈추지 않을 것이다. 이와 달리 전략 아래 깔린 욕구를 파악하면 더 생산적인 대화를 나눌 수 있다. 잊지 말라. 욕구는 누구에게나 있다. 어떤 사람이 충족하려 애쓰는 욕구가 무엇인지 알면, 그 사람이 쓰는 전략이 틀리거나 생뚱맞더라도 동기를 어느 정도 밝힐 수 있다. 똑같은 욕구가 당신에게도 있기 때문이다. 텐다이와 두냐의 사례에서는 전략인 '왜 그렇게 쌓아놓기만 하는데?'와 '왜 그렇게 펑펑 써대는데?'에 집중하지 말고, 더 생산적인 질문을 던져야 한다. "저축할 때 그렇게 기분이 좋은 까닭은 뭐야?", "무슨 사연이 있기에 이 사소한 사치가 당신을 그토록 밝게 해주는 거지?", "그렇게 안 하면 일어날까 봐 두려운 일이 뭐야?" 같은 질문 말이다. 훨씬 더 나은 전술은 앞서 소개한 욕구 목록에서 출발해 당신이 쓰는 특정 전략이 어떤 욕구를 채우는지 짚어보는 것이다. 그런 다음 특정 상황에서 그 욕구를 왜 그토록 중요하게 느끼는지를 함께 이야기하는 것이 좋다. 상대가 내게 귀 기울이고 나를 이해했다는 느낌을 받으면 양쪽 모두에게 효과 있는 전략을 모색할 수 있다.

내 경험으로 보든 여러 사람의 이야기로 보든, 돈이 빠듯할 때마다 특정 욕구가 목소리를 높이지만 어떤 욕구의 목소리가 더 클지는 사람마다 다르다. 실비아의 경우, 남편이 어느 때고 다시 일자리를 잃을 수 있다는 불안을 안고 산 탓에 돈이 빠듯해질 때마다 아름다움과 안락함을 추구하는 욕구가 불타올랐다. 두냐의 경우에는 안전을 추구하는 욕구가 목소리를 높였다. 텐다이의 경우에는 여행을 가지 않고 예술과 문화 활동을 접하지 못할 때 자유와 모험을 추구하는 욕구의 목소리가 커졌다.

두 사람이 삶을 합칠 때는 재무 살림도 같이 섞인다. 달리 말해 자산 관리 전략이 두 사람의 욕구를 모두 충족해야 한다. 그렇지 않으면 으레 불편함과 불만족, 갈등이 불거진다. 우리 목적은 어떤 욕구를 채울지 협상하는 것이 아니라 모든 욕구가 채워지도록 전략을 조정하는 것이다. 한쪽의 욕구를 채우려고 쓰는 전략이 다른 쪽의 욕구를 채우지 못하도록 가로막으면 갈등이 불거진다.

두 사람이 관련할 때 전략이 어떻게 부딪히는지는 알기 쉽지만, 혼자 살아갈 때도 갈등은 늘 일어난다. 한 욕구를 채우려 할 때 다른 욕구와 정면충돌하는 일이 심심찮게 일어난다. 이런 충돌이 가장 자주 일어나는 때는 안락을 추구하는 욕구나 재미를 추구하는 욕구를 지금 당장 채우겠다고 장기 안전을 추구하는 욕구를 떡하니 가로막는 전략을 쓸 때다. 그런 전략을 쓰는 사람들은 오늘 하루 고단하게 일했으니 어느 정도 위로와 보상을 누릴 자격이 있다고 여겨 가진 것을 그날 모조리 써버린다. 하지만 이 때문에 돈을 거의 모으지 못하고 장기 계획도, 언젠가는 일을 그만두고 정말로 편히 살 은퇴 계획도 세우지 못한다.

앞서나간다는 것은 남을 앞지른다는 뜻이 아니다. 이 점이 중요하다. 돈에 얽매이지 않는다는 것은 우리 자신의 욕구를 미리 앞질러 채운다는 뜻이다. 더는 일을 할 수 없을 때도 모든 욕구를 계속 충족할 수 있도록, 오늘을 만족스럽게 살면서도 장기적 안정을 추구하는 욕구를 채울 전략을 짜는 것이다. 하루 벌어 하루 먹고사는 것은 선혜엄을 치는 것과 같다. 살아는 있어도 앞으로 나아가지는 못한다. 돈을 불리기 시작해야 우리는 비로소 미래의 욕구에 대처

할 수 있으며, 삶에 필요한 비용을 한발 앞서 준비할 수 있다.

앞서나가려면, 벌이보다 적게 쓰면서 노동 이외의 자산을 쌓을 전략을 찾아야 한다. 그렇게 하지 않으면 일을 그만뒀을 때 소득이 한 푼도 없을 것이다.[4] 그러므로 먼저 현재 전략을 평가한 다음, 더 많은 욕구를 충족하면서도 지출은 더 적어지도록 자산을 잘 활용할 영역을 찾아야 한다. 나는 이 과정을 '욕구 지도 만들기'라고 부른다. 욕구 지도 만들기를 활용하면 지키기 쉽고 만족스러운 예산을 세울 수 있을 것이다.

욕구 지도 만들기

아주 많은 사람이 예산에 구속받는 느낌 때문에 불편하다고 호소한다. 이 단순한 사실은 우리가 흔히 수립하는 예산이 우리에게 들어맞지 않는다는 증거다. 예산이 구속처럼 느껴진다면, 그 계획에 따라 사는 것이 우리 욕구를 적어도 하나는 위협한다는 뜻이다. 당신이 제한을 두는 계획에 질색한다면, 당신의 자유 추구 욕구가 위협받는다는 뜻일 것이다. 예산 때문에 마음껏 외식하지 못해 실망한다면 사교, 즐거움, 여가, 심지어 모험이나 존중을 추구하는 욕구가 위협받는다는 뜻일 것이다. 예산 때문에 어떤 욕구가 위협받느냐와 상관없이, 예산을 불편하게 느낀다는 사실 자체가 문제다. 자신의 재무 계획이 마음에 쏙 들지 않으면 줄기차게 예산에 어깃장을 놓을 것이다. 우리가 재무 살림에서 바라는 것은 해묵은 갈등이 아니라 평안이다.

욕구 지도 만들기는 현금 흐름 평가표의 지출 칸에서 시작한다. 앞서 소득 흐름의 원천을 찾을 때는 소득을 생성하는 재원으로 거슬러 올라갔다. 이제는 마찬가지로 각 지출의 원인을 찾아 지출이 충족하는 욕구로 거슬러 올라가, 현재 돈으로 채우는 욕구가 무엇인지를 찬찬히 살펴보자. 이렇게 하면 두 가지가 분명해질 것이다. 첫째, 어떤 욕구가 당신에게 가장 중요하고 어떤 욕구를 채우는 데 돈을 가장 자주 쓰는지를 밝혀줄 주제가 반드시 드러날 것이다. 둘째, 당신도 모르는 사이에 청구서의 가치를 깊이 깨닫고 고맙게 여길 것이다.

갓 어른이 됐을 때 나는 고지서 요금을 낼 때마다 억울해서 어쩔 줄 몰랐다. 뼈 빠지게 일해서 쥐꼬리만큼 번 돈을 전기료처럼 생각지도 못한 데 내줘야 한다니 진저리가 났다. 하지만 욕구 지도 만들기를 익히면서 전기가 편리함이나 빛을 추구하는 욕구뿐 아니라 아름다움, 사교, 위안, 의사소통, 배움 등 온갖 욕구를 충족해 줬다는 사실을 서서히 이해했다. 내가 전기와 전자 장비 덕분에 즐길 수 있는 활동과 조성할 수 있는 환경은 한없이 많다. 이제 나는 전기료를 낼 때마다 쌀쌀한 밤에 집 안을 은은하게 비추는 전등의 포근함이나 찜통같이 더운 날 살 것 같은 기분이 들게 하는 에어컨의 시원함을 떠올린다. 수도료를 낼 때는 뜨거운 거품 목욕과 기분이 상쾌해지는 샤워를 떠올린다. 전화요금을 낼 때는 사랑하는 사람들과 함께 나눈 대화를 떠올리거나 낯선 도시에서 GPS 덕분에 길을 찾았던 때를 떠올린다. 내가 쓰는 돈은 결코 헛되지 않다. 돈은 늘 내게 도움이 된다. 이 사실을 알기에 나는 수표를 쓸 때조차 내가 가진 돈 덕분에 즐길 수 있는 모든 것에 마음 깊숙이 고마워하고 만족한다.

많은 사람이 내게 예산을 어찌하면 좋을지 도움을 청한다. 그때마다 나는 모든 고정 지출과 모든 소득 원천을 목록으로 적어 오라고 요청한다. 그런 다음 가장 먼저 현금 흐름을 파악한다. 라파엘을 예로 들어 이 과정을 간단히 설명해보겠다.

라파엘은 최근 대학을 졸업했고, 미국의 중간 규모 도시에서 몇몇 독신 친구와 함께 집을 한 채 빌려 산다. 부모님이 학비를 대주신 덕분에 빚이랄 것은 없다. 라파엘의 목표는 장기간 해외여행을 떠날 경비 1만 2,000달러를 모으는 것이다. 현재 저축액이 3,000달러이므로 앞으로 12개월 동안 9,000달러, 즉 다달이 750달러를 모아야 한다. [도표 3-10]은 라파엘이 가져온 정보를 바탕으로 작성한 현금 흐름이다.

현금 흐름의 기본 윤곽을 잡은 뒤에는 무엇이 빠졌는지 검토했다. 라파엘의 경우, 차가 있는데도 현금 흐름표에 그런 낌새가 전혀 없었다. 그래서 라파엘에게 욕구 목록을 활용해, 정기적으로 돈을 쓰지만 쉽게 떠오를 만큼 자주 생각하지는 않는 항목의 유형을 샅샅이 생각해보라고 요청했다. 욕구 목록을 이용해 지출을 생각해보던 라파엘은 차와 관련한 모든 지출뿐 아니라 요가 강습, 디지

소득	지출	지출 항목
2,600	650	집세
	75	공과금
	150	식비
	400	외식
	200	기타
2,600	1,475	
저축	1,125	
목표	750	

도표 3-10 라파엘의 현금 흐름(단위: 달러)

털 구독료, 오락, 사교 활동에 쓰는 돈을 모조리 떠올렸다.

라파엘이 돈에 신경 쓰지 않거나 무지한 것이 아니다. 대부분 사람이 여러 지출을 깜박하고 예산에 넣지 않는다. 욕구 목록을 이용하면, 어쩌다 나가는 돈이라 쉽게 떠오르지 않는 지출을 빠짐없이 떠올릴 수 있다. 친구 선물, 책 구매, 음원과 영상 다운로드, 앱 구매, 세금, 온라인 구독료 같은 항목이 사람들이 기억에만 기대 지출을 적을 때 흔히 빼먹는 항목이다. 이런 항목은 수없이 많다. 욕구 목록을 이용하면 실제 지출을 거의 빠짐없이 기록할 수 있다.

라파엘이 어쩌다 한 번밖에 소비하지 않는 항목을 월평균으로 추정한 뒤 모두 기록한 현금 흐름이 [도표 3-11]이다.

나는 월간 예산에 '기타 잡비' 항목으로 예비비를 잡아놓기를 제안한다. 대부분 사람에게는 때때로 생각지 못하게 돈을 써야 할 일이 생기지만, 지금까지 살펴본 바로는 예비비를 예산으로 잡는 사람이 거의 없었다. 예비비가 얼마나 많아야 하는지는 시간이 지나

전략(소득)			전략(지출)
	소득	지출	
야생동물 단체 사무 업무	2,600	650	집세
		75	공과금
		40	차(부모님 1/2)
		150	식비
		0	전화요금(부모님)
		75	요가
		300	점심
		320	술집
		160	식당
		300	오락
		60	택시
		200	예비비
	2,600	2,330	
	저축	270	
	목표	750	
	차액	480	

도표 3-11 라파엘의 실제 현금 흐름(단위: 달러)

현재 저축	3,000
저축 목표	12,000
기간 목표(개월)	12
월 저축 목표	750

면 알게 될 것이다. 생활 방식과 형편에 따라 다르겠지만, 보통 가정이라면 다달이 400~500달러를 예비비로 잡아놓으라고 권하겠다. 예비비는 비상금과 다르다. 예비비는 비상 상황이 아니라 보험 적용이 되지 않아 생각지도 못한 본인 부담금을 내거나, 결혼 선물을 사거나, 팔이 부러지거나, 모금 활동을 벌이는 친구를 도울 때 쓰는 돈이다.

비상용 저축은 재무 계획에서 아주 중요한 부분이다. 안타깝게도 미국에서는 저축이 무너졌다. 2장을 떠올려보라. 미국 성인 열 명 중 여섯에서 일곱 명이 중간 또는 심각한 수준으로 돈 문제로 스트레스를 받는다. 게다가 미국경제연구소NBER의 연구에 따르면, 미국인 거의 절반이 갑자기 한 달 안에 2,000달러가 필요할 때 돈을 빌릴 곳이 없다고 답했다.[5] 비상금은 이렇게 생각지 못하게 큰 돈이 들어갈 일이 닥쳤을 때 쓰는 돈이다. 차가 고장 나거나, 보일러를 갈아야 하거나, 임종을 앞둔 친척에게 작별을 고하려고 비행기를 타야 할 때는 비상금이 그야말로 쓸모가 있다.

비상금은 대체로 석 달에서 여섯 달가량 버틸 수 있는 금액이 알맞다. 따라서 액수는 형편에 따라 다르다. 액수를 산출하는 논리는 간단하다. 만약 당신이 일자리를 잃는다면 새로운 일자리를 찾기까지 얼마나 걸릴 것 같은가? 어떤 사람은 아주 짧고 어떤 사람은 아주 길 것이다. 그토록 많은 경영자가 계약서에 퇴직금 조항을 넣는 까닭도 이 때문이다. 최고 책임자 자리를 얻기까지 때로 몇 년이 걸릴지도 모를 일이다. 경영자가 받는 퇴직금은 그 사람이 다른 경영자급 일자리를 찾기까지 시간을 확보할 여력을 보장한다. 하지만 퇴직금을 받을 수 없다면, 비상금이 그 목적에 들어맞는다. 필요한 액수가 예상보다 훨씬 많을지도 모르지만, 액수가 꽉 찬 비상금을 보유하는 것은 경제적으로 성공하는 중요한 발걸음이다. 비상금을 쌓고자 몇 달 또는 몇 년을 저축에 투자하는 것은 그만한 가치가 있다.

진짜로 만족스러운 재무 계획은 당신의 현재 욕구를 충족하면서도 미래 욕구를 채울 돈을 따로 챙겨두는 것이다. 다시 말하지만, 앞서나간다는 것은 남을 앞지른다는 뜻이 아니다. 우리 목표는 나 자신을 앞지르는 것이다. 앞서나간다는 것은 내 지출에 미리 대비한다는 것이다. 고지서가 밀렸거나 빚을 많이 졌을 때 어떤 기분일지 아마 알 것이다. 나는 그것이 얼마나 마음 불편한 삶인지를 경험으로 안다. 앞서나간다는 것은 이웃보다 좋은 TV나 차가 있다는 뜻이 아니다. 그런 물건들은 존경이나 존중 욕구, 또는 영향력을 확인하고 싶다는 욕구를 채우는 전략일뿐더러 돈이 너무 많이 들기에 효과가 적다. 앞서나간다는 것은 남과 경쟁해 이긴다는 뜻이 아니라, 당신이 가진 재원으로 오늘도 내일도 당신의 모든 욕구를 채울 수 있다는 것을 알았을 때 찾아오는 평안과 만족을 느낀다는 뜻이다.

당신의 지출과 그 지출이 충족하는 욕구를 빠짐없이 적었다면, 이제 진짜 작업을 시작해도 좋다. 먼저, 현재 쓰는 전략과 욕구에서 출발한다. 필요하다면 그다음에는 더 적은 지출로 더 많은 욕구를 채우도록 전략을 조정하는 것이 좋다.

직접 이 방법을 시도하려면, 부록 2에 있는 '지출과 욕구 평가표'를 이용하라. 지출 칸에 당신이 쓰는 돈을 간단히 적은 다음, 지출마다 욕구 목록을 살펴보며 그 지출이 물질이든 아니든 어떤 욕구를 충족하는지 적어라. 여기에서는 지출로 충족하는 비신체적 욕구가 몇 가지인지만 알면 된다. 어떤 상황에서는 참 반가운 소식일 것이다. 집이 주거지 및 안전을 추구하는 신체 욕구와 더불어 아름다움, 사교, 평안을 추구하는 욕구까지 충족해준다면 고맙고 행복한 기분이 들 테니 말이다. 이와 달리 지출이 대부분 존중 욕구나 그 밖의 '고차원' 욕구와만 결합한다면, 당신의 전략을 정교하게 조정할 기회다.

이제 당신에게는 욕구를 채우고자 현재 사용하는 재무 전략이 모두 적힌 지도가 있다. 여기에서 스스로 중요한 질문을 몇 가지 던져야 한다. 이 전략이 크게 효과가 있는가? 충족하려는 욕구가 제대로 채워졌는가, 아니면 아직도 채워지지 않았는가? 돈을 쓰는 전략으로 추구하는 신체 욕구와 비신체 욕구의 비율이 마음에 드는가? 그리고 당연하겠지만, 비상용 저축과 장기 안전용 저축을 포함해 당신이 세운 재무 전략을 살펴볼 때 그 돈을 모두 마련할 수 있는가?

사람들과 함께 예산 계획을 짜보면, 예산을 재편성하지 않고도 모든 소비 목표와 저축 목표를 달성하고도 남을 만큼 소득이 넉넉한 경우는 드물었다. 그 정도로 넉넉했다면 애초에 예산을 계획하는 데 도움을 받을 일도 없었을 것이다. 만약 안전 욕구(미래 대비용 저축)를 포함해 당신의 모든 욕구와 지출을 찬찬히 살펴보니 소득이 더 높다면, 다음 실천 과제를 할 필요가 없다. 이와 달리 지출이 소득을 초과하거나, 돈을 더 모으거나 빚을 더 빨리 갚고자 예산 계획을 살짝 조정하고 싶다면 다음 실천 과제가 도움이 될 것이다.

이 활동의 목적은 당신이 욕구 수준에서 창의적으로 문제를 해결하는 첫걸음을 떼는 것이다. 앞에서 재원 목록을 들여다보며 현재 이용하지 않는 재원을 어떻게 창의적으로 이용해 소득을 늘릴지 빠르게 떠올려봤듯이, 여기서도 돈을 쓰지 않는 전략으로 욕구를 채움으로써 지출을 줄일 방법을 찾아볼 것이다. 그리고 뒤에서는 이 모든 개념을 한데 묶어 재원, 자산, 소득, 지출, 부채, 욕구를 아우르는 완전한 계획을 세울 것이다.

실천 과제

재원 목록을 이용해 자산을 창의적으로 쌓을 방법을 빨리 떠올렸듯이, 이제 같은 방식으로 욕구를 살펴보겠다. 다음 두 가지 실천 과제는 욕구 목록을 이용해 돈을 다루는 다른 기술을 강화하는 방법이다. 단순하기 짝이 없거나 어리석게 보일지 몰라도, 현재 욕구를 충족하는 방식에 맞서는 재미있는 방법이다.

1. 지출과 욕구 목록에 있는 모든 욕구를 색인 카드에 적어라. 그리고 카드를 섞어 아무 카드나 한 장을 골라라. 돈은 한 푼도 쓰지 않으면서 그 욕구를 채울 방법 세 가지를 생각해보라. 어떻게 해야 돈을 쓰지 않는 전략을 써서 욕구를 채울지 아이디어를 떠올리는 작업은 매우 쓸모 있다. 다만, 자신도 모르게 감정에 휘둘려 돈을 쓰고 싶어 할 상황에 빠지기 전에 이 과제를 실천하는 것이 중요하다. 돈을 쓰지 않고도 어떤 욕구

를 충족할 길을 몇 가지 적어만 봐도, 특정 욕구가 방아쇠를 당겨 돈을 쓰는 전략에 다시 빠지고 싶다는 유혹을 느낄 때마다 대안을 떠올릴 수 있다. 감정이 요동칠 때 새 전략을 생각하긴 어렵지만, 이미 충분히 고민한 아이디어를 떠올리는 건 쉽다.

2. 욕구 카드 가운데 아무것이나 석 장을 골라라. 세 가지 욕구를 모두 충족할 전략을 하나 궁리해보라.

이 활동은 당신이 어떻게 다가가느냐에 따라 매우 실용적일 수도 있고 너무나 바보 같을 수도 있다. 나는 먼저 바보 같은 쪽을 고르고, 그다음에 더 실용적인 쪽으로 옮겨가기를 권한다. 이 실천 과제의 목적은 몸에 밴 사고방식을 깨는 것이므로, 터무니없을수록 자신도 모르게 더 창의성을 발휘할 것이다. 따라서 실제로 쓸 실용적인 전략을 모색할 때 이 아이디어가 도움이 될 것이다.

창의적인
재원 관리법

재원으로 생성하는 잠재 소득은 최대화하고 욕구로 생기는 지출은 최소화하는 새 전략을 골똘히 짜내는 사이, 그에 따라 치러야 할 대가를 여럿 마주할 것이다. 당신이라면 직장까지 카풀을 하겠는가, 기차를 타겠는가? 상황에 따라 돈을 쓰지 않는 전략이 돈을 쓰는 전략만큼 또는 그보다 더 만족스러울 수 있다. 돈을 쓰는 전략이 필요할 때도 있지만, 그 대가를 가늠하기 어려울 수 있다(당신이라면 차를 사기 위해 대출을 받겠는가, 받지 않겠는가?). 돈을 쓰는 전략이 필요하거나 바람직한 경우에는 우리가 앞서 다뤘던 개념에 바탕을 둔 몇 가지 간단한 경험칙이 있으므로, 재무 살림 측면에서 건전하면서도 유익한 선택을 하도록 도와줄 것이다. 지금부터는 이 경험칙들을 간단히 훑어보고, 결정을 내리기 복잡했을 돈 문제가 이 법칙들의 도움으로 어떻게 간단해지는지 설명하려 한다.

잊지 말라. 당신이 일상에서 돈을 관리할 때 자산과 부채를 이렇게 생각하면 좋다.

- 들어가는 돈보다 벌어들이는 돈이 많으면 그것은 자산이다.
- 벌어들이는 돈보다 들어가는 돈이 많으면 그것은 부채다.

나는 이것을 '자산 검사'라고 부른다. 간단하고 짧은 이 정의가 당신의 재무 안정에 큰 도움이 될 것이다.

자산 검사

차를 생각해보자. 많은 사람이 차를 자산으로 여기지만, 앞서 제시한 정의를 잣대 삼아 차를 살펴보자. 차에는 분명히 금전 가치가 있다. 되팔 수도 있고 빌려줄 수도 있다. 이런 차를 경제 용어로 물적 자본이라고 부른다. 차를 타고 직장에 가 임금을 벌 테고, 대중교통에 비해 시간과 체력을 아껴줄 것이다. 그러니 그토록 많은 사람이 차를 자산으로 여기는 것이 조금도 이상하지 않다. 그렇지만 차와 관련한 지출 항목이 적어도 일곱 가지(보험료, 기름값, 유지보수비, 주차비, 소비세, 등록비, 검사비)나 되고, 더 많을 때도 있다.

여기에 융자 상환금, 세차비, 통행료, 주차 위반 딱지, 속도위반 딱지, 긴급 출동이 추가되기도 하고 연식이 늘수록 중고로 되파는 가격은 내려간다. 그러니 묻겠다. 차는 자산인가, 부채인가? 차는 대체로 부채다.

물론 예외도 있다. 상태가 뛰어난 수집용 차를 갖고 있다면, 들어간 비용보다 더 많이 받고 되팔 수 있다. 우버나 리프트에 등록하고 한가할 때 택시로 몰거나 차량 공유 서비스에 등록해 이용료를 받는다면, 차로 들어가는 돈보다 벌어들이는 돈이 더 많을 것이다. 그래도 자산과 부채를 간단히 정의하면, 어떤 것이 소득을 빼가는 낭비인지 소득을 벌어들이는 원천인지를 매우 빠르게 판단할 수 있다. 다시 한번 기억하라. 어떤 것이 단지 부채라는 이유로 그것을 삶에서 없애야 한다는 뜻이 아니다. 당신에게 차가 편리함이나 즐거움을 주는 중요한 원천일지도 모른다. 우리가 할 일은 모든 부채와 지출을 없애는 것이 아니라, 우리가 자산에서 얻는 소득으로 모든 부채를 충당할 수 있는지 확실히 점검하는 것이다.

대학 교육이 좋은 투자라는 말을 흔히 듣지만, 앞서 말한 정의를 빌리면 이 말이 언제 맞고 언제 틀리는지 알 수 있다. 대학 졸업장이 있으면 그렇지 않은 사람보다 평균 총소득이 더 높다는 말은 맞지만, 대학 졸업장이 언제나 자산이라는 뜻은 아니다. 특히 가격표를 따지면 더 그렇다. 학자금 대출로 대학 교육을 받는다고 해보자. 2년가량 공부하다가 접고 세계여행을 떠나기로 한다면, 이때 대학 교육은 자산일까? 아니다. 만기를 연장하면 이자도 더 내야 하므로 학교를 그만두면 교육비 지출이 더 많아진다. 그런데 학위를 마치지 않았으니 더 높은 소득을 올릴 능력은 얻지 못한다. 경험이야 '값을 매길 수 없게' 귀하겠지만, 학비는 여전히 계속 갚아야 한다.

어떤 전문직에서는 석박사 학위가 필수고 졸업 뒤 예상 급여가 학위가 없을 때보다 훨씬 높다. 그에 비해 어떤 직종에서는 노련한 전문가 밑에서 훈련받거나 밑바닥에서부터 차근차근 올라가는 방식이 보편적이다. 멀리 봤을 때 어떤 길이 당신에게 최선일지 어떻게 알까? 잠재 소득과 총비용을 따져 자신에게 어느 쪽이 적합한지 결정해야 한다. 전문 기술은 분명히 있어야 한다. 하지만 대학 졸업장은 필수가 아니다.

자산 검사를 이용하면 법적으로는 자산, 특히 물적 자본으로 분류되는 많은 항목이 부채로 드러난다. 옷가지, 가구, 연장, 보석은 모두 되팔 수 있어 법적으로는 자산으로 분류된다. 그렇지만 현실에서 이런 물건 대다수는 처음에 치렀던 값보다 더 비싼 값에 팔릴 리가 없다. 그러므로 모든 상황을 고려할 때 이런 물건은 소득이 새나가는 부채다. 다시 말하지만, 자산이 아니라고 해서 물건의 가치가 없는 것도 아니고 그런 물건을 없애야 하는 것도 아니다. 여기에서 요점은 살아가면서 어떤 물건을 살 때 당신의 재무 살림이 더 탄탄해지고, 어떤 물건을 살 때 무너지느냐를 알아내는 것이다.

자산 검사로 재무 실수 피하기

자산 검사는 신용 제도에서 굉장히 헷갈리는 부분도 꽤 이해하게 해준다.

좋은 빚과 나쁜 빚

빚에도 '좋은 빚'과 '나쁜 빚'이 있다. 좋은 빚은 신용 점수를 깎아 먹지 않을뿐더러 이때 내는 이자는 소득 공제까지 받는다. 나쁜 빚은 신용 점수를 깎기에 앞으로 돈을 빌리기가 더 어려워지고, 부담하는 이자에 세제 혜택도 없다. 대체로 학자금 대출과 주택자금 대출 두 가지는 좋은 빚으로 평가받는다. 그 이유는 무엇일까? 학위를 얻거나 부동산을 사려고 돈을 빌리는 까닭은 자산 투자이기 때문이다. 학위는 대개 노동의 가치를 올려 잠재적 소득 흐름을 키운다. 주택자금 대출로 산 땅에도 여러 잠재적 소득 흐름이 있다. 둘다 잠재 소득을 키우고자 돈을 빌리는 사례다. 이런 빚을 이용하면, 대개는 처음보다 재무 상태가 나아진다. 그러므로 신용 점수를 깎아 먹지도 않고, 정부가 기꺼이 이자에 붙는 세금을 깎아준다.

이와 달리, 물건을 사려고 돈을 빌릴 때는 늘 처음보다 재무 상태가 더 나빠진다. 외상으로 물건을 산 뒤 곧바로 갚지 않으면 이자가 붙는다. 물건값을 다 치를 즈음에는 그 물건이 중고가 되어 살 때보다 가치가 떨어진다. 게다가 그 물건이 처음 가졌던 가치를 유지하려면 돈을 더 많이 들여야 한다.

가치가 사라지거나 금방 소모되고 말 물건을 사느라 돈을 빌리고, 게다가 빌린 돈에 이자까지 치르는 것은 똑똑한 재무 행태가 아니다. 그래서 이런 빚을 '나쁜' 빚으로 본다. 차량 할부, 보트 할부, 신용카드나 백화점 카드 사용액이 모두 '소비자 부채'로 분류된다. 이런 대출은 길게 볼 때 거의 늘 우리에게 해롭다. 물론 이자를 치를 가치가 있을 때도 있겠지만, 치르는 값보다 더 벌게 해주지 않을 상품을 사려고 돈을 빌릴 때는 사전에 정말로 꼼꼼히 따져봐야 한다.

예외와 회색 지대

물론 어느 규칙이나 예외가 있다. 게다가 무엇의 가치가 커질지 줄어들지를 늘 미리 알 수 있는 것도 아니다. 무엇을 살 때, 때로 우리는 미래가치를 보고 투기한다. 예컨대 주식을 살 때 주가가 오를지 내릴지 확실히 알 길은 없다. 길게 볼 때 집은 값이 오르지만, 2000년대 초반에 주택 시장이 무너질 뻔한 위기를 겪은 사람이라면 이 말이 늘 맞지는 않는다는 걸 알 것이다. 그것이 무엇이든, 가치가 오르리라는 바람을 안고 사들인다면 투기다. 그리고 투기를 할 때는 정신을 바짝 차려야 한다.

투기는 위험을 감수하는 행위이므로, 가치가 오르리라고 생각하는 이유가 합당한지 꼼꼼히 따져봐야 한다. 사업을 시작하려고 돈을 빌린다면, 제품을 팔 만한 시장이 확실한지 따져야 한다. 발명품의 시제품을 만들려고 돈을 빌린다면, 개발을 모두 마쳤을 때 특허권 판매나 회사 설립이 얼마나 유망할지 따져야 한다. 나는 주식처럼 투기 성격이 강한 상품을 사려고 돈을 빌리는 것도 권하지 않지만, 자기가 가진 현금으로 주식을 사는 것도 투기이기는 마찬가지라고 본다. 주식을 사기에 앞서 주가가 오르리라고 믿는 이유를 반드시 따져봐야 한다.

학자금 대출과 주택자금 대출에도 투기 요소가 있다. 대학에 가려고 돈을 빌리려 한다면, 졸업장을 따리라고 얼마나 확신하는가? 집을 사려고 돈을 빌리려 한다면, 집값이 오른다는 근거는 얼마나 탄탄한가? 동네의 역사는 어떤가? 그 지역 사회의 미래 계획은 무엇인가? 자산 검사는 삶을 더 간편하게 해주지만, 그렇다고 차분히 앉아 상황을 곰곰이 따져보는 과정을 대체하지는 못한다.

좋은 신용과 나쁜 신용

좋은 빚과 나쁜 빚을 좋은 신용과 나쁜 신용으로 받아들이지 말라. 당신이 진 빚이 좋으냐 나쁘냐는 무엇을 하고자 돈을 빌리느냐에 달렸다. 당신의 신용이 좋으냐 나쁘냐는 당신이 빚을 갚을 가능성이 어느 정도냐에 달렸다. 신용이 아주 좋은 사람이 나쁜 빚을 얻기도 하고, 신용이 바닥인 사람이 좋은 빚을 얻기도 한다. 신용도 좋고 빚도 좋은 것이면 이상적이겠지만, 그렇다고 빚을 무조건 피해야 할까?

내가 이야기를 나눈 사람들 가운데 신용카드를 쓰지 않는 이가 많았다. 신용카드가 소비자를 얽매는 끔찍한 올가미라고 배웠기 때문이다. 물론 맞는 말일 때도 있다. 그러나 재무 살림을 탄탄히 다지고 싶다고 해서 모든 신용 거래를 피해야 할까? 아니다. 그래서는 안 된다. 자신이 통제력이 없다고 여겨 신용카드를 쓰지 않는다면 모를까, 대출과 신용 거래 이력은 반드시 어느 정도 있어야 한다. 왜냐고? 그런 기록이 없으면 당신이 빚을 잘 갚으리라고 믿어도 좋을지를 은행을 비롯한 금융 기관이 확인할 길이 없기 때문이다. 당신이 빌린 돈을 꼬박꼬박 갚았다는 기록이 없으면, 언젠가 집 같은 자산을 사려고 돈을 빌리려 할 때 손해가 될 수 있다. 대출 기관에는 당신의 대출 이력이 중요한 판단 근거다. 대출 이력의 판단 근거는 신용 점수다. 그리고 신용 점수를 얻으려면, 신용 거래 이력이 있어야 한다.

신용 점수

대출 기관은 돈을 빌려줄 때 돌려받지 못할 위험을 무릅쓴다. 누군가가 이전에 돈을 빌렸다가 제때 갚았다면, 그 사람에게 빌려주는 대출은 위험 부담이 적다. 대출 기관은 대출자가 얼마나 위험한지를 어떻게 판단할까? 방법은 신용 점수다.

미국에서 신용 점수는 대개 300점에서 850점 사이로 평가한다 (우리나라는 0점에서 1,000점 사이로 평가한다-옮긴이). 대출 기관은 대출자가 빌린 돈을 갚으리라고 믿어도 좋을지를 신용 점수로 빠르게 판단한다. 그러므로 당신에게 신용 거래 기록이 없으면, 대출 기관은 한 푼도 빌려주려 하지 않을 것이다. 설사 빌려주더라도 신용 점수가 좋은 사람보다 이율을 훨씬 높게 매길 것이다. 이런 신용 점수는 신용 평가서를 바탕으로 결정된다.

신용 평가서는 쉽게 확인할 수 있다. 미국인이라면 누구나 해마다 무료로 신용 평가서를 받을 권리가 있다. 평가서에는 대출 계좌, 신용카드, 백화점 카드 등이 모두 나온다. 해마다 신용 평가서를 받아보는 것은 여러모로 좋은 생각이다. 첫째, 보고서가 정확한지 확인할 수 있다. 미국연방거래위원회가 최근 발표한 보고서[6]에 따르면 미국인 20%, 즉 다섯 명 중 한 명꼴로 신용 평가서에 오류가 있다. 사소한 오류라 쉽게 정정되는 경우도 있지만 어떨 때는 오류가 심각하고, 누군가가 당신의 개인 정보를 악용해 신용 계좌를 만들면 신원 도용이 일어날 위험까지 생긴다. 신용 평가 대행사가 개인의 재무 살림은 추적해도 평가서가 정확한지까지 보장할 책임은 없다. 당신의 신용 평가서에 오류가 있을 때 평가 대행사에 연락해 문제를 정정할 책임은 당신에게 있다.

신용 점수를 확인하기도 쉽다. 어떤 신용카드 회사는 자기네와 거래를 트면 부가 서비스로 최신 신용 점수를 정기적으로 알려준다.

이 서비스를 이용하지 않고 있다면, 소비자금융보호국CFPB이 웹사이트에 올린 신용 점수 확인법[7]을 확인해보라[우리나라에서 신용 점수를 확인할 수 있는 기관으로는 나이스NICE(www.credit.co.kr), 올크레딧KCB(www.allcredit.co.kr), SCI평가정보(www.sci.co.kr) 등이 있다-옮긴이]. 정부 기관인 소비자금융보호국은 탐욕스러운 금융 관행에서 개인을 보호할 목적으로 운영되므로, 이곳의 조언은 믿어도 좋다.

나쁜 빚을 지지 않으면서도 신용 점수 높이기

돈을 빌리고 싶다면 높은 신용 점수가 중요하다. 하지만 현명한 대출은 오로지 자산을 사려고 돈을 빌릴 때뿐이다. 그렇다면 어떻게 해야 나쁜 빚을 지지 않으면서도 높은 신용 점수를 쌓을까?

첫째, 좋은 빚으로 분류되는 항목에만 돈을 빌리는 방법이다. 계획만 꼼꼼히 잘 세운다면, 학자금 대출은 신용을 쌓는 탁월한 방법이다. 미국 시민권자라면 신용 기록이 없어도 연방 정부에서 학자금 대출을 받을 자격이 있다. 학자금 대출은 미국 정부가 국민의 재무 살림을 지원하고자 쓰는 정책이다. 하지만 학자금 대출을 좋은 빚으로 보더라도, 졸업 뒤 급여가 낮은 일자리를 얻는다면 학자금이 엄청난 짐이 된다. 여기에서 다시 자산 검사를 생각해봐야 한다. 이 교육을 받으면 쓴 돈보다 더 많은 돈을 벌어들이겠는가? 학업을 마치고 졸업하리라고 얼마나 확신하는가? 졸업 뒤 받는 초임이 생활비뿐 아니라 대출 상환금까지 충당하기에 넉넉하겠는가?

학자금 대출에 맞는 경험칙 하나는 졸업 첫해의 예상 소득보다 많이 빌려서는 안 된다는 것이다. 구직 사이트를 한 번만 뒤져봐도, 일자리에 따라 초임이 얼마나 다른지 알 수 있다. 예술이나 사회복지를 공부하는 학생이라면 공학이나 간호학을 공부하는 학생보다 적절한 학자금 상한선이 훨씬 낮을 것이다. 학자금 대출을 더받을 수 있으니 당연히 돈을 더 빌려도 된다고 덮어놓고 믿지 말라. 그 교육 때문에 빌린 돈보다 더 많은 돈을 벌 수 있을 때만 좋은 판단이 된다. 그렇지 않다면 학위증은 자산이 아니라 무지하게 비싼 종이 쪼가리일 뿐이다.

> **경험칙 ▶**
> 학자금 대출 총액은 졸업 뒤 첫해 예상 연봉보다 많지 않아야 한다.

둘째, 신용카드 대금을 한 번도 연체하지 않는 것이다. 이미 청구서 한두 개를 은행 계좌에서 자동 결제하고 있다면 매우 관리하기 쉬운 방법이다. 예를 들어 전화요금을 당좌 계좌에서 자동 결제하고 있다면, 당좌 계좌 대신 신용카드로 자동 결제하도록 바꿔라. 그런 다음 하루 이틀 뒤 같은 액수가 은행 계좌에서 신용카드로 이체되게 설정하라. 이렇게 하면 신용카드를 쓰면서도(이 점이 중요하다. 신용카드사가 비활성 계좌를 폐지하는 일이 흔하고, 그랬을 때는 신용 점수에 도움이 되기는커녕 점수가 깎인다), 이자 한 푼 내지 않아도 된다. 이것저것 설정하고 자동이체나 결제일을 지정하려니 조금 번거롭기는 하지만, 한 번 해놓고 나면 그 뒤로는 거의 손끝 하나 까딱하지 않고도 신용 기록이 차곡차곡 쌓인다.

그래도 조심할 사항이 있다. 더러는 신용카드가 있으면 쓰고 싶어 참기 어려울 만큼 손이 근질거리는 사람이 있다. 만약 당신이 신용카드를 사용하고는 싶은데 쇼핑에는 쓰고 싶지 않다면, 자동 결제를 설정한 뒤 카드를 눈에 안 띄는 곳에 감춰두거나 아예 잘라버리는 것이 좋다. 누구보다 당신을 잘 아는 사람은 바로 당신이다. 당신이 빚더미에 빠지지 않으면서도 신용카드를 쥐고 있을 능력이 있는지 없는지는 오직 당신만 판단할 수 있다.

셋째, 신용카드를 갖고 있으면서도 많이 쓰지 않는 것이다. 이용률이란 신용 계좌의 미결제 대금을 계좌에서 빌릴 수 있는 한도액으로 나눈 것이다. 당신의 신용카드 한도액이 1,000달러이고 갚을 빚이 500달러라면, 이용률은 50%다.

대출 기관은 대출 이용자가 한도액을 모두 쓰지 않고도 돈을 구할 곳이 있는지 알고 싶어 한다. 이용률이 낮다는 것은 이용자가 신용 거래라는 유혹을 다스릴 줄 알고 소비를 적정 수준으로 유지할 줄 안다는 증거다. 빚은 완납이 최선이다. 그래도 카드 대금을 연체할 것 같으면, 이용률이 30%를 넘지 않도록 조심하라.

경험칙 ▶
신용카드의 미결제 잔액이 사용 한도액의 30%를 넘지 않게 하라.

내 강습회에 참석해 이 경험칙을 배운 한 여성이 카드 빚을 재정비해 신용 점수를 개선하기로 마음먹었다. 카드 하나는 이용률이 높은데, 다른 카드들은 낮았다. 그래서 모든 신용카드 계좌의 이용률을 30% 아래로 낮추려고 이용률이 높은 카드의 미결제 잔액을 다른 카드 중 하나로 옮기려 했다. 그런데 신용카드사에 전화해 이런 계획을 설명했더니, 남은 미결제 잔액이 신용 한도액의 30% 아래로 떨어지도록 신용 한도를 올려줬다. 그녀가 우수 고객이고 때맞춰 꼬박꼬박 대금을 치렀으므로 경쟁사에 실적을 뺏기고 싶지 않았기 때문이다. 그 덕분에 이 여성은 미결제 잔액을 다른 계좌로 옮기지 않고도 신용 점수를 올렸다. 게다가 신용 한도 총액이 올라가 신용 점수가 다시 한번 높아졌다.

신용 점수가 높으면 대출 금리에서 수만 달러를 아낄 수 있다. 아파트 임차 계약을 승인받을 때도 도움이 된다. 게다가 고용주가 신용 점수를 보는 일이 흔하므로, 일자리를 얻을 때도 도움이 된다. 그야말로 엄청난 이익이다. 그런데 어떤 신용카드는 연회비가 비싸고 이자율도 매우 높다. 쓸 수 있는 돈이 있어도 쓰지 않을 자신이 없다면, 신용카드는 당신에게 좋은 선택이 아닐 가능성이 크다.

이 말이 모두 헷갈린다면, 자산 규칙으로 돌아가 보자. 신용 거래는 잘만 쓴다면 돈은 거의 들지 않으면서도 신용 점수가 올라가므로 훌륭한 자산일 수 있다. 반대로 잘 관리하지 못할 때는 신용 거래가 순식간에 어마어마한 부채로 바뀔 수 있다. 그러니 당신이 판단하라. 어느 쪽이 당신에게 좋을지 판단할 만큼 당신을 잘 아는 사람은 오직 당신뿐이다.

종합 정리:
개인 경제

지금까지 돈 관리를 세 갈래로 들여다봤다. 소득과 지출, 자산과 부채, 마지막은 재원과 욕구였다. 세 관점은 서로 다르지만 연결된 돈 관리 방식 세 가지와 짝을 이룬다.

예산은 대개 돈 관리의 현금 흐름 요소(소득과 지출)에만 주목한다. 그러나 알다시피 돈 관리에는 더 많은 요소가 있다. 회계사와 재무 자문가는 흔히 자산과 부채를 떠올리지만, 그것만으로는 완벽하지 않다. 우리가 돈을 이야기할 때 실제로 이야기하는 것은 개인의 경제 여건이다. 누구나 자신이 관리하는 사적 경제가 있고, 거기서 이득을 보기도 하고 손해를 보기도 한다. 나는 이것을 개인 경제personal economy라고 부르고 싶다. 이 말이 우리가 욕구를 충족하고자 자기만의 재원을 어떤 방향으로 쏟아붓는지를 보여주기 때문이다.

　[도표 3-12]에 나온 개념도는 돈 관리 방식 세 가지가 어떻게 맞물려 개인 경제를 창조하는지를 보여준다. 지금부터는 앞서 따로따로 다뤘던 세 가지 방식을 함께 사용해 실천 과정에서 당신이 욕구를 뒤로 미루지 않고도 특정 재무 목표를 이루도록 도와줄 재무 계획을 수립하려 한다. 이제 할 일은 당신의 현재 경제 여건을 검토하고, 당신이 어떤 재원과 욕구를 지녔는지 찬찬히 살펴본 뒤, 재무 계획을 어떻게 조정함으로써 재원으로 생성하는 소득을 최대화하는 동시에 욕구로 발생하는 지출은 최소화할지를 알아보는 것이다. 따라서 간단한 사례로 시작해 개인 경제를 최적화하는 단계를 하나씩 살펴보려 한다. 설명이 모두 끝난 뒤에는 이 과정을 당신의 재무 상태에 하나하나 적용하면서 당신만의 개인 경제를 위한 계획을 세우는 난제이자 기회를 맛보기 바란다.

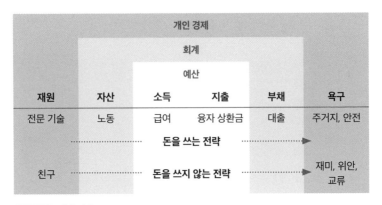

　도표 3-12　개인 경제

어떤 재무 자문가는 어떤 항목에는 얼마를 써야 좋다(이를테면 집 30%, 부채 10% 이하, 저축 15% 등)는 '이상적' 분할이 있다고 말하겠지만, 개인 경제 계획은 개인의 욕구와 우선 사항을 충족해야 한다. 그러지 않으면 계획이 불편하게 느껴져 꾸준히 지키기가 어렵다. 더구나 나라마다 지역마다 생활비가 사뭇 다르다. 교외나 시골에 산다면 세후 소득에서 주거비 비중이 30% 이하여야 한다고 말해도 괜찮겠지만, 땅값이 비싼 도시에 사는 사람이 듣기에는 현실을 몰라도 너무 모르는 소리다. 30% 법칙이 기준인 까닭은 대출 기관이 이 수치를 기준으로 대출자가 융자를 감당할 능력이 있는지를 판단하기 때문이다. 탁월한 경험칙일지는 몰라도, 어떤 지역에서는 현실에 맞지 않는다. 샌프란시스코나 뉴욕 같은 도시에서는 소득의 40% 이상을 주거비로 쓰는 일이 다반사다. 우리가 재무 계획을 세우는 목적은 만족을 느끼며 욕구를 충족하는 방식으로 재원을 투자할 수 있게 하는 것이다. 그러므로 지출 항목의 비율은 당신의 성격과 처한 환경에 따라 달리해도 좋다.

동료 한 명이 여러 도시에서 돈을 쓰는 우선순위를 관찰한 흥미로운 결과를 들려줬다. 그 이야기를 듣고, 나는 우리가 욕구를 채우고자 쓰는 전략에 이웃이 얼마나 큰 영향을 미치는지 생각해봤다. 동료는 지난 몇 년 동안 미국의 주요 도시 세 곳을 거쳤다. 유심히 살펴보니 한 도시에서는 사람들이 직장까지 통근 거리가 적당하고 교육 체계가 잘 갖춰진 동네에 사는 데 돈을 많이 썼다. 즉 집이 자리 잡은 위치 때문에 지출에서 큰 비중을 차지했다. 다른 한

도시에서는 집이 너무 작아 손님을 초대하기 어려워서 사람들이 친구들과 밖에서 외식하는 데 돈을 많이 썼다. 나머지 한 도시에서는 날씨가 너무 추워서 사람들이 집을 주거지이자 사교장으로 삼았으므로, 멋진 가구와 온갖 오락거리를 갖추는 것이 우선 사항이었다. 동료에 따르면 도시와 거기 사는 사람들의 문화가 영향을 미쳐 도시마다 다른 항목에 돈을 쓰게 했다.

이 이야기를 듣고 나니, 소득 가운데 '반드시' 몇 퍼센트를 어떤 항목에 써야 한다고 정해진 비율이 없다는 생각이 굳어졌다. 탁월한 지침은 더러 있지만, 마법 같은 지출 비율은 없다. 당신의 경제적 우선 사항은 당신의 현재 욕구와 미래 욕구를 바탕으로 정해져야 한다.

이제는 지금까지 다룬 개념을 모두 결합해 개인 경제 계획을 세워야 할 때다. 이해하기 쉽도록, 앞에서 말한 라파엘의 사례를 계속 따라가 보자. 최근 대학을 졸업한 20대 중반의 라파엘은 바깥세상을 탐험하고자 다달이 모으는 저축을 늘리고 싶어 했다. 라파엘과 나는 현금 흐름표를 만들어 라파엘이 현재 재원을 어느 쪽으로 쓰고 있는지 살펴봤다. 그 현금 흐름표를 다시 보자([도표 3-13]).

라파엘과 함께 실제 현금 흐름표를 작성해보니, 라파엘이 개인 경제를 최적화하고 목표를 이루고자 사용하는 전략이 드러났다. 라파엘은 특히 1년 안에 1만 2,000달러를 모으기를 바랐다. 벌써 3,000달러를 모았고, 돈을 아끼고자 여러 친구와 함께 큰 집을 세 내 방 한 칸에서 살았다.

전략(소득)	소득	지출	전략(지출)
야생동물 단체 사무 업무	2,600	650	집세
		75	공과금
		40	차(부모님 1/2)
		150	식비
		0	전화요금(부모님)
		75	요가
		300	점심
		320	술집
		160	식당
		300	오락
		60	택시
		200	예비비
	2,600	2,330	
	저축	270	
	목표	750	
	차액	480	

도표 3-13 라파엘의 현금 흐름(단위: 달러)

현재 저축	3,000
저축 목표	12,000
기간 목표(개월)	12
월 저축 목표	750

그렇지만 라파엘은 돈을 모으기 위해 할 수 있는 일이 더 있다는 것을 알았다. 지출이 적기는 하지만, 다달이 돈이 어딘가로 사라지는 듯이 느꼈기 때문이다. 예산에 적힌 지출로는 이를 설명하기 어려웠다. 그는 은행 기록을 뒤져 지난 몇 달 동안 돈이 모두 어디로 갔는지 살펴봤다. 여러 은행과 앱에는 소비를 추적해 어떤 항목에 돈을 가장 많이 쓰는지 알려주는 도구가 있다. 이런 도구는 돈으로 충족하는 경향이 가장 큰 욕구를 알아내는 데 매우 쓸모가

있다. 라파엘은 자신이 테이크아웃 음식에 돈을 얼마나 많이 쓰는지를 보고 깜짝 놀랐다. 평일이면 날마다 아침과 점심을 밖에서 먹었고, 저녁도 식당에서 먹는 일이 잦았다. 식비 항목에서 창의력을 발휘할 여지가 많았다.

우리는 이런 식습관과 지출을 라파엘의 욕구 측면에서 바라봤다. 처음에 라파엘은 본능적으로 "테이크아웃 식당에 발길을 끊어야겠어요"라고 말했다. 나는 느긋하게 신중히 생각해보라고 격려했다. 물론 식비 지출을 어느 정도 줄여야 했지만, 그에 앞서 외식으로 라파엘이 어떤 욕구를 채우는지 알아내야 했다. 이야기를 나눠보니 실상이 뚜렷해졌다. 라파엘이 아침에 침대 밖으로 나와 사무실까지 가도록 이끄는 힘은 출근길에 먹는 크루아상과 커피뿐이었다. 분명 아침은 지출을 줄일 분야가 아니었다. 그러려면 아침형 인간이 아닌 라파엘이 하루 중 가장 힘들 때의 습관을 조정해야 했기 때문이다. 우리가 찾고 싶은 저축 전략은 라파엘이 기꺼이 받아들일 만한 것이지 맞서 싸워야 하는 것이 아니었다. 저녁 외식은 사람들과 어울리려는 동기가 있었고, 점심 도시락은 전날 밤에 음식을 만들지 않아 준비하지 못하곤 했다. 친구들과 집에 있을 때는 요리가 즐거웠지만, 힘겨운 하루를 보낸 뒤 혼자 요리하려면 귀찮기 짝이 없을 때가 많았다.

일상 습관과 그 습관 아래 깔린 동기(사교, 편리함 등)를 어느 정도 두루 검토한 뒤, 라파엘은 식비 지출과 식습관을 바꿀 탄탄한 계획을 세웠다.

- 일주일에 두세 번, 같이 사는 친구들과 저녁을 차려 먹거나 친구들을 초대해 함께 요리하겠다.
- 친구들과 요리할 때 음식을 넉넉히 만들어 다음 날 점심으로 싸놓겠다.

라파엘은 이 전략이 자신의 현재 행동을 개선해 돈을 더 모을 뿐 아니라 사람들과 어울리는 시간의 질도 높이리라고 확신했다. 외식도 계속하겠지만, 식당에서 밥을 먹는 일은 웬만하면 주말로 한정하기로 했다.

이 전략 덕분에 현금을 상당히 아꼈지만, 그래도 목표에는 미치지 못했다. 이 대목에서 우리는 재원 칸으로 눈길을 돌렸다. 라파엘의 주업은 좋아서 하는 일이 아니었다. 라파엘은 베트남에 가서 영어를 가르칠 만큼 넉넉한 돈을 모으겠다는 꿈으로 사무 업무를 꾸역꾸역 견뎠다. 라파엘이 진짜 좋아하는 것은 음악과 레슬링이었고, 두 가지 모두에서 재능이 엄청나게 뛰어났다. 일주일에 이틀 밤 정도 친구를 초대해 요리하고 연주한다면 사교 생활이 충분히 만족스러울 테니, 다달이 서너 번은 밤에 음악 수업을 하거나 이웃들에게 레슬링 강습을 해도 좋겠다고 마음먹었다.

라파엘이 사는 곳에서 그 정도 재능이면 기타를 가르쳐 시간당 50달러는 너끈히 벌 수 있었다. 그래서 한 달에 두 번 기타를 가르치기로 했다. 벌써 한 사람에게서 기타 강습을 요청받은 적이 있고, 나머지 한 명을 어디에서 찾아야 할지도 생각해봤다. 다만 레슬링은 무료로 가르치고 싶었다. 주변 이웃의 형편으로는 레슬링 강습비를 감당하기 어려웠기 때문이다. 고등학교 시절 레슬링이 자존감을 키우는 데 큰 도움이 됐으므로, 자신도 이웃의 사내아이들에게 자존감을 선물하고 싶었다.

이 전략으로 돈을 벌지는 못했지만, 라파엘은 보살피고 싶다는 욕구, 자신을 소중한 사람으로 느끼고 싶다는 욕구, 베풀고 싶다는 욕구 등을 채웠다. 이 전략 덕분에 돈을 내고 배우겠다는 수강생이 제 발로 찾아와 아주 짧은 시간 안에 유료 수강생이 세 명으로 늘었다.

마침내 라파엘은 늘어난 소득과 줄어든 지출을 결합해, 때맞춰 저축 목표를 이루고 현재보다 훨씬 만족스러운 신나는 일상을 제시할 계획을 세웠다(도표 3-14). 라파엘의 새 계획은 구속받는 느낌은커녕 활력을 불어넣었다.

라파엘은 중요하게 여기는 사항과 가치를 반영해 실용적인 경제 계획을 세우는 아주 쉬운 예를 보여준다. 자신의 재원(함께 요리하기를 좋아하는 친구)을 이용해 욕구(여유, 위안, 사교, 성격과 조화)를 충족함으로써 자신의 재무 행태에 적용할 수 있는 어렵잖은 조정 방안을 몇 가지 알아냈다.

이제 당신 차례다. 먼저, 현재의 현금 흐름표를 작성해보라. 다음으로 욕구 목록을 살펴보고 꼭 넣어야 하는 다른 지출이 없는지 생각해보라. 현금 흐름에 빠진 구석이 없다는 확신이 서면, 당신

재원 / 욕구

범주	내용	전략(소득)	소득	지출	전략(지출)	범주	내용
노동	일	야생동물 단체				생존	운동
		사무 업무	2,600	650	집세		휴식
노동/자본	레슬링	코칭	0	75	공과금		성생활
노동/자본	기타	개인 강습	150	40	차(부모님 1/2)		주거지
자본	저축	연리 2% 이자	5	250	식비		이동 수단
	3,000			0	전화요금(부모님)	안전	평안
	달러			75	요가		안전
				50	점심		안정
				225	술집	감정	수용
				100	식당		모험
				275	오락		애정
				50	택시		소속
				200	예비비		의사소통
							우정
							재미
							친밀감
							사랑
						존중	보살핌
							(나와 남)
							감사
							인정
							존경
							영향력
						자아	베풂
						실현	성장
							독립
							개인 공간
							자기표현
						인지	자각
						/정신	창의성
							발견
							희망
							의미
							목적
							이해
			2,755	1,990			
		저축		765			
		목표		750			
		차액		-15			

도표 3-14 라파엘의 개인 경제

현재 저축	3,000
저축 목표	12,000
기간 목표(개월)	12
월 저축 목표	750

이 지금 욕구를 채우고자 쓰는 전략을 떠올려보라. 현금 흐름표로 보아 미래의 안전을 가로막지 않으면서도 욕구를 충족하려면 당신의 재무 행태를 얼마나 조정해야 하는가? 욕구를 충족할 재원을 최대한 얼마나 늘릴 수 있는가? 재원으로 더 많은 자산을 일궈 소득 흐름을 키울 길이 있는가? 돈을 쓰는 전략이 없어도 곧장 욕구를 충족할 길이 있는가?

관점의 힘

재원과 욕구 관점에서 돈을 생각하면 무언가 대단한 일이 벌어진다. 돈의 흐름만 볼 뿐 돈이 나오는 원천이나 돈을 쓰는 목적은 보지 않는 현금 흐름 예산 모형에서 벗어난 덕분에 머릿속에 떠오르는 새로운 그림이 보이기 시작한다. 이 그림은 돈이 어떻게 작동하는지에 대해 사뭇 다른 이야기를 들려준다.

기억해보라. 현금 흐름 예산에서 돈은 외부 어딘가에서 소득으로 들어왔다가 다시 지출로 빠져나간다. 현금 흐름 예산을 바탕으로 돈을 떠올리면, 돈 관리란 돈이 우리 삶에 들어왔다가 다시 흘러 나가는 방향을 정하는 일일 뿐이라고 느낀다. 그야말로 무기력한 사고방식이다. 이와 달리 자신의 재원을 이용해 어떻게 소득 흐름을 생성할지 고민하고, 지출이 마음속 깊은 욕구를 어떻게 충족하는지 생각하면 아주 다른 이야기가 보인다. 이 관점에서 보면 돈의 원천은 바로 당신이다. 달리 말해 돈은 남에게 가치 있는 무언가를 만들고자 사용한 당신의 재원에서 나온다. 마찬가지로 당신이 쓰는 돈이 향하는 곳도 당신이다. 돈은 당신에게로 흘러가 당신의 욕구를 충족한다. 당신이 가진 돈의 원천이자 종착점은 바로 당신이다. 당신이 소유한 돈을 창출하고 소비하는 사람은 당신이다. 당신이 가진 돈은 당신에게서 나와 당신에게로 간다. 그러니 당신의 돈을 통제할 수 있는 사람은 당신뿐이다.

사람들이 이렇게 관점을 전환할 때 고무되어 눈동자를 반짝이는 모습은 세상 무엇과도 바꾸기 어려울 만큼 아름답다. 어떤 사람들은 어깨에서 짐을 내려놓은 듯 가뿐한 느낌이라고 말한다. 어떤 사람들은 자기가 처한 상황이 생각보다 바꾸기 쉽다는 것을 알고 난 뒤로 힘이 솟아 더 긍정적인 기분이 든다고 말한다. 쓸데없이 돈을 써서 지출만 키우는 전략을 세우는 대신 이미 가진 재원을 직접 활용해 욕구를 채우려면 어떤 전략을 어떻게 바꿔야 할지 골똘히 고민할 때, 사람들은 놀랍기 그지없는 창의성을 쏟아낸다. 아무래도 평가표가 강습회만큼 활기차지는 않겠지만, 관점이 바뀌는 비슷한 경험을 하게 도와줄 도구가 모두 이 책에 들어 있다.

새 전략 유지하기

새 전략을 도출한 뒤 어려운 부분은 전략이 몸에 배어 굳이 생각하지 않아도 될 때까지 유지하는 것이다. 예산 전문가 상당수는 엄격한 방법을 이용해 지출을 추적한다. 어떤 사람은 있는 돈을 모두 현금으로 바꿔 소비 항목별로 다른 봉투에 넣는 '봉투 살림법'을 쓰라고 조언한다. 어떤 사람은 은행 웹사이트나 온라인 청구서의 결제 기능을 통해 모든 청구서가 자동 결제되도록 설정하라고 조언한다. 다시 말하지만, 방법은 곧 전략이다. 이런 전략은 질서, 평안, 안전, 안정 등의 욕구를 충족한다.

돈을 계속 추적하는 데 완벽히 맞아떨어지는 전략은 하나도 없다. 모든 전략은 저마다 장단점이 있고, 개인의 성격에 따라 마음에 드는 전략도 다를 것이다. 만약 당신이 금융 정보를 인터넷에 공유하기를 꺼리는 사람이라면, 온라인으로 청구서를 결제하는 전략이 평안 욕구와 안전 욕구를 위협할 테니 쓸모가 없을 것이다. 결제 마감일을 걸핏하면 깜빡해 전기 차단 안내문을 받기 일쑤인 사람이라면, 봉투 살림법이 편리 욕구를 충족하지 못하므로 당신에게 적합하지 않을 가능성이 크다. 돈을 벌어 쓰는 계획을 수립하려면 당신이 실제로 무엇에 신경 쓰고 무엇이 당신을 움직이게 하는지 직시해야 하듯이, 현금 흐름을 추적하는 전략도 당신이 실제로 누구인가라는 테두리 안에서 골라야 한다. 어떤 사람들은 매주 꼼짝하지 않고 앉아 지출을 한 푼도 빠짐없이 추적하려 한다. 어떤 사람들은 그러느니 차라리 손톱을 뽑히고 말겠다고 질색한다.

어떤 기법이 자신에게 쓸모 있을지 고를 때 크게 영향을 미치는 요인은 여윳돈이 얼마나 있느냐다. 이때 여윳돈이란 벌어들이는 소득에서 기본 생활비를 빼고 남는 돈을 말한다. 돈 관리에서 마음 아픈 진실은 찢어지게 가난한 사람들이야말로 돈 관리를 가장 잘 해야 한다는 것이다. 여윳돈이 많으면 감정에 휩쓸려 무엇을 사거나 소비를 추적하지 못하더라도 재무 상황에 큰 타격이 없을 것이다. 여윳돈이 있는 사람은 돈을 잘못 썼다가 진짜 큰 문제가 닥치기 전까지는 돈을 추적하는 데 그리 부지런을 떨지 않기 때문에 돈문제에서 자주 실수를 저지를 수 있다. 한편 기본 생활비 외에 남는 돈이 거의 없으면 지출에서 조금만 삐끗하거나 대금 결제를 까먹어도 재무 상태에 워낙 큰 영향을 미칠 수 있으므로, 틀림없이 집요하게 돈을 추적할 것이다.

한 달 벌어 한 달 먹고사는 사람이라면 돈 추적에 매우 신경 써야 할 테니, 봉투 살림법이 아주 탁월한 선택일 것이다. 현찰을 쓸 때마다 얼마나 많이 또는 적게 써야 할지를 끊임없이 떠올릴 것이기 때문이다. 예산에 여윳돈이 넉넉하더라도 자기가 가진 돈이 어디로 가는지 더 유념하고 때때로 소비 행태를 살펴보고 싶다면, 이때도 봉투 살림법을 택할 것이다. 소비를 제한하고 자기 돈이 정확히 어디로 가는지 꿰뚫고 싶은 사람들에게는 오로지 현금만 써서 소비를 추적하는 방법이 딱 맞을 것이다. 연구에 따르면 현금 결제는 대체로 카드 결제보다 마음이 더 괴롭다. 따라서 상품을 살 때마다 실제 일어나는 현금 이동에 더 주목해 소비를 바짝 조이게 해준다. 그런데 이 말은 카드 청구서 결제도 그만큼 괴롭다는 뜻이다. 카드 지출로 욕구를 충족해서 느낀 만족감에 청구서가 재를 뿌리기 때문이다.

또 사람들은 실제로 직불카드보다 현금을 쓸 때 더 자유를 느낀다고 말한다. 은행에서 현금을 찾고 나면 소비에 쓸 수 있다는 것을 알기에, 신용 계좌에서 대금이 빠져나갈 카드보다 판매원에게 현금을 건네는 쪽이 어쩌면 덜 괴로울 것이다. 재무 행태 연구는 큰 경향은 파악해도 개인마다 미묘하게 다른 차이는 잡아내지 못한다. 그러므로 당신 스스로 자신이 어떤 사람인지를 알아내 당신에게 효과 있을 기법을 선택해야 한다.

무질서하게 돈을 쓰기 쉬운 사람에게는 자동 결제가 구원의 동아줄일 수 있다. 처음으로 독립했을 때 나는 청구서 결제일에 거의 신경 쓰지 않았다. 10대였던 내 머릿속에는 돈보다 사교 생활이 훨씬 큰 자리를 차지했고, 차단 통지서를 뜻하는 분홍색 안내문을 보기 전까지는 청구서를 거의 쳐다보지 않았다. 어느 해인가는 환급받아야 할 세금이 있는데도 서류에 신경 쓰기 귀찮다는 이유로 신청서를 작성하지 않고 내버려 뒀다. 신청서 작성이라면 질색한 탓에 나는 그해에 거의 1,000달러를 날렸다. 재무 살림을 챙겨야겠다고 마음먹은 뒤로는 부지런히 결제 마감일을 기억했다가 꼬박꼬박 수표로 결제하려고 애썼다.

하지만 얼마 뒤 새삼 깨달았다. 서류 작성은 도무지 내 적성이 아니었다. 상황은 청구서 결제 절차를 자동으로 처리되게 바꾸면서 나아졌다. 내게는 청구서 온라인 결제 기능이 하늘에서 내려온 동아줄이었다. 물론 청구서를 모두 모으고, 모든 정보를 입력하고,

자동이체일을 정하고, 늘 청구 비용을 치를 만큼 계좌에 돈이 입금되게 하는 데 두세 시간이 걸렸다. 하지만 처음에 필요한 행정 작업을 마치고 나니 신경 쓸 일이 없었다. 청구서가 꼬박꼬박 결제되니 청구서를 생각하느라 소중한 두뇌 역량을 더는 허비할 필요가 없었다. 체계적이지 못해 연체료를 내는 일이 없어졌고, 신용 점수도 느리지만 꾸준히 올라갔다.

돈과 관련한 결정에 신경 쓰는 법을 배우고 있지만 돈의 흐름을 추적하는 과정은 단순했으면 좋겠다는 사람들에게, 나는 봉투 살림법과 청구서 자동 결제를 뒤섞은 방법을 추천한다. 일정 금액이 꼬박꼬박 나가는 청구서, 이를테면 집세, 공과금, 구독료 등은 모두 하루라도 빨리 자동 결제를 시작하라. 이런 항목은 이미 정해져 있기에 따지고 말고 할 필요가 없다. 게다가 이런 예산 항목은 때맞춰 어김없이 결제하는 것이 가장 중요하다. 규칙적으로 날아오는 청구서와 고정 지출을 자동 결제하면 인지 부하도 덜어내고 돈에 짓눌리는 일도 줄어들뿐더러 시간과 체력까지 아낄 수 있다.

때에 따라 바뀌는 항목들, 이를테면 식료품, 술집, 식당, 선물, 자동차 기름 및 유지보수, 동물병원 같은 변동 지출 항목에는 봉투 살림법을 활용하라. 이런 예산 항목은 상황과 감정에 따라 지출이 바뀔 수 있으니 고정 지출보다 더 꼼꼼히 확인해야 한다. 봉투 살림법은 아주 간단하다. 급여가 나오는 날마다 모든 변동 예산 항목에 해당하는 전체 예산을 현금으로 찾는다. 그런 다음 항목별로 해당 봉투에 따로따로 넣는다. 동물병원이나 차량 유지보수용 봉투는 시간이 갈수록 점점 두툼해질 것이다. 그러다가 타이어를 바꿔야 하거나 고양이에게 중성화 수술을 할 때가 닥치면 그 돈이 제 몫을 할 것이다. 식료품이나 아이돌보미용 봉투는 찼다가 비워지기를 반복할 것이다.

이렇게 예산 항목을 관리하다 보면, 돈을 너무 많이 쓰는 항목 탓에 그때마다 차액을 메꾸느라 다른 항목에서 돈을 가져오게 된다는 걸 알아차릴 것이다. 이 봉투에서 저 봉투로 현금을 옮기는 행동은 아주 유익한 선생님이 되기도 한다. 소득을 초과하지 않으며 살아가는 법을 배우려면, 변동 예산 항목에 당분간 현금을 써보라. 이 방법은 지출이 소득 한도 안에 머무르게 도와줄뿐더러 그런 결정을 내릴 때 어떤 감정 상태였는지를 꿰뚫어 보게 해준다. 봉투에서 현금을 꺼내거나 한 봉투가 비었을 때 다른 봉투에서 현금을 꺼내 옮기는 행동은 우리가 돈의 대가로 무엇을 얻는지, 또 욕구의 대가로 무엇을 치르는지를 실물로 알려준다. 몇 달만이라도 변동 예산 항목에 현금을 써보면 당신에게 어떤 욕구가 가장 중요한지, 그런 욕구들의 우선순위가 어떻게 되는지를 꽤 많이 알 수 있을 것이다. 더 나아가 욕구의 우선순위를 반영해 당신만의 욕구 단계를 그리고 싶을 수도 있고, 욕구 단계와 어긋나는 경제 계획은 없는지 검토해 당신이 중요하게 여기는 우선 사항과 가치에 맞춰 살고 있는지 확인하고 싶을 수도 있을 것이다.

재무 건전성을 확보하려면, 어떤 방법을 쓰든 예산과 지출의 흐름을 반드시 추적해야 한다. 헬로월렛의 소비자 금융 전문가가 같은 소득층과 나이대를 대상으로 조사한 결과, 헬로월렛의 방식대로 예산을 세우고 지출을 관찰한 사람은 그렇지 않은 사람보다 순자산이 평균 15만 달러나 더 많았다.[8] 어떤 기법을 쓰든, 지출을 아예 추적하지 않는 것보다 여러모로 낫다. 하지만 돈의 흐름을 추적하는 도구로 무엇을 사용하느냐가 재무 관리 과정에서 전체 재무 건전성에 영향을 주기도 한다는 증거가 일부 있다.

금융 서비스 기업 모닝스타Morningstar와 비즈니스 서비스 기업 캐피타Capita의 시장 연구 조사를 보면, 어떤 기법으로든 돈을 추적한 사람들은 재무 관리 행동 척도 점수가 높았다. 그래도 스프레드시트나 재무 관리 소프트웨어를 쓴 사람들이 다른 기법을 쓴 사람들보다 빚 관리와 저축 행태에서 크게 나은 모습을 보였다. 은행 웹사이트를 확인하거나 종이와 연필만 쓴 다른 추적 기법들에서는 그날그날의 현금 관리는 좋아지는 듯해도 부채 축소, 투자, 미래 대비 저축 같은 그 밖의 재무 관리 행동에는 유익한 영향을 미치지 못했다. 스프레드시트나 재무 관리 소프트웨어는 다른 추적 기법보다 손이 더 많이 가지만, 정말로 그만한 가치를 돌려주는 것 같다. 우리 연구에 따르면 돈의 흐름을 더 깊이 추적하는 사람일수록 그 밖의 여러 돈 관리 영역도 제대로 관리할 가능성이 더 컸다. 돈을 세보는 버릇은 분명히 재무 상태에 엄청난 이득을 안긴다.

지금까지 말한 모든 실천 과제와 이야기는 당신이 혼자 '풍족한 예산'을 세울 수 있도록 돕는 것이 목적이었다. 이 방법을 쓰려면 당신이 누구인지, 당신에게 어떤 욕구가 있는지, 가치관은 무엇인지, 행동 양식은 어떤지를 돌아볼 시간과 의지가 있어야 한다. 게다가 이 방법은 단순한 현금 흐름 예산보다 훨씬 더 어렵다. 하지만 더 많은 시간과 노력을 쏟을 가치가 충분하다. 어떻게 자신의 개인 경제를 키워 번영하느냐는 문제를 푸느라 두세 시간을 보낸다면 그 보상으로 잠을 더 푹 자고, 욕구를 더 많이 충족하고, 자부심을 느끼고, 안정된 재무 살림을 오랫동안 누리게 될 것이다. 당신의 욕구를 하나하나 살펴보고 그 욕구를 채울 현실적인 전략을 세우는 깊이 있는 작업을 마치면, 틀림없이 당신의 계획에 평안을 느낄 것이다. 혹시 계획 가운데 한 부분이라도 거부감이 들 것 같다면, 그 계획으로는 채우지 못하는 욕구가 한두 가지는 있다는 뜻이다. 그러므로 평안과 자부심, 즐거움을 느낄 때까지 계속 계획을 다듬어라. '풍족한 예산'은 당신이 공들여 꾸리는 재무 살림이다. 이를 활용해 당신이 진정 사랑하는 개인 경제를 만들어라.

돈과 가치관을
모두 지키는 삶

The LOADED Budget

현금 흐름 예산에서 시작한 긴 여정을 마쳤다. 이 책에 제시한 개념과 실천 과제를 연습한다면, 당신은 이전과 사뭇 다른 방식으로 돈과 상호작용할 것이다. 바라건대 그 덕분에 당신이 재무 살림에서 더 많은 평안, 안정, 자유, 주체성을 맛봤으면 좋겠다. 개인 경제를 계획하는 이 방법이 돈을 잘 관리하게 도와줄뿐더러 재무 살림을 안정시키는 도구가 되어 당신이 돈과 상관없는 목표를 마음껏 추구하는 데 보탬이 됐으면 좋겠다.

물론 이런 식으로 돈을 관리하려면 단순한 현금 흐름 예산보다 생각을 더 많이 해야 하고 손도 더 많이 간다. 그렇다면 왜 굳이 힘들게 이 모든 것을 실천해야 할까? 그런 의문에 내가 내놓을 수 있는 가장 좋은 답은 이렇다. 현금 흐름 예산에 적힌 재무 수치는 운이 출렁일 때마다 바뀌겠지만, 재무 살림은 당신의 재원을 이용해 당신의 욕구를 한결같이 충족할 방법을 다루기 때문이다. 당신이 이런 큰 그림의 관점에서 돈을 생각한다면, 특정 경제 상황에 놓일 때 변화에 쉽게 적응할 도구를 얻을 것이다. 물론 이 돈 관리 방식을 배우려면 시간이 걸린다. 하지만 당신이 재무 살림의 주도권을 잡을 방법이고, 날마다 돈과 관련한 결정을 내릴 때 중요한 세부 사항에 주의를 기울이면서도 큰 그림을 계속 주시할 수 있게 해준다.

심리적 거리와 해석 수준이라는 개념으로 돌아가 보자. 하위 수준 해석을 이용해 무언가를 떠올릴 때는 일을 진행하는 방법에 주목하기 쉽고, 상위 수준 해석을 이용할 때는 원인이 무엇일지 생각하기 쉽다는 내용이 기억날 것이다. 현금 흐름 예산은 돈을 하위 수준 관점에서 바라본다. 당신의 돈이 정확히 어떻게 소득에서 지출과 저축으로 이동하는지를 말해준다. 재원과 욕구를 떠올리는 것은 상위 수준 관점이다. 당신의 개인 경제는 하위 수준 관점과 상위 수준 관점을 모두 아우른다. 한곳에서 원인뿐 아니라 방법까지 모두 바라본다. 당신 눈앞에 전체 그림이 펼쳐진다. 그리고 그 그림을 그리는 화가는 당신이다.

시간을 두고 자신의 개인 경제 계획을 신중히 생각해보는 것은 시간과 두뇌 역량을 앞서 투자하는 것이다. 물론 소득과 지출을 적기만 하기보다 더 깊이 생각하고 고민해야 하는 데다 시간도 더 든다. 그래도 나는 길게 볼 때 이렇게 돈 관리에 접근해야 시간을 아끼고 스트레스를 던다고 믿는다. 당신이 가진 재원을 찬찬히 살펴보고 재원을 쓸 방향을 사려 깊게 정해 되도록 여러 욕구를 충족할 줄 안다면, 그리고 돈으로 욕구를 채우는 전략을 최대한 줄일 줄 안다면, 당신은 돈을 관리할뿐더러 삶의 만족도까지 챙길 수 있다. 약속하건대 '풍족한 예산' 세우기는 당신이 가진 재원을 창의적이고 사려 깊게 활용하고 당신의 모든 욕구에 확실하게 주의를 기울임으로써, 당신이 결코 궁핍하다거나 불행하다고 느끼지 않게 할 계획을 세우게 해줄 것이다. '풍족한 예산'은 당신의 욕구를 모두 충족할 것이다. 그러니 이제는 살을 빼는 기분으로 예산안을 짜지 않아도 된다. 나는 예산에 제약받는다는 느낌이 들지 않아야 한다고 믿는다. 자신을 제약하는 예산을 오래 실천하는 사람은 본 적이 없기 때문이다.

'풍족한 예산'을 이용한 돈 관리는 재무 수치의 균형만 맞추는 전략이 아니다. 당신이 돈을 쓰는 모든 방식을 통합해 당신의 인생을 큰 그림으로 보여준다. 당신 마음속 깊이 자리 잡은 가치관이 당신에게 가장 중요한 욕구를 통해 모습을 드러낸다. 당신이 재원을 쏟는 방식은 당신의 욕구와 부딪히기보다 조화를 이뤄야 한다. 돈을 쓰는 방식과 돈을 쓰지 않는 방식 양쪽에 재원을 쏟아 욕구를 즉시 채우는 전략을 익히면 큰 만족을 얻을 수 있다. 당신의 돈이 나오는 원천은 바로 당신이라는 것을 잊지 말라. 당신의 재원은 당신이 관리해야 한다. 마찬가지로 당신 돈의 수혜자도 당신이다. 당신이 발생시키는 지출은 모두 당신의 욕구를 채우는 역할을 한다. 시간이 흐르고 경험이 쌓일수록 돈을 이런 식으로 생각하기가 더 쉬워져, 물질적 환경이 바뀔 때 더 빠르게 적응하는 능력이 생길 것이다.

나는 당신이 이 책에 나온 실천 과제들을 한동안 꾸준히 적용해 봤으면 좋겠다. 핵심 신념을 바꾸기까지는 시간이 걸린다. 돈 체험담은 기분이나 관점에 따라 바뀔 수 있다. 미래를 더 멀리 내다보고 상세하고 선명하게 그리도록 스스로 훈련하는 데도 시간이 걸릴 것이다. 그러므로 머릿속에 상당히 먼 미래를 떠올릴 때까지 미래 떠올리기 과제를 규칙적으로 실천하기를 권한다. 지갑에 핵심 가치관을 넣어두고 꾸준히 확인하는 방법은 시간이 거의 걸리지 않으면서도 자아가 고갈된 순간에 당신을 도와 사고를 재훈련하게 해준다. 당신의 욕구를 채울 새 전략을 가다듬는 일도 시행착오를 거칠 테고, 당신에게 매우 적합한 해결책을 찾기까지 시간이 걸릴 것이다. 이 모든 활동에는 당신의 재무 살림에 바람직한 변화를 몰고 올 잠재력이 있다. 하지만 한순간에 모든 것을 뚝딱 바꿀 도깨비방망이가 되어줄 활동은 하나도 없다.

책에서 대략 소개한 방법들은 돈을 통제할 힘이 당신 안에 있다고 느끼도록, 재무 살림을 챙기는 데 도움이 되도록 고안된 것이다. 돈과 관련한 결정을 내릴 때 '방법'과 '원인'을 함께 사용하도록 돕고, 당신이 모든 욕구를 채우도록 재원을 최대한 활용할 힘을 실어주고, 삶이 굽이굽이 끊임없이 바뀌더라도 매우 만족스럽게 돈을 꾸준히 관리할 길을 제공하고자 만든 것이다. 현금 흐름표에 나온 재무 수치는 운 때문이든 의도한 행동 때문이든 시시때때로 바꿔겠지만, 당신이 무언가를 하는 원인은 때나 상황이 바뀐다고 해서 쉽게 바뀌는 게 아니다. 이제 당신은 늘 기본 욕구에 보탬이 되는 쪽으로 재원을 쏟을 것이다. 이런 식으로 돈을 생각할 때, 융통성 있게 전략을 조정하면서도 모든 면에서 깊이 만족스러운 생활 방식을 유지할 것이다.

당신의 재무 살림에 좋은 일만 가득하길 바란다. 책에 소개한 개념과 방법이 당신의 태도와 재무 행태를 만족스러운 수준으로 꾸준히 유지하는 데 보탬이 되기를 진심으로 기원한다. 돈은 앞으로도 계속 거북하고 껄끄러운 대화 주제겠지만, 이제 자신에게든 남들에게든 돈을 다른 단어로 말할 능력이 당신에게 생겼기를 바란다. 돈 메시지가 여전히 사방 곳곳에 있겠지만, 이제는 밝게 트인 귀로 다르게 들을 줄 알기를 바란다. 미래는 늘 오지 않은 내일이겠지만, 깨인 눈으로 새롭게 볼 줄 알기를 바란다. 부자와 가난한 사람은 앞으로도 늘 다르겠지만, 어느 쪽이든 연민으로 바라볼 줄 알기를 바란다. 마지막으로, 날마다 돈과 관련한 결정을 내릴 때 현금 흐름표에 적힌 재무 수치를 어떻게 조정하든 상관없이 마음이 한없이 뿌듯할 길을 찾기를 진심으로 바란다.

기억하라. 당신에게는 많은 재원이 있다. 당신에게는 많은 것이 넘친다.

1장

1 David W. Krueger, 《The Last Taboo: Money as a Symbol & Reality in Psychotherapy & Psychoanalysis》 가운데 〈Money, Success, and Success Phobia〉, David W. Krueger 편집 (New York: Brunner/Mazel, 1986), 3쪽.

2 Wells Fargo, "Conversations about Personal Finance More Difficult Than Religion and Politics, According to New Wells Fargo Survey," 보도자료, 2014년 2월 20일, www.wellsfargo.com/about/press/2014/20140220_financial-health/.

3 Ron Lieber, "Why Affluent Parents Clam Up about Their Incomes," 〈뉴욕 타임스〉 블로그 Motherlode, 2015년 6월 24일, http://parenting.blogs.nytimes.com/2015/06/24/why-affluent-parents-clam-up-about-their-incomes/?_r=3.

2장

1 American Psychological Association, Stress in America: Paying with Our Health (Washington, DC: American Psychological Association, February 4, 2015), www.apa.org/news/press/releases/stress/2014/stress-report.pdf.

2 American Psychological Association, "American Psychological Association Survey Shows Money Stress Weighing on Americans' Health Nationwide," 보도자료, 2015년 2월 4일, www.apa.org/news/press/releases/2015/02/money-stress.aspx.

3 1과 동일.

4 Sienna Kossman, "Poll: Americans Sleeping Better as Economy Recovers," CreditCards.com, June 24, 2015, https://www.nasdaq.com/articles/poll-americans-sleeping-better-economy-recovers-2015-06-24.

5 Christine Bahls, "Achieving Equity in Health," Health Affairs, October 6, 2011, www.healthaffairs.org/healthpolicybriefs/brief.php?brief_id=53.

6 1과 동일.

7 5와 동일.

8 Margot Sanger-Katz, "Income Inequality: It's Also Bad for Your Health," 〈뉴욕 타임스〉 블로그 The Upshot, 2015년 3월 30일, www.nytimes.com/2015/03/31/upshot/income-inequality-its-also-bad-for-your-health.html. 저소득층은 고소득층보다 의료비에 가용자원을 더 많이 사용할뿐더러, 심하면 빚까지 져야 해 치료비는 물론 이자까지 문다.

9 5와 동일.

10 5와 동일.

11 가난의 올가미를 연구한 훌륭한 보고서를 찾는다면 Samuel Bowles, Stephen N. Durlauf, Karla Hoff가 엮은 《Poverty Traps》를 참고하라(Princeton, NJ: Princeton University Press, 2011).

12 Sandro Galea et al., "Urban Neighborhood Poverty and the Incidence of

Depression in a Population-Based Cohort Study," Annals of Epidemiology 7, no. 3 (2007): 171. 179; Deborah Belle and Joanne Doucet, "Poverty, Inequality, and Discrimination as Sources of Depression among U.S. Women," Psychology of Women Quarterly 27 (2003): 101-113.

13 Richard Zwolinski, "An Overview of Depression and Money Issues," Psych Central, July 9, 2010, http://psychcentral.com/lib/an-overview-of-depression-and-money-issues/.

14 Janice Wood, "Money Arguments Are Top Predictor of Divorce," Psych Central, 2013, http://psychcentral.com/news/2013/07/13/moneyarguments-are-top-predictor-of-divorce/57147.html.

15 Institute for Divorce Financial Analysts, "Survey: Certified Divorce Financial Analyst ® (CDFA ®) Professionals Reveal the Leading Causes of Divorce," accessed December 31, 2015, www.institutedfa.com/Leading-Causes-Divorce/.

16 B. Claussen, S. Davey, and D. Thelle, "Impact of Childhood and Adulthood Socioeconomic Position on Cause Specific Mortality: The Oslo Mortality Study," The Journal of Epidemiology & Community Health 57, no. 1 (2003): 40-45.

17 Y. H. Khang, "Relationship between Childhood Socio-economic Position and Mortality Risk in Adult Males of the Korea Labour and Income Panel Study (KLIPS)," Public Health 120, no. 8 (2006): 724-731.

18 J. M. Guralnik, "Childhood Socioeconomic Status Predicts Physical Functioning a Half Century Later," Journal of Gerontology: Medical Sciences 61A, no. 7 (2006): 694-701.

19 16과 동일.

20 Eric Jensen, Teaching with Poverty in Mind: What Being Poor Does to Kids' Brains, and What Schools Can Do about It (Alexandria, VA: ASCD, 2009).

21 Jean-Claude Croizet, "Extending the Concept of Stereotype Threat to Social Class: The Intellectual Underperformance of Students from Low Socioeconomic Backgrounds," Personality and Social Psychology Bulletin 24, no. 6 (1998): 588-594; Bettina Spencer and Emanuele Castano, "Social Class Is Dead. Long Live Social Class! Stereotype Threat among Low Socioeconomic Status Individuals," Social Justice Research 20, no. 4 (2007): 418-432; Chetan Sinha and Arvind Kumar Mishra, "Revisiting Social Class: Exploring Stereotype Threat Effect on Intellectual Performance of School Students," Journal of Educational Sciences and Psychology 65 no.1 (2013): 133-146.

22 Steven J. Spencer, Claude M. Steele, Diane M. Quinn, "Stereotype Threat and Women's Math Performance," Journal of Experimental Social Psychology 35 (1999): 4-28.

23 "What Is Stereotype Threat?" accessed December 31, 2015.

24 Becca Levy, "Improving Memory in Old Age through Implicit Self-Stereotyping," Journal of Personality and Social Psychology 71, no. 6 (1996): 1092-1107.

25 Nai Chi Jonathan Yeung and Courtney von Hippel, "Stereotype Threat Increases the Likelihood That Female Drivers in a Simulator Run over Jaywalkers," Accident Analysis & Prevention 40, no. 2 (2008): 667-674.

26 Jennifer K. Bosson, Ethan L. Haymovitz, and Elizabeth C. Pinel, "When Saying and Doing Diverge: The Effects of Stereotype Threat on Self-Reported versus Non-verbal Anxiety," Journal of Experimental Social Psychology 40, no. 2 (2004): 247-255.

27 25와 동일.

28 Ryan M. Pickering, "Getting to the Heart of Social and Educational Disadvantage: Exploring the Impact of Social Interactions across the Class Divide," 2014, Order no. AAI3581309, available from PsychINFO (1676370818;

2015.99080.203).

29 N. John-Henderson et al., "Wealth, Health, and the Moderating Role of Implicit Social Class Bias," Annals of Behavioral Medicine 45, no. 2 (2013): 173-179.

30 Kathryn L. Boucher, Robert J. Rydell, and Mary C. Murphy, "Forecasting the Experience of Stereotype Threat for Others," Journal of Experimental Social Psychology 58 (2015): 56-62.

31 Sabine C. Koch, Stephanie M. Muller, and Monika Sieverding, "Women and Computers. Effects of Stereotype Threat on Attribution of Failure," Computers & Education 51, no. 4 (2008): 1795-1803.

32 Karen Wright, "When Money Talks," Psychology Today, May 1, 2009, www. psychologytoday.com/articles/200904/when-money-talks.

33 Brandon J. Schmeichel and Kathleen Vohs, "Self-Affirmation and Self-Control: Affirming Core Values Counteracts Ego Depletion," Journal of Personality and Social Psychology 96, no. 4 (2009): 770-782.

34 N. M. Stephens, H. R. Markus, and S.S.M. Townsend, "Choice as an Act of Meaning: The Case of Social Class," Journal of Personality and Social Psychology 93, no. 5 (2007): 814-830.

35 피프 박사의 연구 개요를 재미있고 생생하게 듣고 싶다면, 테드(TED) 강연을 참고하라. www.ted.com/talks/paul_piff_does_money_make_you_mean? language=en.

36 K. D. Vohs, N. L. Mead, and M. R. Goode, "The Psychological Consequences of Money," Science 314 (2006): 1154-1156.

37 36과 동일.

38 Agata Gasiorowska, "Money Cues Increase Agency and Decrease Prosociality among Children: Early Signs of Market Mode Behaviors," Psychological Science 2016 Mar;27(3): 331-44.

39 38과 동일.

40 Paul K. Piff, "Wealth and the Inflated Self: Class, Entitlement, and Narcissism," Personality and Social Psychology Bulletin 40, no. 1 (2014): 34-43.

41 Jia Wei Zhang et al., "An Occasion for Unselfing: Beautiful Nature Leads to Prosociality," Journal of Environmental Psychology 37 (2014): 61-72.

42 Paul K. Piff et al., "Awe, the Small Self, and Prosocial Behavior," Journal of Personality and Social Psychology 108, no. 6 (2015): 883-899.

43 Paul K. Piff et al., "Having Less, Giving More: The Influence of Social Class on Prosocial Behavior," Journal of Personality and Social Psychology 99, no. 5 (2010): 771-778.

44 Thomas G. Plante, The Psychology of Compassion and Cruelty: Understanding the Emotional, Spiritual, and Religious Influences (Santa Barbara, CA: ABC-CLIO, 2015).

45 James Grubman, Strangers in Paradise: How Families Adapt to Wealth across Generations (Turner Falls, MA: FamilyWealth Consulting, 2013).

46 R. Belk, "Possessions and the Extended Self," Journal of Consumer Research 15, no. 2 (1988): 139-168.

47 46과 동일.

48 Martin S. Hagger et al., "Ego Depletion and the Strength Model of Self-Control: A Meta-Analysis," Psychological Bulletin 136, no. 4 (2010): 495-525.

49 M. Inzlicht, L. McKay, and J. Aronson, "Stigma as Ego Depletion: How Being the Target of Prejudice Affects Self-Control," Psychological Science 17, no. 3 (2006): 262-269.

50 Schmeichel and Vohs, "Self-Affirmation and Self-Control."

51 Gülden Ülkümen, Amar Cheema, "Framing Goals to Influence Personal Savings: The Role of Specificity and Construal Level," Journal of Marketing Research 48 (2011): 958-969.

52 Hal Hershfield, "Future Self-Continuity: How Conceptions of the Future Self Transform Intertemporal Choice," Annals of the New York Academy of Sciences 1235, no. 1 (2010): 30-43.

53 Hal E. Hershfield et al., "Increasing Saving Behavior through Age-Progressed Renderings of the Future Self," Journal of Marketing Research 48 (2011): S23-S27.

54 J. Dew and J. J. Xiao, "The Financial Management Behavior Scale: Development and Validation," Journal of Financial Counseling and Planning 22, no. 1 (2011): 43-60.

55 Gita Johar, Rachel Meng, and Keith Wilcox, "Thinking about Financial Deprivation: Rumination and Decision Making among the Poor," in Advances in Consumer Research , vol. 43, eds. Kristin Diehl and Carolyn Yoon (Duluth, MN: Association for Consumer Research, 2015), 208-211.

56 J. S. Hastings, B. C. Madrian, and W. L. Skimmyhorn, "Financial Literacy, Financial Education and Economic Outcomes," Annual Review of Economics 5 (2013): 347-373.

57 D. Fernandes, J. Lynch Jr., and R. Netemeyer, "Financial Literacy, Financial Education and Downstream Financial Behaviors," Management Science 60, no. 8 (2014): 1861-1883.

58 A. Drexler, G. Fischer, and A. Schoar, "Keeping It Simple: Financial Literacy and Rules of Thumb," American Economic Journal: Applied Economics 6, no. 2 (2014): 1-31.

59 58과 동일.

3장

1 　누구에게나 똑같은 기회와 재원이 있다는 뜻이 아니다. 사람들이 지닌 기회와 재원은 저마다 다르며, 어디를 보든 가난과 특권을 보여주는 사례가 있다. 열심히 노력하기만 하면 누구나 부자가 된다는 주장을 펴려는 뜻도 아니다. 많은 사람 앞에는 사회가 공동으로 체계적인 조치를 하지 않는 한 바뀌지 않을 체제라는 장벽이 정말로 존재한다.

2 　비폭력 대화 센터(Center for Nonviolent Communication), "욕구 목록(Needs Inventory)," 2005.

3 　www.gutenberg.org/files/8800/8800-h/8800-h.htm에서 《신곡》 완본을 읽을 수 있다.

4 　미국에 사회보장 제도가 있다는 것은 인정한다. 하지만 오롯이 사회보장에만 기대 사는 수혜자 대다수가 돈 걱정을 안 하고 만족스러워한다고 증명하려는 사람이 있다면, 나는 그가 누구든 논쟁하겠다.

5 　Annamaria Lusardi, Daniel J. Schneider, and Peter Tufano, "Financially Fragile Households: Evidence and Implications," National Bureau of Economic Research, www.nber.org/papers/w17072.

6 　Federal Trade Commission, "Section 319 of the Fair and Accurate Credit Transactions Act of 2003: Fifth Interim Federal Trade Commission Report to Congress Concerning the Accuracy of Information in Credit Reports," December 2012, https://www.ftc.gov/reports/section-319-fair-accurate-credit-transactions-act-2003-fifth-interim-federal-trade-commission-report.

7 　미국 소비자금융보호국, "Where Can I Get My Credit Score?," 2020년 9월 4일 마지막 수정, www.consumerfinance.gov/askcfpb/316/where-can-i-get-my-credit-score.html.

8 　Jake Spiegel, "HelloWallet Infographic: The Power Of Budgeting," HelloWallet, January 21, 2014, https://visual.ly/community/Infographics/business/power-budgeting.

자기 평가

당신의 돈 체험담을 적어보라

당신의 돈 체험담은 이미 당신 안에 있다. 이 과제의 목적은 체험담을 글로 적어 명확히 이해함으로써 체험담이 당신에게 크게 보탬이 됐는지, 체험담을 어느 정도 조정해야 하는지를 판단하도록 돕는 것이다.

다음 글귀는 길잡이일 뿐이다. 생각에 도움이 되겠지만, 이 글귀에 얽매일 필요는 없다. 머릿속에 무엇이 떠오르든, 중요하거나 의미 있게 느껴지는 것이 무엇이든, 강렬한 감정을 유발한다면 검토할 가치가 있다. 조금만 시간을 내어 다음 질문에 핵심이 될 간단한 단어나 구절로 답을 적어보라. 그런 다음 체험담을 적을 때 그 단어나 구절을 다시 언급하면 된다.

- 당신 삶에서 돈과 관련해 가장 큰 영향을 미친 사람을 두세 명 꼽는다면 누구인가? 그 사람들은 돈을 어떻게 여겼는가?
- 돈이 당신의 삶을 그린 이야기에 나오는 인물이라면, 지금까지 돈은 친구였는가 아니면 적이었는가?
- 자라면서 어떤 돈 메시지를 받았는가? 주변 사람들은 돈을 선(신성한 것)으로 봤는가, 악(더러운 것)으로 봤는가?
- 다음 문장의 나머지를 생각나는 대로 적어 문장을 완성하라.
  - 돈은 _____이다.
  - 내 삶에서 돈은 _____였다.
- 돈과 관련해 가장 강렬하게 느끼는 감정은 무엇인가?

이제 종이를 펴거나 컴퓨터를 켜고 위의 질문에 쓴 답을 이용해 당신이 겪은 돈 체험담을 두 장 이하로 적어보라.

당신의 핵심 신념을 찾아라

당신의 돈 체험담을 적었다면, 이제 그 이야기에 숨은 핵심 신념을 찾아 나설 수 있다. 다음 질문이 첫발을 딛도록 도와줄 것이다.

- 체험담을 쓰고 읽는 동안 떠오르는 주제가 있었는가? 무엇이었는가? 체험담에 '절대'나 '늘'이 한 군데라도 나오는가? '절대'와 '늘'이 나타나는 경향을 어떻게 생각하는가?
- 체험담에 돈 메시지가 있는가? 어떤 메시지인가?
- 당신의 돈 체험담이 우화라면, 마지막에 나오는 교훈은 무엇이겠는가?
- 당신의 돈 체험담에서 돈은 지금까지 친구였는가, 적이었는가? 돈은 신성한가, 더러운가?
- 당신의 돈 체험담이 영화라면, 낯익은 인물이 한 명이라도 있는가? 스크루지나 찰리 버킷이 나오는가? 신데렐라나 로빈 후드는 어떤가? 체험담에 풍자거리로 삼은 인물은 없는가?
- 당신의 돈 체험담에서 돈과 관련해 당신은 어떤 역할을 맡는가? 통제권을 쥔 사람인가, 아니면 상황이 당신을 좌지우지하는가?

이 모든 질문을 하나하나 생각해본 뒤 돈 체험담의 핵심을 담은 메시지를 뽑아보라. 핵심 신념은 평서문으로 쓸 때 가장 잘 드러난다. 가령 '돈은 나를 위해 언제나 거기 있었다'나 '돈은 필요악이다'처럼 말이다.

각 핵심 신념을 간단하게 한 문장으로 적어보라.

재무 관리 행동 척도

지난 반년을 돌아보면서 당신의 행동에 해당하는 답의 숫자에 동그라미를 쳐라.

		없음	거의 없음	가끔	자주	늘
1	물건을 사거나 서비스를 이용할 때 가격과 품질을 비교했다.	1	2	3	4	5
2	모든 청구서를 제때 결제했다.	1	2	3	4	5
3	한 달 지출을 적거나 전자 기록으로 남겼다.	1	2	3	4	5
4	예산이나 소비 계획을 벗어나지 않았다.	1	2	3	4	5
5	신용카드 대금을 매달 완납했다.	1	2	3	4	5
6	적어도 신용카드 한 장의 이용 한도를 최대로 올렸다.	1	2	3	4	5
7	카드 대출의 상환 예정액을 최소로 낮췄다.	1	2	3	4	5
8	비상용 저축을 시작했거나 유지하고 있다.	1	2	3	4	5
9	급여가 나올 때마다 돈을 떼어 저축했다.	1	2	3	4	5
10	차, 집 같은 장기 지출을 위해 저축했다.	1	2	3	4	5
11	퇴직금 계좌에 돈을 넣었다.	1	2	3	4	5
12	채권, 주식, 뮤추얼 펀드를 샀다.	1	2	3	4	5

지난 1년 동안을 돌아보면서 당신의 행동에 해당하는 답의 숫자에 동그라미를 쳐라.

		없음	거의 없음	가끔	자주	늘
13	적절한 건강 보험을 들었거나 유지했다.	1	2	3	4	5
14	집, 자동차, 임차 등에 적절한 손해보험을 들었거나 유지했다.	1	2	3	4	5
15	적절한 생명보험을 들었거나 유지했다.	1	2	3	4	5

점수

	합계	비율 산출법	비율
현금 관리(질문 1~4)		합계를 10으로 나눈 뒤 100을 곱하라.	
신용 거래 관리(질문 5~7)		합계를 15로 나눈 뒤 100을 곱하라.	
저축과 투자(질문 8~12)		합계를 25로 나눈 뒤 100을 곱하라.	
보험(질문 13~15)		합계를 15로 나눈 뒤 100을 곱하라.	
재무 관리 및 행동 총점		합계를 75로 나눈 뒤 100을 곱하라.	

J. Dew and J. J. Xiao, "The Financial Management Behavior Scale: Development and Validation," Journal of Financial Counseling and Plannning 22, no. 1 (2011): 43-60 수정.

감정과 돈(옐로월렛의 2014년 사전 조사)

지난 반년 동안 재무 상태와 관련해 다음 감정을 얼마나 자주 느꼈는가?

		거의 없음	어쩌다 가끔	절반 가량	자주	거의 늘	점수
1	불안	1	2	3	4	5	
2	슬픔	1	2	3	4	5	
3	좌절	1	2	3	4	5	
4	무기력	1	2	3	4	5	
5	자부심	1	2	3	4	5	
6	만족	1	2	3	4	5	
7	기쁨	1	2	3	4	5	
8	평안	1	2	3	4	5	
						총점:	

점수 매기기: 한 묶음인 질문들의 각 점수를 더한 다음 아래 칸 점수에서 위 칸 점수를 빼라. 일테면 다음과 같이 계산하라는 얘기다.

		거의 없음	어쩌다 가끔	절반 가량	자주	거의 늘	점수
1	불안					5	
2	슬픔	1					11
3	좌절		2				
4	무기력			3			
5	자부심	1					
6	만족	1					5
7	기쁨	1					
8	평안		2				
						총점: 5-11=	-6

심상

심상	점수
1. 미래를 떠올릴 때 얼마나 멀리까지 생각하곤 하는가?	질문 1과 2의 점수를 더하라.

1주 이하	1개월 이하	1년 미만	1년 가량	5년 미만	5년 이상	10년 이상
1	2	3	4	5	6	7

2. 당신이 보는 미래는 얼마나 선명하고 상세한가?

매우 흐릿하고 전혀 상세하지 않다.					매우 선명하고 상세하다.	
1	2	3	4	5	6	7

3. 다음 문장 중 어떤 것에 가장 동의하는가?

① 내 삶에 일어나는 일은 대개 외부의 힘이 결정한다.
② 내게 어느 정도 통제권이 있지만, 큰 역할은 외부의 힘이 한다.
③ 내 삶에는 내 선택과 외부 요인이 똑같이 작용한다.
④ 내 삶에 일어나는 일은 대체로 내가 통제한다.
⑤ 내 운명은 내가 결정한다.

점수 설명:
- **2~5점**: 개선할 여지가 많다. 미래 떠올리기와 나이 변환하기 실천 과제를 이용하라.
- **6~10점**: 미래를 더 멀리 본다면 보탬이 될 것이다.
- **11~14점**: 아주 잘하고 있다.

①~②: 외부
③: 중간
④~⑤: 내부

행동 식별 척도

당신의 해석 수준은 무엇인가?

모든 행동은 다양하게 설명될 수 있다. 다음 각 항목에서 a와 b 가운데 당신의 행동을 더 가깝게 설명하는 것을 고르라.

목록 만들기는	**나무 오르기는**
ⓐ 체계를 잡는 것이다.* ⓑ 내용을 적는 것이다.	ⓐ 멋진 풍경을 보는 것이다.* ⓑ 가지를 붙잡는 것이다.
독서는	**성격 검사를 작성하는 것은**
ⓐ 인쇄된 글을 따라가는 것이다. ⓑ 지식을 얻는 것이다.*	ⓐ 질문에 답하는 것이다. ⓑ 자신이 어떤 사람인지 드러내는 것이다.*
입대는	**칫솔질은**
ⓐ 국가 방위에 보탬이 되는 것이다.* ⓑ 고용 계약을 맺는 것이다.	ⓐ 이가 썩는 것을 막아주는 것이다.* ⓑ 입안에서 칫솔을 이리저리 움직이는 것이다.
빨래는	**시험을 보는 것은**
ⓐ 옷에 밴 냄새를 없애는 것이다.* ⓑ 세탁기에 옷을 집어넣는 것이다.	ⓐ 질문에 답하는 것이다. ⓑ 지식을 드러내는 것이다.*
사과 따기는	**인사는**
ⓐ 먹을 것을 얻는 것이다.* ⓑ 사과를 잡아당기는 것이다.	ⓐ 안녕이라고 말하는 것이다. ⓑ 친밀감을 보이는 것이다.*
나무 베기는	**유혹을 거부하는 것은**
ⓐ 도끼를 휘두르는 것이다. ⓑ 땔감을 얻는 것이다.*	ⓐ '아니요'라고 말하는 것이다. ⓑ 도덕적 용기를 드러내는 것이다.*
카펫을 깔려고 방 크기를 재는 것은	**먹는 것은**
ⓐ 집을 손볼 준비를 하는 것이다.* ⓑ 자를 사용하는 것이다.	ⓐ 영양을 얻는 것이다.* ⓑ 씹고 삼키는 것이다.

집 청소는	정원 가꾸기는
ⓐ 집주인의 청결 상태를 보여주는 것이다.* ⓑ 청소기로 마룻바닥을 미는 것이다.	ⓐ 씨를 심는 것이다. ⓑ 상큼한 채소를 얻는 것이다.*
방에 페인트를 칠하는 것은	**차를 몰고 여행하는 것은**
ⓐ 붓질을 하는 것이다. ⓑ 방이 산뜻해 보이게 하는 것이다.*	ⓐ 지도를 따라가는 것이다. ⓑ 시골을 구경하는 것이다.*
집세를 내는 것은	**충치를 때우는 것은**
ⓐ 살 곳을 유지하는 것이다.* ⓑ 수표를 끊는 것이다.	ⓐ 이를 보호하는 것이다.* ⓑ 치과에 가는 것이다.
실내 화초 키우기는	**아이에게 말하는 것은**
ⓐ 식물에 물을 주는 것이다. ⓑ 방을 멋져 보이게 하는 것이다.*	ⓐ 무언가를 가르치는 것이다.* ⓑ 쉬운 말을 쓰는 것이다.
문을 잠그는 것은	**초인종을 누르는 것은**
ⓐ 자물쇠에 열쇠를 꽂는 것이다. ⓑ 집단속을 하는 것이다.*	ⓐ 손가락을 움직이는 것이다. ⓑ 집에 누가 있는지 확인하는 것이다.*
투표는	
ⓐ 선거에 영향을 미치는 것이다.* ⓑ 투표지에 표시하는 것이다.	

R. R. Vallacher and D. M. Wegner, "Levels of Personal Agency: Individual Variation in Action Identification," Journal of Personality and Social Psychology 57 (1989): 660-671 수정.

점수 매기기: *가 달린 답을 고른 개수를 모두 더하라. 점수가 높을수록 당신은 상위 수준 해석을 사용할 가능성이 크다.

자기 통제 간단 평가

당신은 얼마나 충동적인가?
다음 문장들은 당신을 얼마나 많이 설명하는가? 해당하는 숫자에 동그라미를 쳐라.

	전혀 그렇지 않다	조금 그렇다	어느 정도 그렇다	꽤 그렇다	매우 그렇다
나쁜 버릇을 고치느라 힘들다.	5	4	3	2	1
유혹을 잘 이겨낸다.	1	2	3	4	5
게으르다.	5	4	3	2	1
부적절한 말을 한다.	5	4	3	2	1
재미가 있으면 나한테 해로운 일도 한다.	5	4	3	2	1
나에게 안 좋은 일은 거부한다.	1	2	3	4	5
더 자제할 줄 알았으면 좋겠다.	5	4	3	2	1
사람들은 내 자제력이 쇠심줄 같다고 말한다.	1	2	3	4	5
즐거움과 재미를 좇다가 가끔 일을 마치지 못한다.	5	4	3	2	1
집중을 잘 못한다.	5	4	3	2	1
장기 목표가 있는 일을 효과적으로 해낼 수 있다.	1	2	3	4	5
때로 잘못된 일인 줄 알면서도 그 일을 멈추지 못한다.	5	4	3	2	1
모든 대안을 신중하게 따져보지 않고 덤비기 일쑤다.	5	4	3	2	1

J. P. Tangney, R. F. Baumeister, and A. L. Boone, "High Self-Control Predicts Good Adjustment, Less Pathology, Better Grades, and Interpersonal Success," Journal of Personality 72, no. 2 (2004): 271–324 수정.

점수 매기기: 동그라미 친 점수를 모두 합하라. 총점이 높을수록 자기 통제를 잘한다.

금융 이해도 5대 질문

		A	B	C	D	E
1	저축 계좌에 100달러가 들어 있고, 이율이 연 2%라고 치자. 돈을 통장에 그대로 넣어두면, 5년 뒤 잔액은 얼마일까?	102달러 이상	정확히 102달러	102달러 이하	모르겠다	
2	저축 계좌의 이율이 연 1%이고 물가 상승률이 연 2%라고 해보자. 1년 뒤 통장에 든 돈으로 살 수 있는 상품은 지금보다 많을까, 똑같을까, 아니면 적을까?	많다	똑같다	적다	모르겠다	
3	다음 문장은 참일까, 거짓일까? '한 회사의 주식을 사는 것은 대개 주식형 뮤추얼 펀드보다 수익률이 안정적이다.'	참	거짓	모르겠다		
4	다음 문장은 참일까, 거짓일까? '15년 상환 융자는 30년 상환 융자보다 월 상환액이 많지만, 융자 기간에 내는 전체 이자는 더 적다.'	참	거짓	모르겠다		
5	이율이 오르면 채권 가격은 어떻게 될까?	오른다	떨어진다	그대로다	상관없다	모르겠다

정답: A, C, B, A, B

해설

1. 첫해 이자는 총액의 2%인 2달러다. 다음 해에는 102달러의 2%인 2.04달러가 되고, 이런 식으로 복리로 늘어난다.
2. 물가 상승은 구매력을 낮춘다. 물가 상승률이 저축 이자율보다 높으면 구매력이 낮아진다.
3. 한 회사의 주식만 살 때는 여러 회사의 주식을 살 때보다 변동성이 크다. 뮤추얼 펀드는 여러 개별 주식으로 구성되어 각각의 종목보다 변동성이 낮다.
4. 15년 상환 융자는 월 상환액이 많지만, 대출 잔금을 더 일찍 갚으므로 대출 이자액이 대체로 더 적다.
5. 채권 가치는 액면가와 그동안 벌어들인 이자를 결합해 평가한다. 이자율이 오르면 그에 따라 액면가가 대체로 떨어진다.

개입 대책과
실천 과제

여기 실린 실천 과제 대다수는 본문에서 설명했다.
따라서 머릿속을 스치는 생각을 그대로 적어 답하면 된다.
더 길게 답하려면 전용 노트를 마련하라.

돈 체험담 바꾸기

부록 1에서 적은 체험담은 당신이 지금까지 꾸려온 재무 생활과 관련해 써왔을 수많은 이야기 가운데 하나일 뿐이다. 당신이 겪은 일을 다르게 해석할 길을 찾아내면, 더 보탬이 될 새 핵심 신념이 나올 것이다. 이렇게 하려면, 사건을 한쪽으로만 바라보던 오랜 관점을 바꾸려 애써야 한다. 다음 내용을 시도해보고, 다른 관점이 생기는지 확인해보라.

1. 당신의 이야기에서 되풀이해 일어나는 현상이 하나라도 있는가? 당신과 정반대 관점을 지닌 사람이라면 당신의 이야기를 어떤 돈 메시지로 바꾸겠는가?
2. 핵심 신념이 당신에게 얼마나 보탬이 됐는가? 당신의 발목을 잡지는 않았는가?
3. 당신이 닮기를 꿈꾸는 사람의 핵심 신념은 당신과 같은가, 다른가?
4. 신뢰하는 친구에게 당신의 체험담을 읽어달라고 부탁하라. 친구는 당신의 삶에서 돈이 지닌 의미를 어떻게 해석하는가? 친구가 보기에 당신의 체험담이 주는 교훈은 무엇인가?

핵심 신념에 맞서기: 반례 찾기

당신의 핵심 신념은 오랜 세월에 걸친 온갖 경험이 쌓인 결과물이다. 그러므로 핵심 신념을 바꾸기란 쉽지 않다. 그래도 노력한다면 바꿀 길이 있다.

단 마음에 새겨야 할 것이 있다. 핵심 신념에 맞서고 싶다면, 그 신념을 더는 믿지 않도록 오류를 증명할 길을 찾아야 한다. 신념이 틀렸다고 하나부터 열까지 증명하지 않아도 된다. 신념이 맞지 않는 사례를 하나만 찾으면 된다. 그러면 그 신념이 마음과 행동에 미치는 영향력을 무너뜨릴 수 있다. 예를 들어 돈에는 항상 치러야 할 대가가 따라온다는 핵심 신념을 지녔다면, 한 번이라도 그 말이 맞지 않았던 때를 적어보라. 돈이라는 선물에 기대나 의무가 따라오지 않았던 때를 한 번이라도 생각해보라.

1. 당신의 핵심 신념을 하나 적어라.
2. 스스로 물어보라. "이 신념을 믿지 않았다면 나는 지금 어떤 위치에 있을까?" 생각난 것을 여기에 적어라.
3. 핵심 신념에 서술한 것이 맞지 않았던 사례를 하나 찾아라(세계 역사를 탈탈 털어 어느 때 일어난 일이라도 좋다).

다음에 이 핵심 신념이 스멀스멀 올라오면, 머릿속에 반례를 떠올리고 기억하라. '핵심 신념이 늘 맞는 것은 아니야!'

미래의 자기를 편안하게 받아들여라

나이 변환 과제*

나이 변환 소프트웨어는 최근 몇 년 사이에 크게 발전했다. 스마트폰에서 무료 앱을 내려받거나 무료 웹사이트를 이용해도 된다. 그러니 이 과제에서 어려운 부분은 당신의 얼굴을 나이 든 얼굴로 바꾼 영상을 얻는 것이 아니라, 그 영상을 오랫동안 찬찬히 들여다보는 것이다.

사람들과 이 과제를 실행할 때 흔히 보이는 첫 반응이 웃으면서 고개를 돌리는 것이었다. 우리는 나이 들고 쇠약해진다는 현실을 정면으로 마주 보기를 몹시 싫어한다. 변환한 영상을 인쇄해 보여주면, 사진을 멀찌감치 밀어낸 채 딴청을 피우곤 한다. 사람들은 싫어하는 것에 본능적으로 거리를 두려 하지만, 이 과제를 이용해 그런 거리를 없애고 당신의 현재 자기와 미래 자기 사이에 친밀감을 형성해보자. 만약 변환한 영상이 현실적이지 않아 보이면, 다른 웹사이트를 이용해보라. 그러나 미래의 당신 모습을 받아들이기 어려울 뿐이라면, 이제 준비가 됐으니 과제를 실천해보라.

충격으로 어리석게 외면하려던 마음이 가라앉으면, 숨을 깊이 들이쉬고 영상을 다시 들여다보라.

- 아버지나 어머니 또는 할아버지나 할머니와 비슷해 보이는가?
- 영상에 나온 나이가 됐을 때 어떤 느낌일지 상상이 되는가?
- 그때 어떻게 살고 있기를 바라는가?
- 당신이 바라보는 사람이 돈 때문에 아등바등 살기를 바라는가?
- 당신의 내면 노인이 품격 있게 살도록 어떤 도움을 줄 수 있는가?
- 당신의 내면 노인이 우아하고 편안하게 살도록 돈과 관련한 결정을 내린다면, 그것은 무엇이겠는가?

나이 든 자기 얼굴을 인쇄해 눈에 띌 만한 곳에 일주일 동안 붙여두기를 강력하게 추천한다. 당신의 미래 모습이 생생히 와닿을 테고, 현재 당신의 행동이 미래의 당신이 겪을 일에 어떤 영향을 미칠지가 한층 중요하게 느껴질 것이다.

* 가설이 검증되지는 않았지만, 타고나기를 알뜰한 사람이냐 씀씀이가 헤픈 사람이냐에 따라 나이 변환이 다른 결과를 낳는다고 믿을 만한 몇 가지 이유가 있다. 이 과제는 씀씀이는 헤픈데 돈을 더 모아야 할 동기를 얻고 싶은 사람에게 효과가 뛰어날 것이다. 만약 당신이 알뜰한 사람이라면, 굳이 이런 방법까지 써서 자신을 몰아치지 않아도 된다.

미래 떠올리기 과제

개인 재무 설계자가 되고자 훈련할 때 내가 배운 기본 원칙 하나가 마무리를 어떻게 지을지를 머리에 넣고 시작하라는 것이었다. 미래를 떠올리지 않으면 미래에 대비하지 못한다. 물론 살다 보면 생각지 못한 변수가 생기지만, 그렇다고 계획을 하나도 세우지 않을 핑계로 삼기에는 충분치 않다. 우리는 자신이 정말로 바라는 것이 무엇인지 헤아려야 한다. 그래야 그 방향으로 나아갈 계획을 세울 수 있다. 계획을 실천하는 과정에서 특정 단계는 바뀌겠지만, 더 나이 들었을 때 안락하게 살고 싶다면 꼭 계획을 세워야 한다. 첫걸음은 당신이 무엇을 바라는지 알아내는 것이다.

자, 앞으로 10년 뒤 당신의 모습을 잠시 떠올려보라. 그 모습이 떠오르면 다음 질문에 답하라.

- 당신은 몇 살인가?
- 어떤 주거지(주택, 공용 주택, 아파트, 보트 등)에 살기를 바라는가?
- 도시, 교외, 시골 가운데 어디에 사는가? 어떤 도시인가? 어느 나라인가?
- 배우자, 자녀, 부모, 공동 거주자 등 누군가와 같이 살고 있는가?
- 하루를 어떻게 보내는가? 일을 하는가, 여행을 다니는가, 아이를 돌보는가, 아니면 그냥 어슬렁거리는가? 일어나서 잠들 때까지 일과를 떠올려보라. 어디에 가는가? 무엇을 먹는가? 누구를 만나는가?
- 당신이 보기에 이 삶에서 가장 멋진 부분은 무엇인가? 상상 속 미래에서 무엇이 가장 좋은가?

대답을 모두 마쳤다면, 당신이 멋진 미래로 나아가지 못하도록 가로막는, 그렇지만 당신이 통제할 수 있는 장벽을 하나 꼽아라. 내년에 그 장벽을 없애려 할 때 당신이 할 수 있는 일, 즉 당신이 취할 수 있는 조치를 하나 꼽는다면 그것은 무엇인가?

'돈 생각'에 맞서 싸울 실천 과제

1. 평등에 대해 적어보라.

이 과제는 간단하다. 다른 사람이 당신과 동등하다고 생각하는 측면을 세 가지 적어라.

①

②

③

2. 자연을 가까이하라.

식물이다! 사무실과 집에 식물을 들여라. 아름다운 식물은 우리가 모르는 사이에 영향을 미쳐 너그러운 마음이 들게 하고 남을 더 믿게 해준다. 살아 있는 식물을 들일 공간이 없다면 아름다운 자연을 담은 사진도 효과가 있다.

3. 경외심을 안기는 대상을 접하라.

잠시 시간을 내서 경외심을 느꼈던 때를 떠올려보라. 그곳은 어디인가? 무엇을 하고 있었는가? 그 경험이 당신을 어떻게 바꿨는가? 여기에 그 내용을 두세 문장으로 적어라.

4. 연민을 갈고닦아라.

밝혀진 바에 따르면, 자비 명상은 실제로 사람의 뇌를 바꾼다. 돈이 당신을 사악하게 만들까 봐 걱정스럽다면 자비 명상 훈련이 도움이 될 것이다. 자비 명상은 아주 간단하다. 잡생각을 비우고 긴장을 푼 다음, 다음 네 단계를 따라 하면 된다.

① 당신 자신에게 자비를 베풀라. 이렇게 되뇌어보라. "내가 행복하기를. 내가 안전하기를. 내 마음이 평안하기를."
② 당신이 사랑하는 이에게 자비를 베풀라. 친구나 가족도 좋고, 반려동물도

좋다. 이렇게 되뇌어보라. "그들이 행복하기를, 그들이 안전하기를, 그들의 마음이 평안하기를."

③ 사랑하지도 증오하지도 않는 이, 즉 이렇다 할 감정을 느끼지 않는 이에게 자비를 베풀라. "그들이 행복하기를, 그들이 안전하기를, 그들의 마음이 평안하기를."

④ 이 부분이 참 어렵다. '편하지 않은 사람'에게 자비를 베풀라. 틀림없이 당신이 좋아하지 않는 사람일 것이다. 적일 수도 있고, 다툰 사람일 수도 있을 것이다. 누군지는 몰라도 당신이 싫어하는 모든 것을 대표하는 사람일 수도 있다. "그들이 행복하기를, 그들이 안전하기를, 그들의 마음이 평안하기를."

이 과정을 자주 연습하라. 그러면 시간이 지날수록 연민이 커질 것이다.

핵심 가치 확인하기

자아 고갈, 피로, 유혹을 겪을 때 당신에게 무엇이 가장 중요한지 떠올리면 엄청난 힘을 얻는다. 하지만 핵심 가치를 알아내는 일은 때로 만만치가 않다. 다음 질문을 이용하면 핵심 가치가 적어도 두세 개는 문득 떠오를 것이다.

1. 남에게서 가장 감탄하는 자질은 무엇인가?
2. 당신 마음에 절로 신바람이 일게 하는 것은 무엇인가?

   크나큰 기쁨을 느낄 때 당신의 가치관은 이렇게 말한다. "고마워." 어떤 사람이 누구에게나 친절을 베풀고 너그럽게 대하는 모습이 보기 좋다면, 아마 당신은 친절과 너그러움을 매우 높이 사는 사람일 것이다. 당신을 활짝 웃게 하는 것은 무엇인가?
3. 당신을 화나게 하는 것은 무엇인가?

   화는 핵심 가치가 침해됐을 때 흔히 나오는 반응이다. 누군가가 당신을 방해할 때 참을 수 없이 화가 난다면, 당신은 참을성과 존경을 높이 사는 사람일 것이다.
4. 당신의 마음을 찢는 일은 무엇인가?

   여기서도 부정적 감정이 나오는 원인이 핵심 가치일 수 있다. 외로움을 보면 마음이 찢기는가? 아마 당신은 교류를 매우 높이 사는 사람일 것이다.

핵심 가치를 두세 개 적은 뒤 간단한 평서문으로 옮겨보라. 이를테면 "나는 남에게 친절한 것을 아주 소중히 여긴다." 핵심 가치를 한 가지씩 메모지나 쪽지에 적은 다음 지갑에 넣어서 갖고 다녀라. 감정에 휘둘려 돈을 쓰고 싶다는 유혹을 느끼면, 바람직한 동기가 적절하게 솟구치도록 핵심 가치를 꺼내 읽어보라.

현금 흐름 평가표

소득	지출

-

저축:

재원 평가표

재원	자산	소득
		총계

지출과 욕구 평가표

지출	전략(부채)	욕구	
		범주	**항목**
		생존	먹거리 운동 휴식 성생활 주거지 이동 수단
		안전	질서 평안 안전 안정
		감정	수용 모험 애정 소속 의사소통 우정 재미 친밀감 사랑 보살핌(나와 남)
		존중	감사 인정 존경 영향력
		자아 실현	베풂 성장 독립 개인 공간 자기표현
		인지/ 정신	자각 창의성 발견 희망 의미 목적 이해

개인 경제

재원	전략 (자산)	소득	지출	전략 (부채)	욕구	
					범주	**항목**
토지					생존	먹거리 운동 휴식 성생활 주거지 이동 수단
노동					안전	질서 평안 안전 안정
자본					감정	수용 모험 애정 소속 의사소통 우정 재미 친밀감 사랑 보살핌(나와 남)
					존중	감사 인정 존경 영향력
					자아 실현	베풂 성장 독립 개인 공간 자기표현
					인지/ 정신	자각 창의성 발견 희망 의미 목적 이해
	총액			**총액**		
		저축				

당신은 얼마만큼의 돈을 다룰 수 있습니까?

부자의 심리학

초판 1쇄 발행 2023년 10월 31일

지은이 세라 뉴컴
옮긴이 김정아
펴낸이 민혜영
펴낸곳 (주)카시오페아 출판사
주소 서울시 마포구 월드컵북로 402, 906호(상암동 KGIT센터)
전화 02-303-5580 | **팩스** 02-2179-8768
홈페이지 www.cassiopeiabook.com | **전자우편** editor@cassiopeiabook.com
출판등록 2012년 12월 27일 제2014-000277호

ⓒ 2016 by Sarah Newcomb
ISBN 979-11-6827-144-9 03320